Immobilien schenken und vererben

Beck-Rechtsberater im dtv

dtv.de | beck.de

ISBN 978-3-423-51289-3 (dtv)
ISBN 978-3-406-81997-1 (C.H.Beck)
ISBN 978-3-406-81998-8 (eBook)

ORIGINALAUSGABE
dtv Verlagsgesellschaft mbH & Co KG
Tumblingerstraße 21, 80337 München
© 2025

Redaktionelle Verantwortung: Verlag C.H.Beck oHG
Wilhelmstraße 9, 80801 München
Druck: Westermann Druck Zwickau GmbH,
Crimmitschauer Straße 43, 08058 Zwickau
Satz: mediaTEXT Jena GmbH, Jena
Gestaltung: Sabina Sieghart, München

chbeck.de/nachhaltig

Gedruckt auf säurefreiem, alterungsbeständigem Papier
(hergestellt aus chlorfrei gebleichtem Zellstoff)

Hacker/Bornewasser

Immobilien schenken und vererben

Ratgeber für Eigentümerinnen und
Eigentümer sowie Erbinnen und Erben

6. Auflage

Beck-Rechtsberater im dtv

Inhalt

Die Autoren

BERNHARD F. KLINGER (verstorben im September 2021) war ein Rechtsanwalt und beriet als Fachanwalt für Erbrecht und testierter Testamentsvollstrecker (www.advocatio.de) seine Mandanten ausschließlich im
Erbrecht und Erbschaftssteuerrecht. Das Magazin Wirtschaftswoche
(Heft 51/2009) hat ihn mit einer Platzierung im Rating der „25 Top-Kanz-
leien für Erbrecht" bundesweit ausgezeichnet. Das Magazin FOCUS
(Spezial „Deutschlands Top-Anwälte" Heft 2013 bis 2020) zählte ihn zu
den Top-Erbrechts-Anwälten in ganz Deutschland. Das Wirtschaftsmagazin Capital (Heft 06/2020) hat die Kanzlei Advocatio Rechtsanwälte
GbR, in der Rechtsanwalt Klinger als Gründungspartner tätig war, als eine
der besten Anwaltskanzleien Deutschlands im Erbrecht ausgezeichnet.

LUDGER BORNEWASSER ist Rechtsanwalt und als Fachanwalt für Erbrecht
(www.advocatio.de) vorwiegend im Bereich der Vermögensübertragung
tätig. Als zertifizierter Unternehmensnachfolgeberater (zentUma e.V.)
und Spezialist für Erbrecht und Erbschaftsteuerrecht bearbeitet er neben
diesen Rechtsgebieten im Rahmen der Unternehmensnachfolge auch das
Gesellschaftsrecht. Er ist Dozent im Lehrgang „Fachanwalt für Erbrecht"
der Hagen Law School und Autor von zahlreichen Fachartikeln, Fach-
büchern und Ratgebern zum Erbrecht und Erbschaftsteuerrecht. Das
Magazin FOCUS (Spezial „Deutschlands Top-Anwälte", Hefte 2022, 2023
und 2024) zählt ihn zu den Top-Erbrechts-Anwälten in ganz Deutschland.
Das Wirtschaftsmagazin Capital (Heft 6/2020 bis Heft 6/2024) hat die
Kanzlei Advocatio Rechtsanwälte GbR, in der Rechtsanwalt Bornewasser
als Gründungspartner tätig ist, als eine der besten Anwaltskanzleien
Deutschlands im Erbrecht ausgezeichnet.

MANFRED HACKER ist Rechtsanwalt und berät als Fachanwalt für Erbrecht
und testierter Testamentsvollstrecker (www.advocatio.de) seine Mandan-
ten ausschließlich im Erbrecht und Erbschaftsteuerrecht. Er ist Dozent
im Lehrgang „Fachanwalt für Erbrecht" der Hagen Law School und hat
Ratgeber zu verschiedenen Themen im Erbrecht veröffentlicht. Das
Magazin FOCUS (Spezial „Deutschlands Top-Anwälte", Heft 2020 bis
2024) zählt ihn zu den Top-Erbrechts-Anwälten in ganz Deutschland.
Das Wirtschaftsmagazin Capital (Heft 6/2020 bis Heft 6/2024) hat die
Kanzlei Advocatio Rechtsanwälte GbR, in der Rechtsanwalt Hacker als
Gründungspartner tätig ist, als eine der besten Anwaltskanzleien
Deutschlands im Erbrecht ausgezeichnet.

Vorwort

Am Erbstreit sind nicht immer die Erben, sondern oft der Erblasser selbst schuld. Das Gesamtvermögen der Deutschen hat den kaum vorstellbaren Wert von 7 Billionen EUR erreicht. Jahr für Jahr stehen Vermögenswerte von rund 50 Milliarden EUR zur Übertragung an. Der weitaus größte Teil davon entfällt auf Grundbesitz. Die Frage, ob Immobilienvermögen noch zu Lebzeiten oder erst von Todes wegen auf die nächste Generation übertragen werden soll, ist eine der wichtigsten Entscheidungen im Rahmen der Gestaltung der Vermögensnachfolge.

Den Beteiligten sind die Konsequenzen dieser weitreichenden Entscheidung nur selten voll bewusst, da häufig übereilt und ohne neutrale, kompetente Beratung gehandelt wird. Nicht selten fühlen sich ältere Menschen zu einer lebzeitigen Übertragung ihrer Immobilien mit mehr oder weniger überzeugenden Argumenten gedrängt. Nach einer EMNID-Umfrage haben nur 29 % der Deutschen eine letztwillige Verfügung errichtet. Ursache hierfür sind unreflektierte Verdrängung, Aberglaube oder die Maxime „Nach mir die Sintflut".

Nachlassimmobilien gehen deshalb häufig aufgrund gesetzlicher Erbfolge auf eine Mehrheit von Erben über. Interessengegensätze innerhalb dieser Zwangsgemeinschaft führen sehr oft zu Streit, der vor Gericht mit großer Härte und Erbitterung ausgetragen wird. Eine kluge und vor allem vorausschauende Nachlassplanung kann Steuernachteile, Streit unter Angehörigen und die Zerschlagung des Familienvermögens vermeiden. Dieser Ratgeber vermittelt das notwendige Wissen hierzu.

Das Bundesministerium der Justiz stellt für interessierte Bürgerinnen und Bürger aktuelle Gesetze und Rechtsverordnungen kostenlos im Internet bereit: www.gesetze-im-internet.de.

Ihre Anregungen und Hinweise zu diesem Buch sind uns jederzeit willkommen. Unsere Anschrift finden Sie auf folgenden Websites: www.Advocatio.de

München, im Juli 2024

Manfred Hacker
Ludger Bornewasser
Bernhard F. Klinger

1

Die Schenkung von Immobilien

Immobilien können bereits zu Lebzeiten im Wege der Schenkung an Ehepartner, Kinder oder andere Angehörige übertragen werden. Die Schenkung von Immobilien kann eine gute Möglichkeit bieten, die Immobilie steuergünstig an den Erwerber zu übertragen und das Familienvermögen zu erhalten.

Viele Immobilieneigentümer stehen vor der schwierigen Frage, ob sie bereits zu Lebzeiten Grundbesitz auf Kinder, Enkelkinder oder sonstige Angehörige übertragen sollen. Unabhängig von der Motivation ist es zwingend notwendig, die Chancen und Risiken einer lebzeitigen Zuwendung von Grundbesitz gegeneinander abzuwägen. Dies setzt die Kenntnis der vertraglichen Gestaltungsmöglichkeiten sowie der steuerlichen Grundlagen voraus. Dabei werden den nachfolgenden Überlegungen lediglich IMMOBILIEN IM PRIVATEIGENTUM zugrunde gelegt.

Der Begriff der „vorweggenommenen Erbfolge" ist nicht allgemein definiert. Unter „vorweggenommener Erbfolge" versteht man in der Regel alle (jedenfalls teilweise unentgeltlichen) Vermögensübertragungen unter Lebenden, die in der Erwartung vorgenommen werden, dass der Erwerber im Erbfall das Vermögen ohnehin erhalten würde. Mit der lebzeitigen Zuwendung von Immobilien können verschiedene Ziele erreicht werden:

- Reduzierung der Steuerlast : Steuerliche Überlegungen dürften die lange Liste der Motive für die Schenkung von Immobilien anführen. Deutschland ist erbschaft- und schenkungsteuerlich eher ein Niedrigsteuerland. Das Schenkung- und Erbschaftsteuerrecht enthält diverse Steuervergünstigungen, zum Teil sogar Steuerbefreiungen sowie Freibeträge und – je nach Verwandtschaftsverhältnis – günstige Steuersätze. Dabei können bei rechtzeitiger Übertragung aufgrund der derzeitigen Regelung, nach welcher die allgemeinen Steuerfreibeträge alle zehn Jahre neu entstehen, Freibeträge auch mehrfach genutzt werden.
- Erhaltung des Familienvermögens : Immobilienbesitz, ein Unternehmen oder Kunstsammlungen werden im Erbfall nicht selten zerschlagen. Eine durchdachte lebzeitige Übertragung auf die nächste, unter Umständen auch übernächste Generation, kann nicht nur eine Zersplitterung von Vermögenswerten entgegenwirken, sondern auch einen Nachlassstreit unter den Angehörigen vermeiden helfen.
- Versorgung des Schenkers und seiner Familie: Ein häufiges Motiv für die Übertragung von Familienbesitz ist, dass der Schenker als „Gegenleistung" von den Kindern/Vertragspartnern für sich und für seinen Partner Versorgung im Krankheits- und Pflegefall einfordert und dies auch vertraglich abgesichert werden soll. Aber auch schwächere Familienmitglieder, zum Beispiel minderjährige oder behinderte Kinder, können im Rahmen vorweggenommener Erbfolge abgesichert werden.

– Pflichtteilsminderung : Grundbesitz ist dadurch gekennzeichnet, dass er zwar oft einen erheblichen Wert hat, im Erbfall aus ihm aber nur sehr schwer liquide Mittel zur Begleichung einer etwaigen Pflichtteilslast gezahlt werden können. Ziel einer vorweggenommenen Erbfolge ist es deshalb auch, vertragliche Regelungen zum Ausschluss oder zur Reduzierung der Pflichtteilslast zu treffen. Pflichtteilsberechtigte haben gesetzlich bei Schenkungen den sog. Pflichtteilsergänzungsanspruch. Dabei bestimmt § 2325 BGB, dass der Wert einer Schenkung jährlich um 10 % abschmilzt. Wurde 6 Jahre vor dem Erbfall eine Immobilie im Werte von 500.000 EUR übertragen, hat diese für den Pflichtteilsergänzungsanspruch nur noch einen Wert von 40 % von 500.000 = 200.000 EUR. Diese Abschmelzung funktioniert aber nicht, wenn sich der Schenker den Nießbrauch an der Immobilie vorbehält und auch dann nicht, wenn eine Schenkung zwischen Ehegatten erfolgt.

– Vermeidung des Sozialhilferegresses : Bevor eine bedürftige Person öffentliche Hilfe in Anspruch nehmen kann, ist erst das eigene Vermögen einzusetzen. Der Sozialhilfeträger kann einen Rückforderungsanspruch des Schenkers gegen den Beschenkten aber nur innerhalb von 10 Jahren auf sich überleiten. Durch eine rechtzeitige Übertragung geht der Sozialhilfeträger leer aus.

Zusammenfassung:

Viele Immobilieneigentümer erwägen eine Schenkung von Immobilien zu Lebzeiten, um steuerliche Vorteile zu nutzen, das Familienvermögen zu erhalten und Pflichtteilsansprüche zu mindern. Diese Strategie ermöglicht auch die mehrfache Nutzung von Freibeträgen, verhindert die Zersplitterung von Vermögenswerten und kann eine Versorgung im Krankheits- oder Pflegefall sicherstellen.

2

Steuerliche Grundlagen

Die Schenkung von Immobilien zu Lebzeiten oder im Todesfall kann der Schenkungssteuer unterliegen. Die Steuer kann fällig werden, wenn eine Immobilie ohne Gegenleistung übertragen wird und der Freibetrag überschritten ist. Faktoren wie der Verwandtschaftsgrad und die jeweilige Nutzung der Immobilie beeinflussen die Steuerhöhe.

2. Steuerliche Grundlagen

Die Bestimmungen für die Besteuerung von Schenkungen und Erbschaften sind im Erbschaft- und Schenkungsteuergesetz (ErbStG), im Bewertungsgesetz (BewG) sowie in einer Vielzahl von Richtlinien und Hinweisen geregelt. Letztere enthalten praxisnahe Fallbeispiele und bieten deshalb auch für den steuerlichen Laien hilfreiche Informationen. Wer sich mit dem Erbschaft- und Schenkungsteuerrecht näher befassen möchte, dem werden die entsprechenden Gesetze, Verordnungen und Hinweise in der Taschenbuchausgabe „Erbschaftsteuerrecht", Beck-Texte im dtv empfohlen. Einen weiteren Bereich regelt die ERBSCHAFT-STEUER-DURCHFÜHRUNGSVERORDNUNG (ErbStDV). Dort wird vorgegeben, dass und wie die Versicherungsunternehmen, die Banken, die Gerichte, die Standesämter und die Notare die Schenkungen, ggf. den Sterbefall, dem Finanzamt anzeigen müssen. Die Notare müssen dabei unter Angabe des Wertes der Zuwendung, wofür sie die Beteiligten zu befragen haben, eine Abschrift der Schenkungsurkunde dem Finanzamt übermitteln, auch wenn die Schenkung teilweise entgeltlich ist.

Die zweite Säule neben dem ErbStG ist das BEWERTUNGSGESETZ . Das Bewertungsgesetz regelt, welchen steuerlichen Wert ein Vermögensgegenstand hat. Welchen Wert ein geschenkter Geldbetrag von 100.000 EUR hat ist klar, nämlich 100.000 EUR. Wird aber einem Kind ein Grundstück geschenkt, steht sein steuerlicher Wert nicht ohne weiteres fest. Das Bewertungsgesetz enthält Regelungen, nach denen der Wert des geschenkten Grundstücks festgestellt wird. Zum Bewertungsgesetz sind – wie nicht anders zu erwarten – auch umfangreiche Bewertungsrichtlinien und Hinweise ergangen. Diese sind ebenfalls in den Beck-Texten im dtv enthalten.

I. Steuerpflichten

1. Unbeschränkte persönliche Steuerpflicht
Wenn der Schenker oder der Beschenkte in Deutschland seinen Wohnsitz oder gewöhnlichen Aufenthalt (sogenannte Inländereigenschaft) hat, findet immer deutsches Schenkungsteuerrecht Anwendung. Deutsches Schenkungsteuerrecht findet darüber hinaus auch Anwendung, wenn deutsche Staatsangehörige sich nicht länger als fünf Jahre dauernd im Ausland aufgehalten haben ohne im Inland einen Wohnsitz zu haben. Bei der unbeschränkten Steuerpflicht kommt es nicht in erster Linie darauf an, ob der Schenker oder der Beschenkte die deutsche Staatsangehörigkeit besitzt. Schenkt also ein in München wohnender Amerikaner, somit

Inländer, seiner österreichischen Freundin ein Grundstück in Südfrankreich, dann findet deutsches Schenkungsteuerrecht Anwendung. Unter welchen Voraussetzungen ein Wohnsitz oder gewöhnlicher Aufenthalt vorliegt, wird auch für das Steuerrecht in der Abgabenordnung bestimmt.

2. Beschränkte persönliche Steuerpflicht

Eine beschränkte persönliche Steuerpflicht liegt vor, wenn weder der Schenker noch der Beschenkte seinen Wohn- oder gewöhnlichen Aufenthaltsort in Deutschland hat, also KEIN INLÄNDER ist, aber der Schenkungsgegenstand sich in Deutschland befindet. Dieser Fall liegt vor, wenn zum Beispiel ein dauerhaft in Frankreich lebender Franzose seiner ebenfalls in Frankreich lebenden Ehefrau eine Eigentumswohnung in Berlin schenkt. Dieser Vorgang löst auch in Deutschland Schenkungsteuer aus.

3. Doppelbesteuerung

Schenkungen mit Auslandsbezug können einer Steuerpflicht in zwei oder mehreren Staaten unterliegen. In dem oben genannten Beispiel könnte es sein, dass auch Frankreich vom Ehemann oder von dessen Ehefrau Schenkungsteuer verlangt, auch wenn die Wohnung in Berlin liegt. Eine dadurch eintretende Doppelbesteuerung soll durch Doppelbesteuerungsabkommen verhindert oder minimiert werden. Diese Abkommen sind völkerrechtliche Verträge mit deren Hilfe die Staaten vermeiden, dass bei demselben Steuerpflichtigen dieselbe Schenkung durch gleichartige Steuern mehrfach besteuert wird. Dies kann dadurch erfolgen, dass der Staat, in dem sich die Immobilie befindet, auf eine Besteuerung verzichtet oder diese einschränkt oder dadurch, dass der Wohnsitzstaat des Schenkers auf die Schenkungsteuer verzichtet oder dass eine im Ausland angefallene Schenkungsteuer auf die Steuer in Deutschland angerechnet wird.

DOPPELBESTEUERUNGSABKOMMEN für die Erbschaft- und Schenkungsteuer bestehen derzeit mit folgenden Staaten:

- Dänemark,
- Frankreich,
- Griechenland,
- Schweden,
- Schweiz,
- USA.

Das Doppelbesteuerungsabkommen mit Österreich wurde gekündigt, weil Österreich die Schenkungsteuer abgeschafft hat.

4. Sachliche Steuerpflicht

Nach § 7 des Erbschaft- und Schenkungsteuergesetzes wird als SCHEN-KUNG jede freigebige Zuwendung unter Lebenden definiert, soweit der Bedachte durch sie auf Kosten des Zuwendenden bereichert wird. Eine Schenkung kann aber nicht nur bei der Übereignung von Sachen vorliegen, sondern auch bei der unentgeltlichen Gewährung eines anderen Vermögensvorteils, zum Beispiel der Einräumung eines lebenslangen Nießbrauchs oder im Falle des Erlasses einer Forderung.

Beispiel zu einem Eltern-Darlehen:
Eltern haben ihrem Kind ein Darlehen in Höhe von 30.000 EUR gewährt. Irgendwann verzichten sie auf die Rückzahlung. In dem Verzicht liegt eine Schenkung. Eine Schenkung liegt auch dann vor, wenn der Schenkungsvorteil nicht direkt vom Schenker kommt. Übertragen zum Beispiel Eltern der Tochter einen Bauplatz im Wert von 100.000 EUR und verpflichten dieses Kind, einen Ausgleich in Höhe von 50.000 EUR an ihren Bruder zu zahlen, dann liegt schenkungsteuerlich in Höhe von 50.000 EUR eine Schenkung der Eltern an ihren Sohn vor.

II. Steuervergünstigungen

1. Familienheim

Keiner Besteuerung unterliegt die Zuwendung eines Familienheimes unter Ehegatten. Zum Familienheim gehört nicht nur das Einfamilienhaus, sondern auch eine von den Eheleuten selbst genutzte Eigentumswohnung. Entscheidend ist lediglich, dass die Ehegatten die Immobilie als Lebensmittelpunkt für Ihre Familie nutzen. Die vom Gesetz verlangte Selbstnutzung schließt auch die Nutzung einer Garage und Nebenräume ein. Die Nutzung auch zu anderen als Wohnzwecken ist unschädlich, wenn sie von untergeordneter Bedeutung ist, zum Beispiel durch die Nutzung eines Arbeitszimmers. Die unentgeltliche gewerbliche oder freiberufliche Mitbenutzung der Immobilie ist auch dann unschädlich, wenn die Wohnnutzung überwiegt. Die Nutzung einer Immobilie lediglich als Ferienwohnung ist hingegen nicht steuerlich begünstigt.

2. Geldzuwendungen

Geldzuwendungen unter Lebenden, die einer Pflegeperson für Leistungen zur Grundpflege oder hauswirtschaftlichen Versorgung von Pflegebedürftigen erhält, sind steuerbefreit. Hierbei ist allerdings hinsichtlich der Höhe dieser Zuwendung § 37 des Sozialgesetzbuches XI zu beachten. Die dort genannten Deckelungsbeträge werden immer wieder angepasst.

3. Unterhalt

Steuerbefreit bleiben auch Zuwendungen, die zum Zwecke des angemessenen Unterhaltes oder zur Ausbildung des Bedachten erfolgen.

4. Gelegenheitsgeschenke

Steuerbefreit sind auch Gelegenheitsgeschenke, die zu den üblichen Jahresfesten und Ereignissen gewährt werden, zum Beispiel zu Weihnachten, Geburtstag, Hochzeit, Examen etc. Eine Höhe ist dabei nicht gesetzlich festgelegt.

5. Vermietete Immobilien

Zu Wohnzwecken vermietete Häuser und Wohnungen sind nur mit 90 % ihres Wertes anzusetzen. Wird das Haus oder die Wohnung auch noch gewerblich genutzt, ist nur der auf die Wohnnutzung entfallende Anteil begünstigt.

III. Die Erbschaft- und Schenkungsteuerklassen, Freibeträge, Steuerklassen und Steuertarif

1. Freibeträge

Die in der folgenden Tabelle genannten Freibeträge beziehen sich auf das Verwandtschaftsverhältnis des Schenkers zum Beschenkten, wenn also der Beschenkte der Ehegatte, das Kind, der Enkel usw. des Schenkers ist. Die Erbschaft- und Schenkungsteuerklassen sind so anzuwenden, dass vom steuerpflichtigen Erwerb zunächst der persönliche Freibetrag sowie sonstige Steuerbefreiungen abgezogen werden und nur noch der eventuell verbleibende Rest mit dem jeweiligen Steuersatz zu versteuern ist.

STEUER-KLASSE	PERSONENKREIS	FREIBETRAG
I	Ehepartner und eingetragener Lebenspartner	500.000 EUR
	Kinder, Stiefkinder, Kinder verstorbener Kinder und Stiefkinder	400.000 EUR
	Enkelkinder	200.000 EUR
	Eltern und Großeltern im Erbfall, Urenkel und deren Abkömmlinge	100.000 EUR
II	Geschwister, Neffen und Nichten, Stiefeltern, Schwiegerkinder, Schwiegereltern, geschiedene Ehepartner, Eltern und Großeltern im Falle einer Schenkung	20.000 EUR
III	Alle übrigen Personen (zum Beispiel Tanten, Onkel); Zweckzuwendungen	20.000 EUR

2. Die Steuersätze

Die Steuerklassen haben nichts mit den Lohnsteuerklassen zu tun. Die Steuerklassen beruhen ausschließlich auf dem verwandtschaftlichen Verhältnis zum Schenker. So gehören zur Steuerklasse I der Ehegatte und das Kind, zur Steuerklasse II die Eltern (außer bei Erwerb im Todesfall, dann Steuerklasse I) und Geschwister und zur Steuerklasse III alle Personen, die nicht zu den Steuerklassen I und II gehören, insbesondere also die Personen, mit denen der Schenker nicht verwandt ist, zum Beispiel der Lebensgefährte.

Die in der Tabelle genannten Wertgrenzen sind so zu lesen, dass ein steuerlicher Wert bis 75.000 EUR in Steuerklasse I mit 7 % zu versteuern ist. Ist der steuerliche Wert höher als 75.000 EUR (zum Beispiel 80.000 EUR), ist der Gesamtbetrag mit 11 % zu versteuern und nicht – wie man auch annehmen könnte – bis 75.000 EUR mit 7 % und die Differenz von 75.000 EUR bis 80.000 EUR mit 11 %.

ERWERB	STEUERKLASSE I	STEUERKLASSE II	STEUER-KLASSE III
(in EUR)	– Ehepartner und eingetragene Lebenspartner – Kinder und Stiefkinder – Abkömmlinge von Kindern und Stiefkindern – Eltern und Großeltern	– Eltern und Großeltern – Geschwister – Nichten und Neffen – Stiefeltern – Schwiegerkinder – Schwiegereltern – Geschiedene Ehepartner und Lebenspartner einer aufgehobenen Lebenspartnerschaft	Alle übrigen Personen
bis 75.000	7 %	15 %	30 %
bis 300.000	11 %	20 %	30 %
bis 600.000	15 %	25 %	30 %
bis 6 Mio.	19 %	30 %	30 %
bis 13 Mio.	23 %	35 %	50 %
bis 26 Mio.	27 %	40 %	50 %
über 26 Mio.	30 %	43 %	50 %

Beispiel bei einem geschenkten Hausgrundstück:
Dem Kind wird von der Mutter ein Hausgrundstück im steuerlichen Wert von 450.000 EUR geschenkt. Hiervon wird der Freibetrag von 400.000 EUR abgezogen. Zu versteuern sind also nur noch 450.000 EUR./. 400.000 EUR = 50.000 EUR. Der Steuersatz beträgt in diesem Fall 7 %. Zu zahlen sind 3.500 EUR. Allerdings können auch noch Erwerbskosten, zum Beispiel Notarkosten, Kosten des Grundbuchamtes etc. vom Wert des Erwerbs abgezogen werden. Aber nur, wenn diese Kosten auch der Beschenkte gezahlt hat.

3. Der Härteausgleich
Liegt der Wert des steuerlichen Erwerbs nur ganz knapp über 75.000 EUR (zum Beispiel 75.500 EUR), sind grundsätzlich 75.500 EUR mit 11 % (= 8.305 EUR) zu versteuern. Die Anwendung des nächst höheren Steuersatzes wird in derartigen Fällen als Härte empfunden. Diese Härte ist nach § 19 Abs. 3 ErbStG zu mindern beziehungsweise auszugleichen. In welchem Umfang ein Ausgleich vorzunehmen ist, ergibt sich aus nachfolgender „Tabelle der Härte der Ausgleichszonen" der Finanzverwaltung nebst anschließender „vereinfachter Berechnung".

WERTGRENZE GEMÄSS § 19 ABS. 1 ERBSTG	HÄRTEAUSGLEICH GEMÄSS § 19 ABS. 3 ERBSTG BEI ÜBERSCHEITEN DER LETZTVORHERGEHENDEN WERTGRENZE BIS EINSCHLIESSLICH … EUR IN STEUERKLASSE		
EUR	I	II	III
75.000	–	–	–
300.000	82.600	87.400	–
600.000	334.200	359.900	–
6.000.000	677.400	749.900	–
13.000.000	6.888.800	6.749.900	10.799.900
26.000.000	15.260.800	14.857.100	–
Über 26.000.000	29.899.900	28.437.40	–

Beispiel zu den Härteausgleichszonen:

Ist anhand der Tabelle zu den Härteausgleichszonen festgestellt, dass ein Härteausgleich zu erfolgen hat (in dem Beispiel 75.500 EUR), genügt es – bei Steuersätzen bis 30 % – zwei Beträge zu addieren.

Steuer bei der letztvorhergehenden Wertgrenze (75.000 EUR x 7 %)	im Beispiel:	5.250 EUR
50 % des die Grenze überschreitenden Betrags (500 EUR)	im Beispiel	+ 250 EUR
Festzusetzende Steuer	im Beispiel	5.500 EUR

Bei Steuersätzen über 30 % sind 75 % des die Grenze überschreitenden Betrags dazuzurechnen.

4. Die Entstehung neuer Freibeträge

Die persönlichen Freibeträge entstehen alle zehn Jahre neu. Dies ist aber nicht so zu verstehen, dass sich alle 10 Jahre die Freibeträge automatisch kumulieren würden, also einem 30-jährigen Kind schon ein Freibetrag von 3 × 400.000 EUR (= 1.200.000 EUR) zustehen würde. Vielmehr ist es so, dass nicht ausgenutzte Freibeträge „verfallen" und einem Kind nur ein Freibetrag für die Übertragung des Vermögens in den letzten zehn Jahren zusteht.

Beispiel bei einem geschenkten Grundstück:

Wenn der Vater seiner Tochter vor 11 Jahren ein Grundstück im steuerlichen Wert von 400.000 EUR geschenkt hat, dann spielt diese Schenkung keine Rolle mehr, wenn er jetzt eine erneute Schenkung vornimmt.

Der Vater könnte also weiteres Vermögen im steuerlichen Freibetrag von 400.000 EUR auf seine Tochter übertragen. Wegen des Ablaufs der zehn Jahre steht der Tochter der Freibetrag von 400.000 EUR erneut zu und Schenkungsteuer ist nicht zu zahlen. Hat der Vater die erste Schenkung vor neun Jahren vorgenommen, ist der Wert beider Schenkungen zu addieren und davon nur einmal der Freibetrag abzuziehen. Durch eine gezielte Schenkung unter Beachtung des 10-Jahresrhythmus können somit nach zehn Jahren und einem Tag 800.000 EUR von jedem Elternteil auf jedes Kind steuerfrei übertragen werden

Grundsätzlich ist auch eine Übertragung auf minderjährige Kinder zulässig, allerdings müssen in diesem Zusammenhang zusätzliche Überlegungen angestellt werden. So ist zum Beispiel zu beachten, dass die Familienkrankenversicherung eines minderjährigen Kindes entfallen kann, wenn es eigene Einkünfte hat. Je nach Art der Schenkung kann auch die familiengerichtliche Genehmigung erforderlich werden, zum Beispiel bei der Schenkung einer Eigentumswohnung.

IV. Die steuerliche Bewertung von Grundstücken

Die Bewertung von Grundvermögen richtet sich für die Zwecke des ErbStG nach dem Bewertungsgesetz. Ziel des Gesetzes ist es, die steuerlich festgestellten Grundstückswerte so weit wie möglich an die wirklichen Grundstückswerte heranzuführen. Der Einheitswert eines Grundstücks spielt für die schenkungsteuerliche und die erbschaftsteuerliche Bewertung keine Rolle.

Zuständig für die gesonderte Feststellung des Grundstückswertes ist das sogenannte Lagefinanzamt, also das Finanzamt, in dessen Zuständigkeitsbereich sich das Grundstück befindet. Das Lagefinanzamt stellt den steuerlichen Wert des Grundstücks in einem FESTSTELLUNGSBESCHEID fest. Dieser ist für die Erbschaft- und Schenkungsteuerstelle des Finanzamtes verbindlich. Wer mit dem festgestellten steuerlichen Wert des Grundstücks nicht einverstanden ist, muss gegen diesen Feststellungsbescheid Einspruch einlegen und nicht gegen den Schenkungsteuerbescheid. Wird der Feststellungsbescheid geändert, muss auch der Schenkungsteuerbescheid geändert werden. Auf den Feststellungsbescheid des Lagefinanzamtes ist deshalb ein besonderes Augenmerk zu richten.

EXPERTENTIPP ZUM GUTACHTERAUSSCHUSS: Jeder Bürger hat gegen den Gutachterausschuss einen Auskunftsanspruch nach § 196 Abs. 3 Satz 2 BauGB.

Die steuerliche Wertfeststellung eines Grundstücks setzt grundsätzlich die Kenntnis des von den Gutachterausschüssen festgestellten Bodenrichtwertes voraus. Dieser Wert ist nichts anderes als der Quadratmeterpreis für ein unbebautes Grundstück. Die Bodenrichtwerte werden von den GUTACHTERAUSSCHÜSSEN nach den Regelungen des Baugesetzbuches ermittelt und sind jedermann zugänglich. Die Gutachterausschüsse sind deutschlandweit und flächendeckend eingerichtet.

Für die steuerliche Grundstücksbewertung ist der zum jeweiligen Bewertungsstichtag gültige BODENRICHTWERT maßgeblich. Richtwerte sind Durchschnittswerte, die sich für ein Gebiet mit im Wesentlichen gleichen Lage- und Nutzungsverhältnissen ergeben. Im Einzelfall ist aber immer zu prüfen, ob das zu bewertende Grundstück hinsichtlich der Lage und der Nutzungsmöglichkeiten mit den gebietstypischen Grundstücken, den sogenannten Richtwertgrundstücken, in seinen wesentlichen Merkmalen übereinstimmt.

Beispiel zu einer Einfamilienhausbebauung:

Es kann durchaus vorkommen, dass eine Einfamilienhausbebauung gebietstypisch ist, aber wegen der Randlage des konkret zu bewertenden Grundstücks eine andere bauliche Ausnutzung zulässig ist oder aufgrund einer baulichen Ausnahmegenehmigung oder der tatsächlichen Bebauung eine andere von dem Durchschnittsgrundstück abweichende tatsächliche Ausnutzung vorliegt. Wurde etwa in einem Einfamilienhausgebiet ein Dreifamilienhaus errichtet, dann ist nicht der gebietstypische Bodenrichtwert maßgeblich, sondern ein dem Dreifamilienhaus angepasster Bodenrichtwert. Die Berechnung des Bodenrichtwertes erfolgt für diesen Fall nach einem von dem jeweiligen Gutachterausschuss mitgeteilten Umrechnungskoeffizienten und wenn ein solcher nicht vorliegt nach den Erbschaftsteuerrichtlinien, dort nach ErbStR R B 179.2.

Ist der Verkehrswert niedriger als der vom Finanzamt festgestellte Wert, ist der Verkehrswert nach den Wertverhältnissen zum Schenkungszeitpunkt festzustellen, wenn der Steuerpflichtige diesen geringeren Wert nachweist (§ 198 BewG). Allerdings muss der Steuerpflichtige regelmäßig das Gutachten eines Sachverständigen oder das Gutachten des örtlich zuständigen Gutachterausschusses einholen.

1. Wert eines unbebauten Grundstücks

Beispiel zur Bewertung eines unbebauten Grundstücks:
Für die Bewertung von unbebauten Grundstücken wird der Bodenwert ermittelt, der sich unter Berücksichtigung des tatsächlichen Zustands des Grundstücks aus der Fläche des Grundstücks und dem Bodenwert laut Richtwertkarte der Gutachterausschüsse ergibt. Maßgeblich ist stets der vor dem Bewertungsstichtag zuletzt veröffentlichte Bodenrichtwert.

Beispiel zur Schenkung eines Bauplatzes:
Die Mutter M möchte ihrer Tochter einen Bauplatz schenken. Der Bauplatz hat eine Größe von 998 qm, der aktuelle amtliche Bodenrichtwert beträgt 540 EUR/qm. Das Grundstück hat folgenden steuerlichen Wert:

998 qm × 540 EUR/qm	=	538.920 EUR
Abrundung nach § 139 BewG	=	538.500 EUR

2. Bewertung von Wohnungseigentum, Teileigentum, Ein- und Zweifamilienhäusern

Nach § 182 BewG sind die vorgenannten Objekte nach dem VERGLEICHS-WERTVERFAHREN zu bewerten. Bei der Anwendung des Vergleichswertverfahrens sind Kaufpreise von Grundstücken heranzuziehen, die hinsichtlich der ihren Wert beeinflussenden Merkmale mit dem zu bewertenden Grundstück hinreichend übereinstimmen (Vergleichsgrundstücke). Grundlage sind vorrangig die von Gutachterausschüssen mitgeteilten Vergleichspreise, § 183 Abs. 1 BewG. Primär ist also ein Vergleichspreisverfahren durchzuführen. Anstelle davon können von den Gutachterausschüssen auch mitgeteilte Vergleichsfaktoren und geeignete Bezugseinheiten, insbesondere Flächeneinheiten des Gebäudes, herangezogen werden, § 183 Abs. 2 BewG. Die den Wert beeinflussenden Belastungen privatrechtlicher und öffentlich-rechtlicher Art werden nach § 183 Abs. 3 BewG im Vergleichswertverfahren nicht berücksichtigt.

Im Vergleichswertverfahren erfolgt eine Bewertung von Grundstück und dem sich darauf befindlichen Gebäude als Einheit. Der am Markt erzielbare Wert wird aus KAUFPREISEN anderer vergleichbarer Immobilien abgeleitet. Liegen Vergleichskaufpreise nicht vor, kommen die oben erwähnten Vergleichsfaktoren ins Spiel, zum Beispiel der Quadratmeterpreis je Wohn- oder Nutzfläche, wenn dieser ermittelbar ist. Am häufigsten werden in Großstädten Vergleichsfaktoren für Eigentumswohnungen

veröffentlicht. Wenn Vergleichswerte nicht vorliegen, sind Wohnungseigentum, Teileigentum sowie Ein- und Zweifamilienhäuser im Sachwertverfahren zu bewerten, § 183 Abs. 2 BewG.

Beispiel zur Bewertung einer Eigentumswohnung:
Bewertung (vereinfacht) einer Eigentumswohnung in München auf der
Basis der Daten des zuständigen Gutachterausschusses (Jahr 2023):

OBJEKTDATEN

- Eigentumswohnung in Schwabing
- Altbau (Baujahr 1953)
- Größe 71 qm
- bezugsfrei

VERGLEICHSDATEN

- „Gute Lage" Schwabing
- Wohnfläche größer 45 qm
- Baujahresgruppe 1950 -1959
- Mittelwert = 10.050 EUR/qm

Ausgehend vom durchschnittlichen Objektwert errechnet sich der
Grundbesitzwert für das zu bewertende Wohnungseigentum ohne
Garage oder Stellplatz wie folgt:

- 10.050 EUR/qm × 71 qm = 713.550 EUR

3. Bewertung von Mietgrundstücken, Geschäftsgrundstücken und
   gemischt-genutzten Grundstücken
Nach dem BewG sind im ERTRAGSWERTVERFAHREN Mietwohngrundstücke,
Geschäftsgrundstücke und gemischt-genutzte Grundstücke, für die sich
auf dem örtlichen Grundstücksmarkt eine übliche Miete ermitteln lässt,
zu bewerten.

- Mietwohngrundstücke sind Grundstücke, die zu mehr als 80 % – berechnet nach der Wohn- oder Nutzfläche – Wohnzwecken dienen und
  nicht Ein- und Zweifamilienhäuser oder Wohnungseigentum sind.
- Geschäftsgrundstücke sind Grundstücke, die zu mehr als 80 %,
  berechnet nach der Wohn- und Nutzfläche, eigenen oder fremden
  betrieblichen oder öffentlichen Zwecken dienen und nicht Teileigentum (= gewerblich genutztes Wohnungseigentum) sind.

– Gemischt genutzte Grundstücke sind Grundstücke, die teils Wohnzwecken, teils eigenen oder fremden betrieblichen oder öffentlichen
Zwecken dienen und nicht Ein- und Zweifamilienhäuser, Mietwohngrundstücke, Wohnungseigentum, Teileigentum oder Geschäftsgrundstücke sind.

Beim Ertragswertverfahren ist zum einen der Bodenwert entsprechend
der Ermittlung der Werte für unbebaute Grundstücke zu ermitteln sowie
der Wert der baulichen Anlage nach den Erträgen (Gebäudeertragswert).
Bodenwert und Gebäudeertragswert sind zu addieren, wobei die Bodenwertverzinsung vorab bei der Ertragsberechnung abgezogen wird.

Übersicht „Ertragswertverfahren":

BODENWERT (entspricht dem Wert des unbebauten Grundstückes gemäß
§ 179 BewG, also Grundstücksfläche × zuletzt ermitteltem
Bodenrichtwert).

GEBÄUDEERTRAGSWERT:
Auszugehen ist zunächst vom sog. JAHRESROHERTRAG Dieser ergibt sich
gemäß § 186 BewG aus der vereinbarten Jahresmiete. (Mietausfälle
mindern den Rohertrag nicht, ggf. übliche Miete ohne Betriebskosten.
Nötigenfalls ist die übliche Miete für vergleichbare Räume zu schätzen.
Sollte ein Mietspiegel vorliegen, kann dieser zugrunde gelegt werden.)

Abzuziehen sind BEWIRTSCHAFTUNGSKOSTEN nach § 187 BewG. Diese
bestehen aus nachhaltig entstehenden Verwaltungskosten, Betriebskosten, Instandhaltungskosten und dem Mietausfallwagnis. Diese Kosten
ergeben sich nicht aus den konkret für das individuelle Objekt festgestellten Kosten. Sie sind vielmehr pauschaliert anhand der Anlage 23
zum BewG zu ermitteln.

So ergibt sich der Reinertrag des Grundstückes gem. § 185 Abs. 1 BewG

Hiervon abzuziehen ist eine BODENWERTVERZINSUNG nach § 185 Abs. 2
BewG: Liegen Zinsangaben des Gutachterausschusses nicht vor, sind die
Pauschalen gemäß § 188 Abs. 2 S. 2 BewG anzusetzen (3,5 % für Mietwohngrundstücke, 4,5 % für gemischt-genutzte Grundstücke mit einem
gewerblichen Anteil von bis zu 50 %, 5,0 % für gemischt-genutzte Grundstücke mit einem gewerblichen Anteil von mehr als 50 % und 6,0 % für
Geschäftsgrundstücke).

Der so ermittelte Gebäudereinertrag ist mit dem Vervielfältiger nach § 185 Abs. 3 BewG in Verbindung mit Anlage 21 zum BewG zu multiplizieren.

Dies ergibt den GEBÄUDEERTRAGSWERT.

Um den Ertragswert zu berechnen, müssen alle bewertungsrelevanten Daten gesammelt werden. Nach Feststellung der bewertungsrelevanten Daten wird in folgendem Beispiel der steuerliche Wert einer gemischt genutzten Immobilie berechnet.

Beispiel bei der Schenkung eines Mehrfamilienhauses:

Die 55-jährige Mutter als Alleineigentümerin eines Mehrfamilienhauses überlegt, dieses im Jahre 2023 an ihre beiden Kinder zu je ½ schenkungsweise zu übertragen. Die folgende Berechnung erfolgt hinsichtlich der Bewirtschaftungskosten gemäß Anl. 23 zum BewG aus Vereinfachungsgründen ohne Berücksichtigung der Wertveränderungen entsprechend dem jeweiligen Verbraucherpreisindex, wie dies Anl. 23 zum BewG vorsieht.

ECKDATEN: (Mehrfamilienhaus = Mietwohngrundstück)

Anschrift

Grundbuch von ...., Blatt ...

Grundstücksgröße:	2016 qm
Bodenrichtwert:	650 EUR/qm
Baujahr des Gebäudes:	1967
Vermietbare Fläche, insges.:	569 qm
Wohnfläche:	569 qm
Gewerbefläche:	0 qm
Wohnungen	9
Anzahl der Garagen:	0
Prozentuales Verhältnis zwischen Wohn- und Gewerbeflächen:	
Nettokaltmiete (Rohmiete) pro Jahr:	54.000 EUR

BEWIRTSCHAFTUNGSKOSTEN:

- laut Gutachterausschuss: keine Angaben,
- laut §§ 185 Abs. 1, 187 und Anlage 23 BewG.

LIEGENSCHAFTSZINS:

- laut Gutachterausschuss: keine Angaben,
- laut § 188 BewG: 3,5 %.

Vervielfältiger nach § 185 Abs. 3 und Anlage 21 BewG:

BODENWERT:
650 EUR/qm × 2.016 qm = 1.310.400 EUR

Angepasste GFZ: = –

GEBÄUDEWERT:

Rohertrag/Jahr		54.000 EUR
Bewirtschaftungskosten:	=	./. 8.271 EUR
Grundstücksreinertrag	=	45.729 EUR
Verzinsungsbetrag Bodenwert – Liegenschaftszins	=	./. 45.864 EUR
Gebäudereinertrag		0 EUR

Dieses Beispiel aus der Praxis zeigt, dass der Gebäudewert gerade bei älteren Gebäuden auf größeren Grundstücken nicht den Wert erreicht, der für die Verzinsung des Bodenwerts zugrunde gelegt wird. Einen negativen Gebäudereinertrag gibt es nicht. Damit ist der Gebäudereinertrag mit 0 EUR anzusetzen, so dass es auf eine Kapitalisierung der Restnutzungsdauer nicht mehr ankommt (Vervielfältiger nach Anlage 21 BewG). Erst wenn der Grundstücksreinertrag (kurz: jährliche Miete abzüglich Bewirtschaftungskosten) den Betrag in dem Beispiel von 45.729 EUR übersteigen würde, käme die Kapitalisierung zum Tragen.

Damit ist für die steuerliche Bewertung der Immobilie „nur" der Bodenwert zugrunde zu legen, also 1.310.400 EUR.

STEUERBEFREIUNG FÜR VERMIETETE WOHNRÄUME

Anteil Wohnraumfläche	= 100 %
Bodenwert	= 1.310.400 EUR
Abschlag 10 % nach § 13d ErbStG	= 131.040 EUR
begünstigtes Vermögen	=1.179.360 EUR

Wenn sich die Mutter noch Nutzungsrechte vorbehält, zum Beispiel den Nießbrauch an der Immobilie, würden diese mindernd abgezogen und die Immobilie würde ohne den Anfall einer Schenkungsteuer übertragen werden können, da jedem Kind jeweils ein Freibetrag von 400.000 EUR zu Gute kommt.

4. Sachwertverfahren
Nach dem BewG ist bei Anwendung des Sachwertverfahrens der Wert des Gebäudes (Gebäudesachwert) getrennt vom Bodenwert zu ermitteln. Sonstige bauliche Anlagen, insbesondere Außenanlagen und der Wert der sonstigen Anlagen sind regelmäßig mit dem Gebäudewert und dem Bodenwert abgegolten, wenn es sich nicht um besonders werthaltige Außenanlagen handelt. Der Bodenwert und der Gebäudesachwert ergeben den vorläufigen Sachwert des Grundstücks. Dieser ist zur Anpassung an den gemeinen Wert mit einer Wertzahl nach § 191 BewG zu multiplizieren.

Bei der Ermittlung des Gebäudesachwertes ist von den Regelherstellungskosten des Gebäudes auszugehen. Regelherstellungskosten sind die gewöhnlichen Herstellungskosten je Flächeneinheit. Der Gebäuderegelherstellungswert ergibt sich durch Multiplikation der jeweiligen Regelherstellungskosten mit der Bruttogrundfläche des Gebäudes. Die Regelherstellungskosten sind in der Anlage 24 Teil II und III zum BewG enthalten. Die Werte aus Anlage 24 werden durch die marktüblichen gewöhnlichen Herstellungskosten und den vom statistischen Bundesamt veröffentlichten Baupreisindex aktualisiert.

Nach dem BewG ergibt sich der Gebäudesachwert dann durch die Multiplikation der durchschnittlichen Herstellungskosten des Gebäudes (§ 190 Abs. 3 Satz 2 BewG) mit dem Regionalfaktor (§ 190 Abs. 3 Satz 1 in Verbindung mit Abs. 5 BewG) und dem Alterswertminderungsfaktor (§ 190 Abs. 3 Satz 1 in Verbindung mit Abs. 6 BewG). Der REGIONALFAKTOR soll den Unterschied zwischen bundesdurchschnittlichen und regionalen Baukosten ausgleichen. Er wird von den Gutachterausschüssen ermittelt und veröffentlicht. Geschieht dies nicht, gilt ein Regionalfaktor von 1,0.

Der Alterswertminderungsfaktor wird regelmäßig nach dem Verhältnis des Alters des Gebäudes am Bewertungsstichtag zur wirtschaftlichen Gesamtnutzungsdauer nach Anlage 22 zum BewG bestimmt. Sind nach der Bezugsfertigkeit des Gebäudes Veränderungen eingetreten, welche die wirtschaftliche Gesamtnutzungsdauer des Gebäudes verlängert oder verkürzt haben, ist von einem entsprechenden früheren oder späteren Baujahr auszugehen. Die Restnutzungsdauer eines noch nutzbaren Gebäudes beträgt mindestens 30 % der Gesamtnutzungsdauer. Der Bodenwert und der Gebäudesachwert ergeben zusammengerechnet den vorläufigen Sachwert. Dieser wird dann mit einer vom Gutachterausschuss festgelegten Wertzahl multipliziert. Ist keine Wertzahl des Gutachterausschuss veröffentlicht, ergibt sich die Wertzahl aus der Anlage 25 zum BewG.

Beispiel zu einem Sachwertverfahren:

Bewertung eines Einfamilienhauses im Sachwertverfahren, für die geeignete Vergleichswerte vom Gutachterausschuss nicht zur Verfügung stehen:

Ein mit einem freistehenden Einfamilienhaus (Baujahr 2015, mit Keller, Dachgeschoss ausgebaut, Gebäudestandard –Standardstufe 3 Basis) soll 2023 übertragen werden. Auf dem Grundstück befindet sich eine freistehende Garage, ansonsten gewöhnliche Außenanlagen. Die Brutto-Grundfläche des Gebäudes beträgt 300 qm.

WERTERMITTLUNG NACH §§ 189 – 191 BEWG (SACHWERTVERFAHREN)				
A.	BODENWERT	FLÄCHE/ TEILFLÄCHE 1	FLÄCHE/ TEIL-FLÄCHE 2	
1.	BEZEICHNUNG DER FLÄCHE			
2.	FLUR	8		
3.	FLURSTÜCK	271		
4.	FLÄCHE	700 qm	–	–
5.1	BODENRICHTWERT (§ 179 SÄTZE 2 UND 3 BEWG)	500 EUR/qm	–	–
5.2	ABGELEITETER BODEN-RICHTWERT (§ 179 SATZ 4 BEWG)	–	–	–

6.	WERT DER EINZELNEN FLÄCHEN	350.000 EUR	–	–
7.	BODENWERT (SUMME DER WERTE DER EINZELNEN FLÄCHEN/ TEILFLÄCHEN)			350.000 EUR
B.	GEBÄUDESACHWERT	GEBÄUDE/ BAUTEIL 1	GEBÄUDE/ BAUTEIL 2	
1.	BEZEICHNUNG DES GEBÄUDES/BAUTEILS	Haus	Garage	
2.	GRUNDSTÜCKSART/ GEBÄUDEART (lt. Anlage 22 zum BewG)	frei-stehendes Einfamilien-haus (EFH)	Garage	
3.	BAUJAHR/JAHR DER BEZUGSFERTIGKEIT	2015	2015	–
4.	WIRTSCHAFTLICHE GESAMTNUTZUNGS-DAUER (lt. Anlage 22 zum BewG)	80 Jahre	60 Jahre	–
5.	GEBÄUDEKLASSE (lt. Anlage 24 Teil II zum BewG)	1.01	14.1	
6.	AUSSTATTUNGS-STANDARD (lt. Anlage 24 Teil III zum BewG)	Basis		
7.	BRUTTOGRUNDFLÄCHE DES GEBÄUDES/ BAUTEILS	300 qm	20 qm	–
8.	REGELHERSTELLUNGS-KOSTEN (gem. An-lage 24 Teil II zum BewG in Verbindung mit Teil III)	835 EUR	245 EUR	–
8.1	BAUPREISINDEX für 2023 gem. %190 Abs 4 BewG	164	166,9	

8.2	REGELHERSTELLUNGS-KOSTEN indiziert nach Baupreisindex gem. §190 BewG gerundet	1.369 EUR	409 EUR	
9.	ZWISCHENERGEBNIS (300 QM × 975 EUR)	410.700 EUR	8.180 EUR	
10	Regionalfaktor (mangels Veröffentlichung 1,0 gem. §190 Abs. 5 BewG)	1	1	
	BERECHNUNG DES GEBÄUDEALTERS, DER RESTNUTZUNGSDAUER UND DER ALTERSWERT-MINDERUNG	GEBÄUDE/ BAUTEIL 1	GEBÄUDE/ BAUTEIL 2	
10.1	(KALENDER-) JAHR DES BEWERTUNGSSTICH-TAGS	2023	2023	–
10.2	GEBÄUDEALTER AM BEWERTUNGSSTICHTAG	8 Jahre	8 Jahre	–
10.3	RESTNUTZUNGSDAUER AM BEWERTUNGSSTICHTAG	72 Jahr(e)	52 Jahr(e)	–
11.1	ALTERSWERT-MINDERUNG IN % Alter des Gebäudes im Verhältnis zur Gesamtnutzungsdauer	10 %	13 %	–
11.2	ALTERSWERT-MINDERUNG (Wert aus dem Zwischenergebnis multipliziert mit Alterswertminderung in Prozent)	41.070 EUR	1.063 EUR	–
12.	VORLÄUFIGER GEBÄUDE-SACHWERT DER EINZELNEN GEBÄUDE/ BAUTEILE	369.630 EUR	7.116 EUR	–

13.	GEBÄUDESACHWERT – MINDESTANSATZ (30 % des Gebäuderegelherstellungswerts – hier überschritten)			–
14.	ANZUSETZENDER GEBÄUDESACHWERT DER EINZELNEN GEBÄUDE/BAUTEILE	369.630 EUR	7.116 EUR	
15.	VORLÄUFIGER GEBÄUDESACHWERT (Summe der Gebäudesachwerte der einzelnen Gebäude/Bauteile)			376.746 EUR
16.	VORLÄUFIGEN SACHWERT DES GRUNDSTÜCKS (BODENWERT + GEBÄUDESACHWERT)	726.746 EUR		
	(Wertzahl lt. Anlage 25 zum BewG oder Sachwertfaktor lt. Gutachterausschuss)	1,3		
	GRUNDBESITZWERT (VORLÄUFIGER SACHWERT × WERTFAKTOR)	944.769 EUR		

5. Bewertung des Nießbrauchs

Bei der Feststellung des Wertes des Nießbrauchsrechts ist die jeweils aktuelle Sterbetafel zu berücksichtigen. In § 14 Abs. 1 S. 2 BewG heißt es: „Die Vervielfältiger sind nach der Sterbetafel des Statistischen Bundesamts zu ermitteln und ab dem 1. Januar des auf die Veröffentlichung der Sterbetafel durch das Statistische Bundesamt folgenden Kalenderjahres anzuwenden."

Beispiel zur Übertragung eines Mehrfamilienhauses:
Der 57-jährige Vater überträgt seinen beiden Kindern S und T im Jahre
2024 ein Mehrfamilienhaus zu je ½. Der Grundbesitzwert beträgt unter
Berücksichtigung des § 13d ErbStG 1.000.000 EUR die Nettomietein-
nahmen betragen 100.000 EUR. Es soll der Nießbrauchswert, da der Vater
die Mieteinnahmen für seine Versorgung benötigt, ermittelt werden.

Gemäß § 14 Abs. 1 S. 1 BewG ist der Jahreswert mit dem Faktor der
amtlichen Sterbetafel (13,491) zu vervielfältigen. Der Vervielfältiger
richtet sich nach dem Alter des Vaters. Dies ergäbe einen Wert
(100.000 EUR × 13,491) von 1.349.100 EUR. Allerdings ist gemäß § 16 BewG
der Jahreswert gedeckelt, wenn sich der Jahreswert aus den Nutzungen
eines Gegenstands ergibt. In diesem Fall ist der Jahreswert auf einen
Betrag begrenzt, der sich errechnet, indem der Wert des Wirtschafts-
gutes durch 18,6 geteilt wird. Vorliegend handelt es sich um die Nutzungen aus dem Mehrfamilienhaus (Mieteinnahmen). Der Steuerwert des
Mehrfamilienhauses beträgt 1.000.000 EUR, sodass der Jahreswert der
Nettomieten auf 53.763 EUR (1.000.000 EUR : 18,6) zu begrenzen ist. Es
können also nicht die Mieteinnahmen in Höhe von 100.000 EUR zugrunde
gelegt werden, sondern nur der Jahresbeitrag in Höhe von 53.763. Diese
53.763 EUR × dem Vervielfältiger 13,491 nach der allgemeinen Sterbetafel
2024 = 725.317 EUR.

Das übertragene Grundstück ist mit einem steuerlichen Wert von
1.000.000 EUR ./. 725.317 EUR = 274.683 EUR anzusetzen. Da den Kindern
ein Freibetrag von 2 × 400.000 EUR zusteht, fällt keine Schenkungsteuer
an. Unter Berücksichtigung der noch verfügbaren Freibeträge könnte der
Vater noch weitere 800.000 EUR ./. 274.683 EUR = 525.317 EUR steuerfrei
schenken.

6. Bewertung des Wohnungsrechtes
Die Bewertung des Wohnungsrechts richtet sich nach den Regeln des
soeben erläuterten Nießbrauchsrechts.

7. Die Bewertung von Rentenzahlungen
Aufgrund der Tatsache, dass im privaten Bereich die Abzugsfähigkeit
von Rentenzahlungen in Form der Leibrente einkommensteuerlich nur
noch sehr eingeschränkt möglich ist, ist die Übergabe gegen Rentenzahlungen nur noch im Bereich der Unternehmensnachfolge interessant.
Auch die Ermittlung des Kapitalwerts dieser Rentenzahlungen erfolgt
gemäß § 14 Abs. 1 BewG. Der dafür notwendige Vervielfältiger ist wieder
unter Beachtung der mittleren Lebenserwartung des von der Nutzung
oder Leistung Begünstigten und eines Zinssatzes von 5,5 % zu berechnen.

Nach dem Erbschafts- und Schenkungssteuergesetz sind auch hier die vom statistischen Bundesamt veröffentlichten Daten anzuwenden (siehe Nießbrauchsbewertung).

8. Ausländischer Grundbesitz
Ausländischer Grundbesitz ist – wie bisher – gem. § 31 BewG mit dem gemeinen Wert anzusetzen. Zur Wertermittlung kann auf die Vergleichswert-, Ertragswert- oder Sachwertmethode zurückgegriffen werden. Allerdings eignen sich die für inländische Grundstücke geltenden Bewertungsregeln in §§ 183 – 197 BewG wegen der unterschiedlichen Wert- und Sachverhältnisse meist nicht für die Bewertung ausländischer Objekte. Ebenso sind ausländische Steuerwerte in der Regel keine für die deutsche Erbschaftsteuer geeigneten Werte. In erster Linie kommt eine Ableitung/Schätzung des gemeinen Werts aus den Anschaffungs- oder Herstellungskosten und dann im Wege des Vergleichs mit ähnlichen Objekten in Betracht. Letztlich kann auch hier der Wert durch ein Einzelwertgutachten gegenüber dem Finanzamt nachgewiesen werden.

V. Steuerlich günstige Übertragungsmöglichkeiten

Wer mit großen Anstrengungen über Jahrzehnte Immobilienvermögen geschaffen oder erhalten hat, tut sich mit der Vorstellung schwer, dass die Familie eines Tages den Nachlass unter Umständen mit dem Fiskus – zu welcher Quote auch immer - teilen muss. Aus diesem Grund nutzen viele Immobilieneigentümer die Möglichkeit, ihr Vermögen zu Lebzeiten schrittweise auf die Familie zu übertragen, um so alle zehn Jahre die Steuerfreibeträge ausschöpfen zu können. Durch diese „vorweggenommene Erbfolge" kann bei einer langfristigen Planung ein beträchtlicher Anteil des Vermögens legal ohne Anfall von Schenkungsteuer an die Familienmitglieder weitergegeben werden.

Die nachfolgend erläuterten Gestaltungsmöglichkeiten bieten sich insbesondere dann an, wenn nur ein Elternteil vermögend ist. Jedes Kind (auch das Stiefkind) hat gegenüber jedem Elternteil beziehungsweise Stiefelternteil einen Freibetrag von 400.000 EUR, zusammen also 800.000 EUR pro Kind. Dieses Freibetragsvolumen nützt aber nichts, wenn nur ein Elternteil vermögend ist. Dann kann von jedem Kind auch nur einmal der Freibetrag in Höhe von 400.000 EUR in Anspruch genommen werden.

1. Übertragung des Familienheims an den Ehegatten

Die Übertragung eines selbst genutzten Familienheimes an den Ehegatten ist nach §13 Abs.1 Nr. 4a ErbStG steuerbefreit.

Ein Familienheim ist eine Wohnung, die von Mitgliedern einer Familie zu eigenen Wohnzwecken genutzt wird. Die Nutzung kann erfolgen durch die Ehegatten oder Lebenspartner und der zur Familie gehörenden Kinder. Eine Mitbenutzung der Wohnung durch Enkelkinder, Eltern oder eine Haushaltshilfe steht der Annahme eines Familienheims nicht entgegen.

Der Begriff der Wohnung ist in §181 Abs. 9 BewG definiert. Danach ist eine Wohnung eine Zusammenfassung einer Mehrheit von Räumen, die in ihrer Gesamtheit so beschaffen sein müssen, dass die Führung eines selbständigen Haushaltes möglich ist. Die Zusammenfassung einer Mehrheit von Räumen muss eine von anderen Wohnungen oder Räumen, insbesondere Wohnräumen, baulich getrennte, in sich abgeschlossene Wohneinheit bilden und einen selbständigen Zugang haben. Außerdem ist erforderlich, dass die für die Führung eines selbständigen Haushalts notwendigen Nebenräume (Küche, Bad oder Dusche, Toilette) vorhanden sind. Die Wohnfläche soll mindestens 20 qm betragen.

Somit ist begünstigt das Eigentum oder Miteigentum an einem im Inland oder in einem Mitgliedsstaat der Europäischen Union oder einem Staat des Europäischen Wirtschaftsraumes (derzeit Norwegen, Lichtenstein und Island, nicht aber die Schweiz) gelegenes bebautes Grundstück. Die Wohnung kann sich in einem Einfamilienhaus, Zweifamilienhaus, Mietwohngrundstück, Geschäftsgrundstück und auch in einem gemischt genutzten Grundstück befinden. Steuerbefreit ist selbstverständlich nicht die gesamte wirtschaftliche Einheit, sondern nur der Anteil, der auf die EIGENGENUTZTE WOHNUNG als Familienheim entfällt.

Durch die Schenkung eines solchen Grundstücks werden beim Ehegatten keine Steuerfreibeträge verbraucht. Selbst wenn dem Ehegatten bereits Vermögen im steuerlichen Freibetragsbereich von 500.000 EUR übertragen worden ist, löst die Schenkung des entsprechenden Grundstücks keine weiteren Steuern aus. Wichtig ist, dass der FAMILIENRECHTLICHE GÜTERSTAND der Ehegatten für die steuerbefreite Übertragung eines Familienwohnheims ohne Bedeutung ist.

Das Familienheim muss der Mittelpunkt des familiären Lebens sein. Die Steuerbefreiung ist deshalb nicht möglich, wenn das zugewendete Grundstück nur als Ferien- oder Wochenendhaus genutzt wird. Entscheidend ist die Nutzung zu eigenen Wohnzwecken der Eheleute und der zur Familie gehörenden Kinder und Enkelkinder. Teilübertragungen sind möglich – wie etwa die Übertragung eines hälftigen Miteigentumsanteils am Einfamilienhaus.

Die Befreiung ist wertmäßig nicht begrenzt; steuerfrei übertragen werden kann auch eine noch so wertvolle Wohnung. Nach den Richtlinien zum ErbStG findet keine ANGEMESSENHEITSPRÜFUNG statt.

Während des Bestehens einer Ehe kann mehrfach nacheinander ein Familienwohnheim zugewendet werden. Voraussetzung ist nur, dass dieses jeweils als Familienwohnheim im vorbeschriebenen Sinne dient. Es tritt also kein Objektverbrauch ein. Zudem besteht keine Behaltensfrist. Das heißt: Die Steuerbefreiung bleibt auch dann erhalten, wenn das begünstigt erworbene Familienheim im Anschluss an die Übertragung veräußert oder nicht mehr als Wohnung für die Familie genutzt wird.

Beispiel zur Übertragung:

Haben die Ehegatten nacheinander, zum Beispiel in Berlin, zwei Jahre später in München und drei Jahre danach in Hamburg gelebt und hat der vermögende Ehegatte in der jeweiligen Stadt ein Familienwohnheim erworben, wäre die jeweilige Übertragung an den anderen Ehegatten steuerbefreit möglich gewesen. Keine Rolle spielt dabei der Wert des Hauses. Hätten die drei Häuser in Berlin, München und Hamburg einen Wert in Höhe von jeweils 600.000 EUR gehabt, hätte der Ehemann insgesamt Grundstücke im Wert von 1.800.000 EUR steuerbefreit auf die Ehefrau übertragen können. Der Ehegatte könnte im steuerlichen Freibetrag von 500.000 EUR noch weiteres Vermögen übertragen. Die Ehefrau wäre auch berechtigt, die jeweiligen Familienheime zu veräußern, wenn zwischen den Ehegatten nichts anderes vereinbart worden ist.

Eine steuerbefreite Zuwendung liegt auch vor, wenn ein Ehegatte dem anderen Ehegatten das Geld zur Verfügung stellt, um das Darlehen eines Ehegatten für den Erwerb eines Familienheimes zu tilgen. Wichtig ist immer, dass das Familienheim der tatsächliche jeweilige LEBENSMITTEL-PUNKT der Eheleute ist. Vor diesem Hintergrund bietet sich die Schenkung eines Familienheimes an den Ehegatten immer an, wenn zum Beispiel dieses Hausgrundstück auf ein Kind übertragen werden soll und der steuerliche Wert des Hausgrundstücks höher ist als der Freibetrag nach nur einem Schenker.

Beispiel bei einem Alleineigentümer:
Der Vater ist Alleineigentümer eines Zweifamilienhauses mit einem steuerlichen Wert von 610.000 EUR. Der Vater beabsichtigt, das Haus seiner Tochter zu schenken. Diese hat einen Freibetrag von 400.000 EUR. Entweder müsste sich der Vater entscheiden, auf die Tochter nur einen Anteil im Wert von 400.000 EUR zu übertragen und den Rest nach 10 Jahren, wenn der Freibetrag erneut entsteht, oder das ganze Grundstück wird auf die Tochter übertragen und diese muss Steuern in Höhe von 11 % aus 210.000 EUR = 23.100 EUR zahlen.

Geschickter wäre es, den ½-Anteil vom Familienwohnheim steuerbefreit auf die Ehefrau zu übertragen und in einem späteren zweiten Vertrag den jeweiligen ½-Anteil beider Ehegatten auf die Tochter zu übertragen. Dann käme das Hausgrundstück steuerfrei bei der Tochter an, sofern kein Gestaltungsmissbrauch vorliegt.

2. Grundstücksschenkung an den Ehegatten

Weiter bietet es sich an, auf den Ehegatten exakt im Freibetragsbereich eine Immobilie beziehungsweise einen Anteil hieran im Steuerwert von bis zu 500.000 EUR zu übertragen.

Beispiel zu einem Vierfamilienhaus:
Ist der Ehemann Alleineigentümer eines Vierfamilienhauses mit einem steuerlichen Wert von 830.000 EUR, könnte ein 60 %-iger Anteil steuerfrei auf die Ehefrau übertragen werden. Dieser Anteil hat einen Wert von 60 % von 830.000 EUR = 498.000 EUR und liegt somit noch im Freibetrag. Auch könnten in diesem Falle die Ehegatten jeweils wieder einen Anteil im steuerlichen Freibetragsbereich auf ihre Kinder übertragen und den ganzen Vorgang in zehn Jahren wiederholen. Behalten sich die Ehegatten den Nießbrauch vor, würde dessen Wert noch vom Wert der Immobilien abgezogen.

3. Steuersparende Kettenschenkung

Von einer Kettenschenkung spricht man, wenn der Schenkungsgegenstand nur für eine relativ kurze Zeit bei einer Zwischenperson verbleibt und dann von dieser Zwischenperson an den Endbedachten übertragen wird. Bei dieser Kettenschenkung ist aber immer darauf zu achten, dass der Zwischenempfänger nicht durch eine WEITERSCHENKUNGSKLAUSEL oder in sonstiger Weise verpflichtet ist, das Grundstück an den Endbedachten zu veräußern. Der Zwischenempfänger muss also einen eigenen Entscheidungsspielraum haben und selbst entscheiden können, ob er den erhaltenen Gegenstand weiterschenkt.

Sofern dieser Entscheidungsspielraum vorhanden ist, spielt die zeitliche Abfolge keine Rolle. Wenn der Zwischenempfänger im Grundbuch eingetragen ist und anschließend das Grundstück an den Endbedachten überträgt, wird es keine Probleme geben. So hat der Bundesfinanzhof entschieden, dass die Weiterschenkung schon in der darauffolgenden notariellen Urkunde erfolgen kann (BFH 18.7.2013 – II R 37/11). Dabei ist zu beachten, dass der Beschenkte die Zuwendung nicht lediglich als Durchgangs- oder Mittelsperson erhält, die er entsprechend einer bestehenden Verpflichtung in vollem Umfang an einen Dritten weitergeben muss, da sonst schenkungsteuerlich nur eine Zuwendung aus dem Vermögen des Zuwendenden und nicht aus dem Vermögen der Mittelperson gegeben wäre. Weitergabeverpflichtungsklauseln sind somit nicht zu empfehlen.

Wenn das Grundstück bzw. ein Anteil am Grundstück nicht nur auf das eigene Kind, sondern letztendlich auf das Enkel- oder Schwiegerkind übertragen werden soll, ist die Kettenschenkung das geeignete steuersparende Instrument. Ein Schwiegerkind hat gegenüber den Schwiegereltern nach § 16 Abs. 1 Nr. 4 ErbStG nur einen Freibetrag von 20.000 EUR (Steuerklasse II). Es liegt auf der Hand, dass aus steuerlichen Gründen eine unmittelbare Schenkung zwischen Schwiegereltern und dem Schwiegerkind nicht in Betracht kommt.

Möglich ist aber eine Schenkung an das eigene Kind und eine Weiterschenkung eines Anteils am Grundstück vom eigenen Kind als Ehegatte an das Schwiegerkind. In diesem Verhältnis besteht ein Freibetrag von 500.000 EUR (Steuerklasse I). Auch in diesem Falle ist aber streng darauf zu achten, dass das Kind einen eigenen Entscheidungsspielraum hat und im Schenkungsvertrag nicht verpflichtet wird, einen bestimmten Anteil am Grundstück auf seinen Ehegatten zu übertragen. Der Bundesfinanzhof hat zwar die Kettenschenkung bei Schwiegerkindern grundsätzlich akzeptiert, aber im konkreten Fall entschieden, dass eine gelungene Kettenschenkung deshalb nicht vorliegen würde, weil die Tochter keine eigene Entscheidungsbefugnis hatte, sondern zur Weiterveräußerung verpflichtet war.

4. Steuervorteile der Zugewinngemeinschaft

Die Ehegatten leben im Güterstand der Zugewinngemeinschaft, wenn sie nicht durch Ehevertrag etwas anderes vereinbaren. Entgegen häufig anzutreffender Meinung wird durch die Eheschließung das Ehegattenvermögen nicht gemeinschaftliches Vermögen. Auch bei der Zugewinngemeinschaft bleiben die Vermögen der Eheleute getrennt. Bringt die Ehefrau zum Beispiel ein Haus mit in die Ehe ein oder erbt sie während bestehender Ehe Vermögen, bleibt sie Alleineigentümerin dieses Vermögens. Wird die Ehe später geschieden, ist aber ein Zugewinnausgleich durchzuführen. Eine Zugewinnausgleichszahlung ist dabei gemäß § 5 ErbStG steuerfrei.

Beispiel bei einem Wertpapierdepot:
Die Ehefrau besitzt bei Eheschließung ein Wertpapierdepot in Höhe von 400.000 EUR. Der Ehemann hat kein Vermögen. 15 Jahre später wird die Ehe geschieden; das Wertpapierdepot hat zwischenzeitlich einen Wert von 1 Mio. EUR. Die Ehefrau hat damit einen Zugewinn von 1 Mio. EUR./. 400.000 EUR = 600.000 EUR erzielt, der nach § 1378 BGB zu teilen ist. Der geschiedene Ehegatte bekommt von seiner Frau somit 300.000 EUR als Zugewinn – und zwar völlig steuerfrei nach § 5 Abs. 2 ErbStG.

Endet die Ehe durch den Tod der Ehefrau und hat sie den Ehemann testamentarisch als Alleinerben eingesetzt, gehört dem Ehemann das Depotkonto im Wert von 1 Mio. EUR. Zu versteuern braucht er aber nicht 1 Mio. EUR, sondern nur 700.000 EUR (abzüglich seiner Freibeträge), weil 300.000 EUR als sog. fiktiver Zugewinnausgleich von vornherein gemäß § 5 Abs. 1 ErbStG steuerfrei sind. Im Falle der Scheidung hätte der Ehemann den Zugewinnausgleich von 300.000 EUR steuerfrei bekommen. Durch den Tod des Ehegatten soll er steuerlich nicht schlechter gestellt sein. Deshalb spricht man vom „fiktiven" Zugewinnausgleich.

5. Die Güterstandsschaukel
Eheleute können durch Ehevertrag, welcher der notariellen Beurkundung bedarf, anstelle der Zugewinngemeinschaft einen anderen Güterstand, zum Beispiel den Güterstand der Gütertrennung vereinbaren. Der Unterschied zwischen der Zugewinngemeinschaft und der Gütertrennung liegt darin, dass bei einer Zugewinngemeinschaft der während der Ehe erzielte Zugewinn (= Wertzuwachs des jeweiligen Vermögens) bei Beendigung der Ehe mit dem anderen Ehegatten geteilt werden muss.

Die Zugewinnausgleichszahlung kann aber auch „freiwillig" erfolgen, wenn zum Beispiel die Eheleute während der Ehe eine Gütertrennung vereinbaren und den bis dahin erzielten Zugewinn ausgleichen. Dadurch lässt sich Vermögen von einem Ehegatten auf den anderen Ehegatten gemäß § 5 ErbStG steuerfrei übertragen. Es kann aber sinnvoll sein, nach der Gütertrennung wieder in den Güterstand der Zugewinngemeinschaft zurückzukehren (deshalb „Güterstandsschaukel" genannt). Dann kann die Steuerfreiheit im Rahmen des § 5 ErbStG zweimal ausgenutzt werden. Wichtig ist in diesen Fällen, dass der Güterstand auch beendet wird. Die bloße Zahlung einer Zugewinnausgleichsforderung ohne Beendigung des Güterstands (sogenannter fliegender Zugewinnausgleich) wäre nicht vom Anwendungsbereich des § 5 ErbStG umfasst, also steuerbar.

Beispiel bei Mietshäusern:

Der Vater hat zwei Mietshäuser mit einem Verkehrswert von 3 Mio. EUR und möchte schon zu Lebzeiten Vermögen auf seine drei Kinder übertragen. Die Ehefrau hat kein Vermögen. Die Freibeträge in Höhe von 3 × 400.000 EUR = 1.200.000 EUR können nur gegenüber dem Vater geltend gemacht werden. Die Freibeträge gegenüber der Mutter in gleicher Höhe gehen ins Leere, weil sie nichts hat.

Eine Lösung könnte sein, dass der Vater auf seine Ehefrau im Freibetragsbereich von 500.000 EUR Vermögen überträgt und sie diesen Teil später an ihre Kinder weiterleitet. Damit würde immerhin Vermögen im Freibetragsbereich von 500.000 EUR von der Mutter auf die Kinder übertragen. Ein Freibetragspotential von 1.000.000 EUR bliebe aber ungenutzt.

Leben aber die Eltern im Güterstand der Zugewinngemeinschaft, könnten sie zudem eine Gütertrennung vereinbaren und in diesem Zusammenhang den Zugewinn ausgleichen. Der Ehefrau stehen nach §§ 1372, 1378 BGB Zugewinnausgleichsansprüche in Höhe von 1,5 Mio. EUR zu (hierbei wurde unterstellt, dass das Anfangsvermögen der Eheleute 0 EUR betrug). Die Ehefrau erhält jetzt nach § 5 ErbStG absolut steuerfrei 1,5 Mio. EUR. Ihr Freibetrag gegenüber dem Ehemann in Höhe von 500.000 EUR wird nicht verbraucht. Sowohl der Ehemann als auch die Ehefrau können jetzt alle 10 Jahre Vermögen im Werte von je 1.200.000 EUR auf die Kinder übertragen, zum Beispiel durch die Übertragung der Mietshäuser gegen Einräumung des Nießbrauchsrechts (Recht auf den Mietertrag etc.). Das Vermögen käme mithin steuerfrei bei den Kindern an, während die Eltern bis zu ihrem Lebensende die Mieten aus den Häusern erhalten.

Da aber weiterer Zugewinn der Eheleute denkbar ist, können sie wieder in den Güterstand der Zugewinngemeinschaft zurückkehren. Eine Rückkehr in den gesetzlichen Güterstand der Zugewinngemeinschaft bietet sich aber auch aus pflichtteilsrechtlichen Gründen an. Der Pflichtteilsanspruch eines der drei Kinder würde hier nur $1/12$ betragen statt $1/8$ bei der Gütertrennung. Ein weiterer Grund für die Rückkehr in den gesetzlichen Güterstand ist der steuerliche Zugewinnausgleich auf den Tod eines Ehegatten nach § 5 ErbStG. Würde zum Beispiel der steuerliche Zugewinnausgleichsanspruch des länger lebenden Ehegatten – wie im

Beispielsfall – 1,5 Mio. EUR betragen, wäre dieser nicht steuerpflichtig. Die Rückkehr der Ehegatten in den gesetzlichen Güterstand ist auch kein Gestaltungsmissbrauch. Auch das umgekehrte Modell wird für zulässig erachtet, wonach „Gütertrennungseheleute" rückwirkend den Güterstand der Zugewinngemeinschaft vereinbaren können und anschließend wieder in die Gütertrennung gehen, um den Zugewinn auszugleichen.

Zusammenfassung:
Freibeträge und Steuersätze richten sich nach dem Verwandtschaftsverhältnis und können alle zehn Jahre genutzt werden. Immobilien werden nach dem Bewertungsgesetz bewertet. Das Familienheim kann unter bestimmten Voraussetzungen steuerfrei an den Ehegatten übertragen werden. Kettenschenkungen und die "Güterstandsschaukel" sind ebenfalls Methoden zur Steuerersparnis.

3

Absicherung des Schenkers

3. Absicherung des Schenkers

I. Der Nießbrauch

Die Übertragung eines bebauten Grundstücks von den Eltern auf die Kinder unter Nießbrauchsvorbehalt ist der Standardfall der lebzeitigen Vermögensübertragung. Der Nießbrauch gibt dem Schenker bzw. dem Nießbraucher das Recht, sämtliche Nutzungen des belasteten Grundstücks zu ziehen, insbesondere die Mieten einzunehmen oder auch das Familienheim weiter selbst zu bewohnen. Für die Eltern soll sich wirtschaftlich nichts ändern. Sie erhalten – wie bisher – die Mieten.

1. Lastentragung

Nach dem Gesetz tragen die Kosten außerordentlicher Ausbesserungen und Erneuerungen die Eigentümer, also gerade nicht die Nießbraucher. Im Übergabevertrag kann allerdings vereinbart werden, dass die Übergeber wie ein Eigentümer alle Lasten des Grundstücks tragen, auch die Kosten außerordentlicher Ausbesserungen und Erneuerungen. Eine derartige Vereinbarung macht aus mehreren Gründen Sinn. Zum einen sind die Kinder regelmäßig nicht in der Lage, teure Instandhaltungskosten aus dem eigenen Vermögen zu tragen und zum anderen können sie diese Kosten nicht steuerwirksam geltend machen, weil ihnen die Einnahmen aufgrund des Nießbrauchs nicht zustehen. Nur die Eltern könnten diese Kosten steuerwirksam geltend machen, wenn sie denn eine Vereinbarung mit ihren Kindern getroffen haben, wonach sie – wie bisher – alle Lasten tragen. Eine entsprechende vertragliche Vereinbarung einer Verpflichtung zu außerordentlichen Erhaltungsaufwendungen und Lasten könnte lauten:

Mustertext „Lastenregelung":
In Abweichung von der gesetzlichen Lastenverteilung wird vereinbart, dass der Nießbraucher alle öffentlichen und privaten Lasten des Vertragsgegenstandes trägt, einschließlich der außerordentlichen Lasten sowie alle Ausbesserungen und Erneuerungen, die über die gewöhnliche Erhaltung hinausgehen.

Unterbleibt eine derartige Vereinbarung, hätte der Nießbraucher nach § 1041 BGB nur die Kosten zu tragen, die zur gewöhnlichen Unterhaltung des Grundstücks gehören (zum Beispiel kleinere Reparaturen am Dach oder am Fenster). Ferner hat der Nießbraucher nach § 1047 BGB die laufenden öffentlichen und privaten Lasten zu tragen (zum Beispiel Müllabfuhr, Straßenreinigung, Grundsteuer). Diese Kosten entsprechen regelmäßig den üblichen Nebenkosten bei der Miete. Von den privaten Lasten hat der Nießbraucher die laufenden Zinsen von Grundschulden und Hypotheken zu tragen.

2. Teilweiser Nießbrauch

Es ist nicht zwingend, dass das ganze Grundstück mit einem Nieß-brauchsrecht belastet wird. Einer von mehreren Übergebern könnte zum Beispiel nur seinen Anteil mit dem Nießbrauch belasten, sogenannter Bruchteilsnießbrauch. Ferner ist denkbar, dass die Eltern nicht alle Mieterträge benötigen und damit leben könnten, dass sie ½ der Mieten erhalten (Quotennießbrauch). Eltern und Kinder bilden dann eine Ertragsgemeinschaft zu je ½. Es ist aber nicht zulässig, sich den Nieß-brauch nur für bestimmte Wohnungen vorzubehalten, sofern nicht Wohnungseigentum vorliegt.

3. Steuerliche Aspekte

Wenn sich die Übergeber den Nießbrauch vorbehalten und alle Lasten des Grundstücks so tragen, als ob sie noch Eigentümer wären, dann sind die Übergeber für das Finanzamt sogenannte wirtschaftliche Eigentümer. Sie haben die Einnahmen zu versteuern und können alle Ausgaben als Werbungskosten absetzen. Ihnen steht auch die Gebäude-AfA zu. Solange der Nießbrauch besteht, sind die Kinder nur „Papiereigentümer" und so ist es in der Regel auch gewollt.

4. Pflichtteil

Häufig wird Vermögen übergeben, um eventuelle Pflichtteilsansprüche anderer Kinder zu minimieren, und zwar in der Hoffnung, dass der Über-geber noch zehn Jahre lebt und keine Pflichtteilsergänzungsansprüche mehr geltend gemacht werden können. Diese Hoffnung verkennt die Rechtsprechung, wonach der vorbehaltene Nießbrauch die 10-Jahres-Frist nicht in Gang setzt, weil der Übergeber wirtschaftlich der Eigen-tümer geblieben ist.

Wichtig für den Immobilieneigentümer:
Umfassende Nutzungs- und Mitspracherechte des Schenkers lassen die 10-jährige Abschmelzung des § 2325 Abs. 3 BGB nicht anlaufen. Die Immobilien bleiben auch nach mehr als zehn Jahren noch pflichtteilsbefangen.

Gleichwohl macht eine Übertragung – auch unter Nießbrauchsvor-behalt – noch Sinn, wenn die Pflichtteilsansprüche reduziert werden sollen. Bei der Bewertung einer Immobilie zum Zwecke der Pflichtteils-berechnung müssen zwei Bewertungszeitpunkte berücksichtigt werden, nämlich der zum Zeitpunkt des Schenkungsvollzuges (Tag der Eintragung im Grundbuch) und der zum Zeitpunkt des Erbfalls. Bei Grundstücken ist von beiden in Betracht kommenden Stichtagen derjenige Wert maßgeblich, zu dem das Geschenk weniger wert war (Niederstwertprinzip nach § 2325 Abs. 2 BGB). Zur Berechnung des niedrigeren Wertes stellt die Rechtsprechung zunächst auf den inflationsbereinigten Grundstückswert zum Zeitpunkt des Schenkungsvollzuges und den Wert zum Zeitpunkt des Erbfalls ab. Der Wert des Nutzungsrechtes wird dabei noch nicht abgezogen. Ergibt die Gegenüberstellung, dass der Wert beim Erbfall als der niedrigere Wert maßgeblich ist, kommt ein Abzug des dem Erblasser vorbehaltenen Nießbrauchs nicht mehr in Betracht, weil dieses Recht nicht mehr werthaltig ist, wenn das Nießbrauchsrecht mit dem Erbfall endet. Der ermittelte Grundstückswert stellt damit auch den Schenkungswert dar. Ist der Wert zum Zeitpunkt des Schenkungsvollzuges als der niedrigere Wert maßgeblich (was häufig gerade in Großstädten der Fall ist) ist vom ermittelten Grundstückswert noch der Wert des Nutzungsrechtes als zu diesem Zeitpunkt noch bestehende Belastung abzuziehen. Zur Ermittlung der Höhe dieses Abzugspostens ist der Wert des Nutzungsrechtes zu kapitalisieren, und zwar nach der Rechtsprechung des Bundesgerichtshofes vorausschauend abstrakt, das heißt der jährliche Reinwert der Nutzung wird multipliziert mit der statistischen Lebenserwartung des Nutzungsberechtigten am Stichtag entsprechend der amtlichen Sterbetabelle. Sodann wird dieser Wert vom Grundstückswert abgezogen und dann steht erst der ergänzungspflichtige Schenkungswert fest. In der Praxis führt das zu erheblichen Reduzierungen der für die Pflichtteilsberechnung maßgeblichen Grundstückswerte. Außerdem wird dadurch vermieden, dass zwischenzeitliche Grundstückswertsteigerungen zum Todeszeitpunkt bei der Pflichtteilsberechnung mitberücksichtigt werden müssen. Die Übertragung unter Nießbrauchsvorbehalt bietet also in vielen Fällen eine erhebliche Chance, den Pflichtteil zu reduzieren.

5. Aufschiebend bedingter Nießbrauch für den Nichteigentümer-Ehegatten

Wenn das den Kindern übertragene Grundstück nur einem Ehegatten gehört, besteht häufig das Interesse, dass der Nießbrauch auch dem Ehegatten zukommen soll, der nicht Eigentümer des Grundstücks ist. Die Vertragsbeteiligten können vereinbaren, dass dem Nichteigentümer-Ehegatten der Nießbrauch dann zusteht, wenn sein Ehegatte verstirbt. Aufschiebend bedingt auf den Tod des Übergebers steht das Nießbrauchsrecht dann dem länger lebenden Ehegatten allein zu.

Steuerlich ist aber zu beachten, dass der Nießbrauch des verstorbenen Ehegatten dem anderen Ehegatten zugewendet wurde. Es handelt sich um eine Schenkung von Todes wegen, welche steuerpflichtig ist. Die Steuerpflicht tritt allerdings erst mit Eintritt der Bedingung ein, hier also mit dem Tod des Nießbrauchers, dessen Rechte auf den Ehegatten übergehen.

6. Mehrere Übergeber
Wenn den übergebenden Eltern das Grundstück gemeinsam gehört, kann sich jeder Ehegatte nur für den von ihm übertragenen Grundstücksanteil den Nießbrauch vorbehalten. Wenn ein Ehegatte verstirbt, entfällt sein Nießbrauch. Dies ist regelmäßig nicht gewollt. Vielmehr soll dem länger lebenden Ehegatten der gesamte Nießbrauch weiterhin gehören. Eine entsprechende vertragliche Vereinbarung könnte lauten:

Mustertext „Nießbrauchsvorbehalt":
Die Eigentümer behalten sich als Gesamtgläubiger, der Längerlebende von ihnen allein, an dem Vertragsgegenstand den lebenslangen unentgeltlichen Nießbrauch vor, dessen Eintragung im Grundbuch mit der Maßgabe beantragt wird, dass zu seiner Löschung der Todesnachweis des jeweiligen Berechtigten genügt.

7. Der Nießbrauch an einem selbst genutzten Ein- oder Zweifamilienhaus
Eltern haben in aller Regel den Wunsch, weiter in dem Ein- oder Zweifamilienhaus wohnen zu können, wenn sie dieses auf die Kinder übertragen. Ein vereinbartes Nießbrauchsrecht steht der Selbstnutzung dieses Hauses nicht im Wege. Ein Nießbrauchsrecht bietet sogar gewisse Vorteile. Die Eltern sind sowohl berechtigt, das Haus selbst zu nutzen als auch zu vermieten, zum Beispiel für den Fall, dass eine Eigennutzung des Hauses nicht mehr in Betracht kommt. Möchten die Eltern in einem Zweifamilienhaus aber nur eine Wohnung selbst nutzen, bei gleichzeitiger Nutzung der anderen Wohnung durch das Kind, kommt die Vereinbarung eines Nießbrauchsrechts nicht in Betracht. Ein dinglich gesichertes Nießbrauchsrecht an einer einzelnen Wohnung oder an einzelnen Räumen ist nicht möglich; zulässig ist dann aber die Vereinbarung eines Wohnungsrechtes.

II. Das Wohnungsrecht

Ein Wohnungsrecht ist das Recht, das Gebäude oder den Teil eines Gebäudes unter Ausschluss des Eigentümers zu bewohnen. Die Nießbrauchsvorschriften finden auf dieses Wohnungsrecht weitgehend Anwendung.

1. Mitbenutzungsrecht für Dritte

Grundsätzlich darf der Wohnungsrechtsinhaber die Wohnung nur selbst nutzen und sie nicht anderen Personen überlassen. Nach § 1093 BGB ist er aber berechtigt, seine Familie sowie die zur Pflege notwendigen Personen in die Wohnung aufzunehmen. Der Bundesgerichtshof hat entschieden, dass auch der Partner der nichtehelichen Lebensgemeinschaft dort wohnen darf. Durch vertragliche Vereinbarung kann der Kreis der Personen, die die Wohnung mitbenutzen dürfen, eingeschränkt oder erweitert werden. Die unentgeltliche Überlassung der Wohnung oder die Vermietung der Wohnung ist grundsätzlich untersagt. Vertraglich kann sie jedoch gestattet werden. Eine Vereinbarung könnte wie folgt lauten:

Mustertext „Wohnungsrecht":
Der Übergeber behält sich an dem Vertragsgegenstand ein lebenslanges Wohnungsrecht nach § 1093 BGB vor. Danach ist er berechtigt, unter Ausschluss des Eigentümers die Wohnung im Erdgeschoss des Hauses ausschließlich zu Wohnzwecken zu nutzen.

Die Wohnung darf sowohl vermietet als auch anderen Personen unentgeltlich überlassen werden.

Ferner ist vereinbart das Recht zur Mitbenutzung der gemeinschaftlichen Anlagen, insbesondere des Gartens und der Kellerräume. Der Wohnungsrechtsinhaber trägt alle Nebenkosten der Wohnung, zum Beispiel Heizung, Strom, Gas, Wasser, Müllabfuhr sowie die Kosten für die Schönheitsreparaturen in der Wohnung. Alle anderen Kosten, insbesondere solche für die Instandhaltung und Pflege des Gebäudes trägt der Übernehmer.

Oder (zum Beispiel, wenn der Übergeber das Haus allein bewohnt):

Der Übergeber trägt alle Kosten und Lasten von Haus und Grundstück, auch die Lasten, welche nach dem Gesetz der Eigentümer zu tragen hat.

2. Mehrere Wohnungsrechtsinhaber
Wenn das zu übertragende Haus beiden Elternteilen gehört und sich
beide ein Wohnungsrecht vorbehalten, kann dieses Recht wie folgt
vereinbart werden:

Mustertext „Wohnungsrechtsgesamtgläubiger":
Wir behalten uns als Gesamtgläubiger nach § 428 BGB, der länger lebende
allein, ein Wohnungsrecht an der Wohnung ... vor.

Diese Gestaltung ist auch dann möglich, wenn das Haus nur einem Ehegatten gehört, aber für beide ein Wohnungsrecht bestellt werden soll.
Steuerlich ist aber zu beachten, dass dem Nichteigentümer-Ehegatten
schon zu Lebzeiten ein Wohnungsrecht zugewendet wird, das einen
steuerpflichtigen Schenkungswert hat. Besser ist deshalb die Zuwendung
eines auf den Tod des Eigentümerehegatten bedingten Wohnungsrechts.
Dieses könnte lauten:

Mustertext „Bedingtes Wohnungsrecht":
Aufschiebend bedingt auf den Tod des Übergebers steht das heute
vereinbarte Wohnungsrecht seinem Ehegatten zu.

Ein zunehmendes Problem ist die Tatsache, dass viele Menschen nicht
mehr bis zu ihrem Lebensende in ihrer Wohnung bleiben können,
sondern in eine betreute Einrichtung aufgenommen werden müssen.
Durch den Auszug erlischt aber das Wohnungsrecht noch nicht und der
Eigentümer darf weder die Wohnung nutzen noch vermieten. Es empfiehlt sich deshalb, diesen Fall bei der Wohnungsübertragung zu berücksichtigen. Die Vertragsparteien könnten zum Beispiel vereinbaren, dass
das WOHNUNGSRECHT erlischt, wenn die Wohnung endgültig verlassen
wird und eine Rückkehr in die Wohnung ausgeschlossen ist. Das Problem
ist dabei, dass das Grundbuchamt eine derartige bedingte Löschungsbewilligung nicht akzeptiert. Das Grundbuchamt kann nämlich nicht
nachprüfen, ob die Bedingung eingetreten ist. Deshalb wird empfohlen,
dass im Zusammenhang mit der Beurkundung des Übergabevertrages
auch eine Löschungsbewilligung erteilt wird, die keine Bedingungen
enthält. Da aber mit dieser Löschungsbewilligung Missbrauch betrieben
werden kann, wird empfohlen, den Notar anzuweisen, diese Löschungsbewilligung bei seinen Akten aufzubewahren und sie dem Eigentümer
erst dann auszuhändigen, wenn dem Notar durch ein ärztliches Gutachten nachgewiesen wurde, dass eine Rückkehr in die Wohnung unter
medizinischen und Betreuungsgesichtspunkten nicht mehr möglich ist.

3. Wohnungsrecht an einer Wohnung in einem Mietshaus

Wenn die Eltern auf ihre Kinder ein Mietshaus übertragen, können sie sich das Wohnungsrecht an einer oder mehreren Wohnungen vorbehalten. Damit kann erreicht werden, dass sich die Eltern die Mieterträge an einzelnen Wohnungen sichern (was über die Nießbrauchsgestaltung nicht geht). Allerdings muss vertraglich ausdrücklich die Zulässigkeit der Vermietung der Wohnungen vereinbart werden. Bei einer derartigen Gestaltung sind aber Überlegungen anzustellen über die Aufteilung der Reparatur- und Instandhaltungskosten am Haus.

4. Wohnungsrecht für einen Überschuldeten

Ist zum Beispiel ein Kind überschuldet, stellt sich oft die Frage, wie ihm, nicht aber seinen Gläubigern, geholfen werden kann. Die Einräumung eines Wohnungsrechtes könnte eine Option sein.

Beispiel bei einem Dreifamilienhaus:
Eheleute haben ein Dreifamilienhaus und drei Kinder. Sie möchten das Haus auf ihre drei Kinder übertragen. Ein Kind ist jedoch hoffnungslos überschuldet.

Die Übertragung eines Anteils des Hauses an dieses Kind bringt nichts, weil die Gläubiger in seinen Anteil am Grundstück hinein vollstrecken können. Es könnte allerdings vereinbart werden, dass die beiden anderen Kinder das Haus bekommen und das überschuldete Kind das Wohnungsrecht an einer bestimmten Wohnung. Dieses Wohnungsrecht kann nicht gepfändet werden. Für diesen Fall sollte die Berechtigung zur Vermietung dieser Wohnung nicht vereinbart werden, weil das Vermietungsrecht wiederum pfändbar wäre.

5. Pflichtteil

Solange die Ausübung des Wohnungsrechtes einer anderen Person überlassen werden kann (zum Beispiel durch Vermietung) und das Wohnungsrecht sich auf das gesamte Gebäude erstreckt, wird die 10-jährige Abschmelzung des § 2325 Abs. 3 nicht in Gang gesetzt. Etwas anderes kann aber dann gelten, wenn sich das Wohnungsrecht nur auf eine Wohnung eines übertragenen Mehrfamilienhauses bezieht. Die Rechtsprechung geht nunmehr davon aus, dass in diesen Fällen nach der gesetzgeberischen Intension die 10-Jahresfrist bzw. die Abschmelzung für die Pflichtteilsergänzungsansprüche anläuft.

III. Die Übergabe gegen Pflegeverpflichtung

In den Übergabeverträgen spielt der Wunsch des Übergebers nach einer Versorgung eine immer größere Rolle. Hierfür sorgt die zunehmende Lebenserwartung der Bevölkerung. Die Formulierung der Pflegeverpflichtung erweist sich als schwierig, weil die Vorstellungen der Beteiligten meistens nur sehr verschwommen sind: „Wir möchten, dass sich jemand um uns kümmert, wenn wir mal nicht mehr können, und unsere Tochter will das tun." Hier sind ausgiebige Gespräche erforderlich, um ein Bewusstsein für den Umfang der eventuell oder tatsächlich zu erbringenden Pflegeleistungen zu erzeugen.

„Bestimmung des Pflegeumfangs":

- Hat der Pflegeverpflichtete die Leistungen persönlich zu erbringen oder kann er auch andere Personen damit beauftragen?
- Wer hat die Pflegeleistung zu erbringen, wenn der Pflegeverpflichtete krank ist, sich im Urlaub befindet oder aufgrund seiner familiären Situation keine oder nicht ausreichend Zeit findet, weil zum Beispiel kleine Kinder zu betreuen sind?
- Welche Verpflichtung haben die Erben, wenn der Pflegeverpflichtete stirbt? Treten diese an seine Stelle? Wer sind gegebenenfalls die Erben?
- Wo soll gepflegt werden, eventuell nur in der Wohnung der Übergeber, endet die Pflegeverpflichtung mit Auszug aus der Wohnung?
- Welchen Umfang hat die Pflegeleistung, zum Beispiel Körperpflege, Zubereitung der Mahlzeiten, Reinigung der Wohnung und Wäsche?
- Welcher Zeitaufwand ist zumutbar, eine Stunde täglich, drei Stunden, zehn Stunden?
- Orientiert sich der Pflegeaufwand nach den Verrichtungen, die Pflegegraden entsprechen?
- Wer erhält das Pflegegeld von der Pflegeversicherung?
- Was gilt, wenn die Pflegeverpflichtung nicht mehr erbracht wird oder erbracht werden kann? Kann das Grundstück zurückgefordert werden, sind dann die in der Vergangenheit erbrachten Pflegeleistungen zu bezahlen, wenn ja, in welcher Höhe?
- Soll eine Freistellungsverpflichtung für Geschwister vereinbart werden, falls diese vom öffentlichen Leistungsträger herangezogen werden, zum Beispiel für Pflegeheimkosten?

Die Vertragsbeteiligten müssen sich im Klaren sein, dass auch eine perfekt definierte Pflegeverpflichtung wenig nützt, wenn das persönliche Verhältnis zwischen Berechtigten und Pflegeverpflichteten gestört ist.

Mustertext „Pflegeverpflichtung":
(Quelle: Mayer, Zeitschrift für Erbrecht und Vermögensnachfolge, 1995, S. 274)

Bei Krankheit, Gebrechlichkeit oder Altersschwäche des Übergebers und sofern dieser dies verlangt, verpflichtet sich der Übernehmer zu sorgsamer häuslicher Wart und Pflege des Übergebers. Hierzu gehört insbesondere:

(1) die hauswirtschaftliche Versorgung,

insbesondere Reinigung der Wohnung, Spülen, Wechseln und Waschen der Wäsche und der Kleidung sowie Besorgung der erforderlichen Gänge und Fahrten zum Einkaufen, zum Arzt, Apotheke und Krankenhaus,

(2) die Körperpflege,

mit der erforderlichen Grundpflege des Übergebers selbst bei Waschen, Duschen, Baden und im hygienischen Bereich,

(3) die Hilfe bei der Mobilität

mit Hilfe bei Aufstehen und Zu-Bett-Gehen, An- und Auskleiden, Gehen und Treppensteigen,

(4) die Ernährung und Verköstigung

mit Zubereitung und Verabreichen der bekömmlichen und standesgemäßen Verköstigung zu den üblichen Mahlzeiten, soweit ärztlich verordnet auch Diät, wobei die Kosten für den Einkauf der Übergeber selbst zu tragen hat.

Geschuldet sind jedoch nur solche gewöhnlichen und wiederkehrenden Verrichtungen,

a) die vom Übernehmer ohne besondere zusätzliche Ausbildung, soweit erforderlich mit Unterstützung der vorhandenen ambulanten Pflegedienste (Sozialstation oder Ähnliches) und des Ehegatten des Übernehmers, in einer dem Alters- und Gesundheitszustand des Übergebers angemessenen Weise zu Hause erbracht werden können und

b) die in ihrer Gesamtheit – mit Ausnahme der Verköstigung – auf Dauer den Übernehmer bei einer vergleichenden Betrachtungsweise, insbesondere nach Intensität und Zeitaufwand der Pflegeleistung, nicht stärker belasten als die Verrichtungen, die für die Zuordnung in Pflegegrad II des SGB XI (Die Beteiligten legen den geschuldeten täglichen zeitlichen Aufwand auf ... Stunden fest.

Für die nähere Bestimmung dieser Verpflichtungen gilt in Zweifelsfällen das SGB XI in der Fassung, die am Tag der Beurkundung gilt.

Diese Verpflichtungen ruhen ersatzlos, wenn und solange der Übergeber das Vertragsanwesen verlassen hat, weil nach fachärztlicher Feststellung aus medizinischen oder pflegerischen Gründen ein Verbleiben auf dem Vertragsanwesen nicht mehr vertretbar ist.

Auf die weitergehende gesetzliche Unterhaltspflicht des Übernehmers und seiner Geschwister – auch gerade bei einer Heimunterbringung des Übergebers – sowie auf die Pflegegrade nach dem SGB XI wurde vom Notar eindringlich und nachhaltig hingewiesen.

IV. Belastungsvollmacht für den Übergeber

Wenn der Übergeber – wie bisher – den Nutzen hat und alle Belastungen trägt, stellt sich die Frage, ob ihm die Möglichkeit gegeben werden soll, dass übertragene Grundstück zu belasten, um zum Beispiel NOTWENDIGE REPARATURKOSTEN finanzieren zu können. Da der Übernehmer Eigentümer des Grundstücks wird, müsste dieser die Eintragung einer Grundschuld oder Hypothek beantragen. Ob dies geschieht, kann nicht immer mit Sicherheit vorhergesagt werden.

Möglich ist eine vertragliche Verpflichtung des Übernehmers zur Bestellung von Grundpfandrechten. Wenn sich aber der Übernehmer weigert, müsste er auf die Bestellung von Grundpfandrechten verklagt werden. Eleganter ist deshalb die Erteilung einer UNWIDERRUFLICHEN BELASTUNGSVOLLMACHT. Diese sollte nach außen, also gegenüber den Banken, Gerichten und Behörden, unbeschränkt sein. Im Innenverhältnis, also zwischen Übergeber und Übernehmer, könnten die Finanzierungszwecke bestimmt werden (zum Beispiel zur Finanzierung von Reparatur- und Instandhaltungsmaßnahmen). Auch kommt eine höhenmäßige Begrenzung in Betracht.

In aller Regel sind aber schon zugunsten des Übergebers das Nieß- brauchsrecht und die Rückauflassungsvormerkung bezüglich der Rückforderungsrechte in Abteilung II des Grundbuches eingetragen. Da aber die Bank grundsätzlich für ihre Grundpfandrechte nur eine diesen Rechten vorangehende Rangstelle akzeptiert, muss der Übergeber die Möglichkeit haben, der Bank den ersten Rang, also mit Rang vor dem Nießbrauchsrecht und vor der Rückauflassungsvormerkung zu ver- schaffen. Eine entsprechende Vollmacht könnte wie folgt lauten:

Mustertext „Vollmacht":
Der Übergeber und seine Ehefrau erhalten je einzeln und unwiderruflich Vollmacht, den Vertragsgegenstand mit Grundpfandrechten in beliebiger Höhe, mit beliebig hohen Zinsen und beliebig hohen Nebenleistungen zu belasten und dingliche Sicherungserklärungen abzugeben.

EXPERTENTIPP ZUM RANGRÜCKTRITT:
Der Rangrücktritt ist für die Übergeber nicht ganz ungefährlich, weil die Banken jetzt den ersten Rang haben und ein eventuell bestelltes Nießbrauchs- oder Rentenrecht erst den Rang danach. Im Falle einer Zwangsversteigerung würde also zuerst die Bank bedient und dann erst der Nieß- brauchsberechtigte. Der Rangrücktritt sollte also nur dann erklärt werden, wenn nach menschlichem Ermessen sicher ist, dass der Kredit auch zurückgeführt werden kann.

Von den Beschränkungen des § 181 BGB sind sie befreit. Schuldrechtlich wird vereinbart, dass derartige Belastungen nur eingetragen werden dürfen, um Instandhaltungs- und Instandsetzungskosten für den Vertragsgegenstand zu finanzieren. Eine persönliche Haftung der Übernehmer ist jedoch ausgeschlossen. Der Übergeber und seine Ehefrau werden auch bevollmächtigt, zum Zwecke der Eintragung dieser Grund- pfandrechte den Rangrücktritt zu erklären und auch alle sonstigen zum Vollzug der Grundpfandrechtsbestellungsurkunde erforderlichen Erklärungen abzugeben.

Zusammenfassung:
Häufig wird bei der Schenkung von Immobilien eine Gegenleistung vereinbart. Der Standardfall ist der Nießbrauch, der dem Schenker die Nutzung oder Einnahme von Mieten ermöglicht. Ein Wohnungsrecht erlaubt dem Schenker hingegen nur das Bewohnen der Immobilie. Auch Pflegeverpflichtungen lassen sich schriftlich festhalten, wobei der Umfang der Pflegeleistungen klar definiert werden sollte.

4

Rückforderungs-
rechte und Widerruf

Bei einer Schenkung kann sich die Frage stellen, ob und wie eine solche wieder rückgängig gemacht werden kann. Die Gründe dafür können vielseitig sein, nicht selten handelt es sich dabei um die Zerrüttung des Familienverhältnisses. Eine Immobilienschenkung kann und sollte so ausgestaltet sein, dass bereits in dem Schenkungsvertrag und somit bereits bei der Abwicklung der Übertragung eventuelle Rückforderungs-rechte und eine Widerrufsklausel festgehalten werden.

4. Rückforderungsrechte und Widerruf

Bei einer lebzeitigen Zuwendung von Immobilien ist die Frage der Rückforderungsmöglichkeit des Schenkers ein wichtiger Vertragsbestandteil. Das Loslassenkönnen von Grundeigentum ist die eine Seite der Medaille, die Rückforderungsmöglichkeit im Falle unerwarteter Ereignisse die andere. Die Schenkung sollte deshalb so gestaltet werden, dass auf unerwartete Entwicklungen in der Zukunft – seien sie vom Beschenkten verschuldet oder nicht – reagiert werden kann.

I. Rückforderungsrecht bei Zuwendung an den Ehegatten

Freigebige Zuwendungen an den Ehegatten erfolgen in aller Regel erst dann, wenn sich die Beziehung gefestigt hat und ein Scheitern der Ehe nicht mehr zu erwarten ist. Gleichwohl sollte man die Möglichkeit des Scheiterns der Ehe nicht völlig ausschließen und sich für diesen Fall ein Rückforderungsrecht vorbehalten.

Ferner ist an den Fall zu denken, dass der beschenkte Ehegatte vor dem schenkenden Ehegatten verstirbt. Dies könnte die fatale Folge haben, dass der schenkende Ehegatte sein verschenktes Haus wieder erbt und darauf Erbschaftsteuer zahlen müsste. Dieser Erwerb ist leider nicht steuerbefreit, im Gegensatz zu dem Fall, dass Eltern das ihrem Kind geschenkte Haus durch Erbfall zurückerhalten (§ 13 Abs. 1 Nr. 10 ErbStG).

Das Rückforderungsrecht macht aber auch dann Sinn, wenn der schenkende Ehegatte nicht der Alleinerbe des verstorbenen Ehegatten ist. Der schenkende Ehegatte kann sich dann überlegen, ob er das Haus bei den Erben belässt oder lieber zurückhaben möchte.

Auch ist in aller Regel nicht gewünscht, dass der beschenkte Ehegatte das Hausgrundstück ohne Zustimmung des schenkenden Ehegatten veräußern oder belasten darf.

Das RÜCKFORDERUNGSRECHT ist ein Recht, das ausgeübt werden kann, aber nicht ausgeübt werden muss. Für den Fall, dass der schenkende Ehegatte nicht der Alleinerbe seines verstorbenen Ehegatten ist, sollte noch eine unwiderrufliche Vollmacht vereinbart werden, wonach der schenkende Ehegatte berechtigt ist, in Ausübung dieser Vollmacht das Grundstück wieder auf sich selbst zurückzuübertragen. Wenn eine solche

Vollmacht nicht vereinbart wird, besteht die Gefahr, dass die Erben erst auf Rückübereignung des Hauses verklagt werden müssen. Entsprechende Formulierungen könnten wie folgt lauten:

Mustertext „Rückforderungsrecht":
Der Ehemann behält sich gegenüber der Ehefrau das Recht vor, die Rückübertragung des Vertragsgegenstandes verlangen zu können, wenn

– das Vertragsobjekt ohne Zustimmung des Ehemannes ganz oder teilweise veräußert oder belastet wird,
– die Ehefrau vor dem Ehemann verstirbt,
– die Ehe rechtskräftig geschieden ist.

Für den Fall der Rückforderung des Vertragsgegenstandes bei Vorversterben der Ehefrau erhält der Ehemann die unwiderrufliche Vollmacht zur Abgabe und zum Empfang aller Erklärungen, die zur Rückübereignung des Vertragsgegenstandes erforderlich sind.

II. Rückforderungsrechte bei Zuwendung an Kinder

Die Vereinbarung von Rückforderungsrechten bei Schenkungen an Kinder oder andere Personen gehört zum Standardrepertoire eines durchdachten Übergabevertrages. Nur für den Fall, dass der Beschenkte mit dem übertragenen Grundstück nach dem Willen der Schenker tun und lassen kann, was er will, kann darauf verzichtet werden, zum Beispiel in den Fällen, in denen ein Grundstück gegen einen Pflichtteilsverzicht zur Bebauung durch den Erwerber und seinen Ehegatten übertragen wird oder zum Ausgleich für Zuwendungen an andere Geschwister.

Aus dem nachfolgenden Muster ergeben sich umfangreiche Rückforderungsrechte. Ob die Vereinbarung aller Rückforderungsrechte immer Sinn macht, kann bezweifelt werden. Hier sollte mit Augenmaß vorgegangen werden.

Mustertext „Rückforderungsrechte":
Die Übergeberin behält sich das Recht vor, die Rückübertragung des Vertragsgegenstandes zu verlangen, wenn

- das Vertragsobjekt ohne Zustimmung der Übergeberin ganz oder teilweise veräußert oder belastet wird,
- in das Vertragsobjekt Zwangsvollstreckungsmaßnahmen eingeleitet und nicht innerhalb von zwei Monaten wieder aufgehoben werden,
- die Übernehmerin vor der Übergeberin verstirbt,
- der Antrag gestellt wird, über das Vermögen der Übernehmerin ein Insolvenzverfahren zu eröffnen oder der Antrag gestellt wird, dass die Übernehmerin ein Vermögensverzeichnis abzugeben und dessen Richtigkeit an Eides statt zu versichern hat und der Antrag nicht innerhalb einer Frist von zwei Monaten zurückgewiesen oder zurückgenommen wird,
- in der Person der Übernehmerin ein Grund besteht, der die Pflichtteilsentziehung rechtfertigt,
- die Übernehmerin auf den Vertragsgegenstand oder dessen Wertsteigerung Zugewinnausgleichsansprüche zahlen müsste,
- die Übernehmerin keinen Ehe-/Partnerschaftsvertrag schließt, wonach gegenständlich beschränkt auf den Vertragsgegenstand Zugewinnausgleichsansprüche ausgeschlossen sind,
- grober Undank nach § 530 BGB vorliegt,
- die Übernehmerin dauerhaft geschäftsunfähig wird und wirksame eigene Erklärungen nicht mehr abgeben kann, zum Beispiel als Wachkomapatient,
- die heute übertragenen Vertragsgegenstände nicht zum Schonvermögen nach den jeweiligen sozialhilferechtlichen Regelungen gehören und deshalb keine Sozialleistungen gezahlt werden.

Für den Fall der Rückforderung des Vertragsgegenstandes bei Vorversterben der Übernehmerin erhält die Übergeberin unter Befreiung von den Beschränkungen des § 181 BGB und unwiderruflich auf den Tod der Übernehmerin die Vollmacht zur Abgabe und zum Empfang aller Erklärungen, die zur Rückübereignung des Vertragsgegenstandes erforderlich sind.

III. Freies Rückforderungsrecht

Auch ein freies Widerrufsrecht kann vereinbart werden, so dass es im Belieben des Schenkers steht, jederzeit das Grundstück zurückzufordern. Eine derartige Vereinbarung ist vertragsrechtlich und schenkungsteuerlich gültig. Gleichwohl stellt sich die Frage nach dem SINN einer derartigen Vereinbarung. Dagegen lässt sich einwenden:

– Oft beruht die Lebensplanung des Erwerbers auf der Annahme, den Vertragsgegenstand behalten zu können und der Erwerber trifft entsprechende Dispositionen (zum Beispiel umfangreiche Instandhaltungsmaßnahmen, Verzicht auf den Kauf eines Grundstücks, gegebenenfalls mit seinem Ehegatten, um seinen Bedarf zu decken). Die im vorgenannten Vertragsmuster aufgezählten Rückforderungsgründe stehen dazu nicht im Widerspruch, weil der Eintritt der Rückforderungsgründe häufig vom Erwerber gesteuert werden kann.
– Der freie Widerrufsvorbehalt lässt die 10-Jahres-Frist nach § 2325 Abs. 3 BGB nicht anlaufen, weil noch keine endgültige wirtschaftliche Ausgliederung stattgefunden hat. Die Schenkung führt dann auch nach weit mehr als zehn Jahren immer noch zur Pflichtteilsergänzungshaftung.
– Einkommensteuerlich ist fraglich, ob die Einkommensquelle schon übergeben wurde. Dies kann dazu führen, dass der Übergeber weiterhin für die Einkünfte steuerpflichtig ist.
– Ein freier Widerrufsvorbehalt kann von Gläubigern des Übergebers gepfändet werden.

IV. Widerruf der Zuwendung

Es kommt immer wieder vor, dass die Vertragsbeteiligten eines Schenkungsvertrages es sich nach der Grundstücksschenkung anders überlegen. Dies schafft erhebliche Probleme.

Beispiel zu einer Pflegeverpflichtung:

Dem Sohn wurde gegen Pflegeverpflichtung das Zweifamilienhaus übertragen. Er hatte auch die feste Absicht, in der Nähe seiner Eltern wohnen zu bleiben. Nachdem er arbeitslos geworden ist, bemüht er sich intensiv um eine neue Arbeitsstelle und findet diese 600 km weit entfernt. Nach einem Jahr wird ihm klar, dass er nicht mehr an den Ort seiner Eltern zurückziehen wird. Seine Schwester S arbeitet bei der Kreisverwaltung, ist verbeamtet, wohnt in der Nähe der Eltern und wäre auch bereit, die Pflege der Eltern zu übernehmen. Der Sohn ist bereit, das Grundstück wegen der geänderten Verhältnisse zurückzugeben.

In Betracht kommt eine Schenkung vom Sohn an die Schwester. Diese hat allerdings nur einen Freibetrag von 20.000 EUR und gehört der Steuerklasse II an. Schenkungsteuerlich sollte diese Lösung unbedingt vermieden werden. Aber auch eine Rückschenkung an die Eltern würde gravierende Nachteile mit sich bringen, weil diese im Verhältnis zu ihren Kindern nach § 16 Abs. 1 Nr. 3 ErbStG nur einen Freibetrag von 20.000 EUR haben. Hilfreich ist deshalb die Vereinbarung eines Widerrufsvorbehaltes im Schenkungsvertrag nach § 29 ErbStG. Diese Vorschrift führt dazu, dass die bei der Grundstücksschenkung an den Sohn eventuell erhobene Schenkungsteuer rückwirkend entfällt und auch keine Steuer für die Rückschenkung anfällt.

Auch muss an den Fall gedacht werden, dass die steuerliche Bewertung eines Grundstücks falsch war, sei es aufgrund eines Rechenfehlers, seien es falsch mitgeteilte Bodenrichtwerte, sei es, dass die bauliche Nutzungsmöglichkeiten eines Grundstücks übersehen wurden etc.

Beispiel nach Grundstücksanteilen:

Die Tochter sollte einen Grundstücksanteil von 20 % erhalten. Dieser Anteil entsprach nach vorangehender Berechnung exakt ihrem Freibetrag von 400.000 EUR. Sie erhält einen Steuerbescheid, wonach sie über 40.000 EUR Schenkungsteuer zahlen sollte. Es stellt sich heraus, dass der Schenkungsteuerbescheid richtig ist, aber dem Steuerberater der Tochter der falsche amtliche Bodenrichtwert mitgeteilt wurde. Die Tochter möchte nicht ganz auf die Grundstücksschenkung verzichten, wäre aber damit einverstanden, dass ihr nur ein Anteil übertragen wird, der exakt ihrem steuerlichen Freibetrag entspricht. Dieser Anteil wäre jetzt naturgemäß niedriger. Es geht also nicht um die Rückgängigmachung der Übertragung, sondern lediglich um die Reduzierung des Anteils. Das Finanzgericht Rheinland-Pfalz hat entschieden, dass wegen Wegfalls der Geschäftsgrundlage der Übergabevertrag geändert werden kann, wenn ein Irrtum über die Höhe der Schenkungsteuer vorlag. Dieser

Irrtum ist im Beispielsfall offenkundig. Vermeidung von Unsicherheiten und Beweisschwierigkeiten macht es jedoch Sinn, bereits im Übergabevertrag eine entsprechende Rückforderungsklausel aufzunehmen.

Mustertext „Geschäftsgrundlage: Steuern":
Die Erschienenen wurden belehrt, dass die unentgeltliche Zuwendung von Eigentum Schenkungsteuer auslöst, wenn der steuerliche Wert über den Freibeträgen liegt.

Alle Vertragsbeteiligten erklären, dass die Steuerfreiheit der Übertragung Geschäftsgrundlage dieses Vertrages ist. Eine entsprechende steuerliche Bedarfsbewertung liegt vor. Für den Fall, dass dennoch Schenkungsteuer anfällt, behalten sich die Vertragsbeteiligten vor, den Vertrag so anzupassen, dass keine Schenkungsteuer anfällt oder vom Vertrag zurückzutreten.

Auch kann von den Vertragsbeteiligten gemäß § 313 BGB eine Vertragsanpassung in der Weise gefordert werden, dass Schenkungsteuer nicht anfällt.

Zusammenfassung:
Ein Rückforderungsrecht kann in verschiedenen Fallgestaltungen in Betracht gezogen werden. Bei einer Immobilienschenkung unter Ehegatten sollte neben dem Scheitern der Ehe auch ein Vorversterben eines Ehegatten ein Rückforderungsrecht begründen. Auch bei Schenkungen an Kinder können verschiedene Fallgestaltungen festgehalten werden, in welchen ein Rückforderungsrecht besteht. Zudem kann ein freies Widerrufsrecht vereinbart werden. Das heißt, dass der Schenker die Immobilie jederzeit zurückfordern kann. Eine derartige Vereinbarung ist vertragsrechtlich und schenkungssteuerlich gültig, sollte jedoch gründlichst überlegt und meist vermieden werden.

5

Pflichtteilsverzicht, Vorempfänge

Wenn Immobilien zu Lebzeiten an Kinder übertragen werden, kann es sinnvoll sein, dass ein Ausgleichungsvereinbarung, eine Anrechnungsvereinbarung oder ein Pflichtteilsverzicht mit der Übertragung vereinbart wird. Beispielsweise kann auf diese Weise schon zu Lebzeiten gesteuert werden, dass im Todesfall alle Kinder gleichermaßen bedacht werden.

I. Ausgleichung von Vorempfängen

II. Anrechnung von Vorempfängen auf den Pflichtteil

III. Pflichtteilsverzicht

5. Pflichtteilsverzicht, Vorempfänge

Bei jeder Übertragung von Grundstücken, insbesondere im Rahmen vorweggenommener Erbfolge, müssen die erbrechtlichen Konsequenzen berücksichtigt und klar formuliert werden. Werden die Kinder nicht gleichmäßig durch die Zuwendung bedacht, kommen Pflichtteilsergänzungsansprüche in Betracht.

Auch stellt sich die Frage, ob ein Kind die Zuwendung bei der späteren Erbauseinandersetzung auszugleichen hat (jedenfalls wenn es Miterbe wird) oder eine Anrechnung auf einen eventuellen Pflichtteilsanspruch vereinbart werden soll.

Ferner ist in Betracht zu ziehen, dass Kinder nach dem erstversterbenden Elternteil Pflichtteilsansprüche geltend machen können, wenn der länger lebende Ehegatte der Alleinerbe ist. Die Geltendmachung von Pflichtteilsansprüchen wird regelmäßig als Störfall angesehen. Um eine solche Störung zu verhindern können Pflichtteilsverzichte vereinbart werden.

I. Ausgleichung von Vorempfängen

Eine Ausgleichungsbestimmung sollte im Übergabevertrag nur dann aufgenommen werden, wenn der Übergeber seine Abkömmlinge wertmäßig gleich behandeln will. In Betracht kommt aber auch, dass das übertragene Grundstück bei der späteren Erbauseinandersetzung keine Rolle spielen, also gerade eine Wertausgleichung nicht stattfinden soll. Sehr vorsichtig muss man mit einer Ausgleichungsbestimmung dann sein, wenn Eltern ihre Kinder wertmäßig gleich behandeln wollen, andere Kinder aber bereits Zuwendungen erhalten haben, bei denen eine Ausgleichungsbestimmung nicht getroffen wurde. Wenn solche Gründe einer Ausgleichungsbestimmung nicht entgegenstehen, könnte diese lauten:

Mustertext „Ausgleichungsbestimmung":
Der Übernehmer hat für den Fall, dass er Erbe wird, den Wert des übertragenen Vertragsgegenstandes nach § 2050 Abs. 3 BGB auszugleichen. Maßgeblich ist der Verkehrswert des Grundstücks zum Zeitpunkt meines Ablebens.

II. Anrechnung von Vorempfängen auf den Pflichtteil

Es ist durchaus denkbar, dass der Übergeber eine andere Person als den Übernehmer zum Erben einsetzen möchte oder eine angedachte Erbeinsetzung wieder aufgibt, weil es zu Konflikten mit dem Übernehmer gekommen ist. Deshalb sollte auf jeden Fall eine Anrechnungsbestimmung auf den Pflichtteil getroffen werden, sonst könnte es geschehen, dass der Empfänger des Grundstücks später noch zusätzlich zum Grundstück einen Pflichtteilsanspruch erhält und damit im Verhältnis zu anderen Erben oder Pflichtteilsberechtigten stark begünstigt wird. Eine Anrechnungsbestimmung könnte lauten:

Mustertext „Anrechnungsbestimmung":
Die Übertragung des Vertragsgegenstandes erfolgt unter Anrechnung auf eventuelle spätere Pflichtteilsansprüche.

Diese Anrechnungsbestimmung kann neben der obigen Ausgleichungsbestimmung vereinbart werden.

III. Pflichtteilsverzicht

Wenn Eheleute sich testamentarisch gegenseitig zum Erben eingesetzt haben, nehmen die Kinder an der Vermögensnachfolge nach dem erstversterbenden Elternteil nicht teil, sind also enterbt. Sie könnten deshalb PFLICHTTEILSANSPRÜCHE geltend machen. Die – aus der Sicht des länger lebenden Ehegatten – ungewollte Geltendmachung von Pflichtteilsansprüchen wird in aller Regel als gravierender Störfall empfunden, zumal dadurch die Lebensplanung der Eltern durchkreuzt und auch das Versorgungsinteresse des längerlebenden Ehegatten beeinträchtigt werden kann. Die Vereinbarung eines notariell zu beurkundenden Pflichtteilsverzichtes nach dem erstversterbenden Elternteil kann in diesem Zusammenhang nur empfohlen werden.

Aus steuerlichen Gründen kann es aber Sinn machen, dass gleichwohl Pflichtteilsansprüche geltend gemacht werden können. Dies sollte aber nur im Einvernehmen oder sogar auf ausdrücklichen Wunsch des Längerlebenden zulässig sein. Der Sinn der einvernehmlichen GELTENDMACHUNG von Pflichtteilsansprüchen ist der, dass der Pflichtteil ein Vermögenserwerb nach dem erstversterbenden Elternteil ist und ihm gegenüber die steuerlichen Freibeträge noch eventuell geltend gemacht werden können. Der länger lebende Ehegatte kann dann unter Berücksichtigung seines eigenen Versorgungsinteresses entscheiden, ob er diesem Begehren seiner Kinder nachkommt. Ein entsprechender Pflichtteilsverzicht könnte wie folgt lauten:

Mustertext „Pflichtteilsverzicht":
Die Übernehmer erklären:

Jeder von uns verzichtet mit Wirkung für seine Abkömmlinge auf die Geltendmachung von Pflichtteilsansprüchen nach dem erstversterbenden Elternteil. Einvernehmlich ist jedoch die Geltendmachung von Pflichtteilsansprüchen oder Ansprüchen nach § 3 Abs. 2 Nr. 4 ErbStG zulässig. Dieser Pflichtteilsverzicht steht unter der Bedingung, dass das Rückforderungsrecht der Übergeber nicht ausgeübt wurde.

Die Übergeber erklären:

Wir nehmen den Pflichtteilsverzicht unserer Kinder an.

Neben dem Pflichtteilsverzicht nach dem erstversterbenden Elternteil kommt auch ein genereller Pflichtteilsverzicht in Betracht, also nach beiden Elternteilen. Dieser macht insbesondere dann Sinn, wenn das Kind, welches das Grundstück erhält, ganz aus der Erbfolge ausscheiden soll, die Grundstücksübertragung sozusagen eine Abfindung für den Verlust der Erbenstellung sein soll. Wenn zum Beispiel ein Kind mit der Übertragung eines Grundstücks dafür abgefunden werden soll, dass das andere Kind den elterlichen Betrieb übernimmt und deshalb der Alleinerbe sein soll. Es ist dann ausgesprochen sinnvoll, dass die störende Geltendmachung von Pflichtteilsansprüchen unterbleibt. Ein entsprechender genereller Pflichtteilsverzicht könnte lauten:

EXPERTENTIPP BEIM PFLICHTTEILSVERZICHT:
Soll dieser Pflichtteilsverzicht Wirkung entfalten, müssen die Eltern zwingend ein Testament errichten und das andere Kind zum Erben, gegebenenfalls zum Schlusserben einsetzen. Unterbleibt dies, wird das auf den Pflichtteil verzichtende Kind gesetzlicher Miterbe.

Mustertext „Genereller Pflichtteilsverzicht":
Aufgrund dieser Übertragung des Vertragsgegenstandes verzichte ich mit Wirkung für meine Abkömmlinge auf sämtliche Pflichtteilsansprüche nach §§ 2303 ff. BGB, und zwar nach dem ersten und dem zweiten Todesfall meiner Eltern. Die Eltern nehmen diesen Verzicht an.

Zusammenfassung:
In einem Schenkungsvertrag sollten Ausgleichsbestimmungen festgehalten werden, wenn der Schenker seine Kinder gleich behandeln
möchte. Eine Anrechnungsbestimmung verhindert, dass der Beschenkte
zusätzlich zur Immobilie seinen vollen Pflichtteilsanspruch erhält. Ein
Pflichtteilsverzicht der Kinder kann vereinbart werden, wenn sich Ehegatten gegenseitig als Erben einsetzen und für diesen Fall Pflichtteilsforderungen ausgeschlossen sein sollen.

6

Ergänzende Vertragsregelungen

Neben den gesetzlichen Regelungen können bei der Schenkung von Immobilien ergänzende Vertragsregelungen vereinbart werden, um Regelungslücken zu schließen. Dazu gehören Regelungen zur Gleichstellung unter Geschwistern und zur Ausstattung. Auch die Übertragung an Minderjährige kann sinnvoll sein, um Freibeträge zu nutzen, verlangt aber besondere vertragliche Regelungen

6. Ergänzende Vertragsregelungen

I. Gleichstellungsgelder für Geschwister

Es ist häufig das Bestreben der Eltern oder eines Elternteils, die Kinder schon mit der Übertragung eines Grundstücks gleichzustellen. Dies kann dadurch geschehen, dass sich der Grundstücksempfänger verpflichtet, an seine Geschwister ein sogenanntes Gleichstellungsgeld zu zahlen. Dann wären alle Geschwister wertmäßig gleichgestellt. Eventuell ist auch daran zu denken, dieses Gleichstellungsgeld für eine gewisse Zeit verzinst oder unverzinst zu stunden.

Die Zahlungsverpflichtung kann als echter Vertrag zugunsten Dritter gestaltet werden. Dies bedeutet, dass die Geschwister direkt einen Zahlungsanspruch gegen den Grundstücksempfänger haben.

SCHENKUNGSTEUERLICH handelt es sich bei dem Gleichstellungsgeld um eine Zuwendung der Eltern an die beiden anderen Kinder. Die Kinder haben also insoweit jeweils den vollen Freibetrag von 400.000 EUR und nicht den Freibetrag unter Geschwistern in Höhe von 20.000 EUR. Einkommensteuerlich muss beachtet werden, dass die Gleichstellungsgelder als Veräußerungsentgelte gewertet werden können, bei Vorliegen der weiteren Voraussetzungen also die sogenannte Spekulationssteuer anfallen kann.

Den Übergabevertrag mit Vereinbarung von Gleichstellungsgeldern können die Übergeber und der Grundstücksempfänger schließen; eine Mitwirkung der Kinder, bzw. Geschwister, die das Gleichstellungsgeld erhalten sollen, ist nicht erforderlich. Gleichwohl empfiehlt sich ihre Beteiligung, um zum Beispiel einen Pflichtteilsverzicht nach dem erstversterbenden Elternteil zu erklären.

II. Grundstücksschenkung als Ausstattung

§ 1624 BGB definiert als Ausstattung, was einem Kinde mit Rücksicht auf seine Verheiratung oder auf die Erlangung einer selbständigen Lebensstellung zur Begründung oder zur Erhaltung der Wirtschaft oder Lebensstellung vom Vater oder der Mutter zugewendet wird. Dem Wesen nach handelt es sich also um eine materielle Starthilfe in die wirtschaftliche Selbständigkeit.

Der AUSSTATTUNGSVERTRAG ist kein Schenkungsvertrag, auch wenn die Grundstücksübertragung unentgeltlich erfolgt. Es handelt sich um einen eigenen Vertragstyp. Dies hat folgende praktische Konsequenzen:

– Ein als Ausstattung übertragenes Grundstück unterliegt nicht der Pflichtteilsergänzung nach § 2325 BGB, allerdings kann sie bei der Pflichtteilsberechnung nach § 2316 BGB zu berücksichtigen sein.
– Obwohl die Ausstattung keine Schenkung im Sinne des BGB ist, handelt es sich jedoch um eine freigebige unentgeltliche Zuwendung unter Lebenden, die nach § 7 ErbStG der Schenkungsteuer unterliegt.
– Über eine Ausstattung soll das Kind frei verfügen können, auch hinsichtlich der Vererbung. Nutzungsvorbehalte (zum Beispiel der Nießbrauchsvorbehalt oder das Wohnungsrecht des Übergebers) sowie die üblichen Rückforderungsrechte sind mit der Ausstattung nicht vereinbar. Deshalb kommen auch die gesetzlichen Rückforderungs- und Widerrufsrechte nach §§ 528 ff. BGB (zum Beispiel wegen groben Undanks, Verarmung des Übergebers) nicht zur Anwendung.
– Die Ausstattung unterliegt nicht der Gläubigeranfechtung nach §§ 3, 4 Anfechtungsgesetz und nicht dem Sozialhilferegress.
– Die Ausstattung ist immer ausgleichungspflichtig im Rahmen des § 2050 BGB, wobei aber der Übergeber im Ausstattungsvertrag bestimmen kann, dass die Zuwendung entgegen den gesetzlichen Regeln nicht auszugleichen ist. Eine solche Bestimmung kann jedoch nicht zulasten Pflichtteilsberechtigter erfolgen.

Mustertext „Ausstattungsvereinbarung":
Die Übergeber übertragen auf ihre Tochter mit Rücksicht auf deren Verheiratung den Bauplatz in... als Ausstattung. Die Tochter nimmt die Ausstattung an.

III. Grundstücksschenkung mit Weitergabeverpflichtung

Grundstücke sollen häufig in der Familie verbleiben. Oftmals besteht deshalb der Wunsch, dass das an die Kinder übertragene Grundvermögen an die nächste Generation weitergegeben wird, spätestens mit dem Ableben der eigenen Kinder.

Erbrechtlich ist dieses Problem relativ einfach zu lösen. Die Eltern könnten ein Testament errichten, wonach die Kinder Vorerben und auf den Tod der Kinder die Enkelkinder Nacherben werden. Soll aber lebzeitig Vermögen auf die Kinder übertragen werden, kommt diese Konstruktion nicht in Betracht. Vertragsrechtlich könnte sicherlich vereinbart werden, dass sich ein Kind verpflichtet, das Grundeigentum weiter zu übertragen. Schenkungsteuerlich treten dadurch aber erhebliche Probleme auf. Wegen der Weitergabeverpflichtung handelt es sich regelmäßig um eine direkte Schenkung von den Großeltern an die Enkelkinder.

Kommt es den Eltern aber nur darauf an, dass die Enkelkinder erst mit dem Ableben ihrer Kinder Eigentümer des Hauses werden sollen, dann könnte zusammen mit dem ÜBERGABEVERTRAG EIN ERBVERTRAG geschlossen werden, wonach zum Beispiel der Sohn durch Vermächtnis seinen Kindern das Grundstück zuwendet. Ein Vermächtnis deshalb, weil der Sohn über sein übriges Vermögen normalerweise frei verfügen möchte, zum Beispiel durch Errichtung eines Berliner Testamentes, wonach er seine Ehefrau zu seiner Erbin einsetzt. Ein entsprechendes erbvertraglich vereinbartes Vermächtnis könnte lauten:

Mustertext „Einseitiges Vermächtnis im Erbvertrag":
Mein Vater hat mir heute das Grundstück in der X-Straße unentgeltlich zugewendet. Durch einseitigen vertragsmäßigen und deshalb für mich bindenden Erbvertrag ordne ich an: Meine Kinder A und B erhalten als Vermächtnis das vorgenannte Grundstück zu je ½. Wenn ein Vermächtnisnehmer wegfällt, zum Beispiel durch Tod vor mir, sind Ersatzvermächtnisnehmer seine Abkömmlinge. Wenn Abkömmlinge nicht vorhanden sind, tritt Anwachsung beim verbliebenen Vermächtnisnehmer ein. Dieser erhält also das Grundstück für diesen Fall allein.

Dieses Vermächtnis entfällt, wenn ich das Grundstück schon lebzeitig auf meine Kinder übertragen habe.

Dieser Erbvertrag muss sowohl vom Vater als auch vom Sohn unterzeichnet werden. Unproblematisch ist dieser Erbvertrag nicht, weil die persönliche Entwicklung eines Kindes nicht vorhersehbar ist. Der Sohn hat hier keine Abänderungsmöglichkeit mehr, auch dann nicht, wenn seine Kinder zum Beispiel drogenabhängig werden oder Gläubiger der Kinder nur noch auf den Erbfall warten (möglich ist eine Pflichtteilsbeschränkung in guter Absicht, § 2338 BGB).

IV. Grundstücksübertragung an Minderjährige

Aus steuerlichen Gründen ist häufig die Übertragung von Immobilien auf Minderjährige beabsichtigt. Hierbei ist aber eine gewisse Vorsicht geboten, weil die persönliche, wirtschaftliche und berufliche Entwicklung nicht vorhersehbar ist.

Bei der Zuwendung an Minderjährige kommt es nach § 107 BGB darauf an, ob der Minderjährige lediglich einen rechtlichen Vorteil erlangt. Ist dies der Fall, können die Eltern oder der sorgeberechtigte Elternteil mit dem Kind den Vertrag schließen, und zwar unabhängig davon, ob es sich um eine Zuwendung an einen beschränkt geschäftsfähigen oder an einen geschäftsunfähigen Minderjährigen handelt. Zur Frage, wann ein Übergabevertrag für den Minderjährigen lediglich rechtlich vorteilhaft ist, gibt es eine umfassende Rechtsprechung. Als mit einem „rechtlichen Vorteil" noch vereinbar werden folgende Regelungen bei Grundstückszuwendungen angesehen:

- wenn ein Grundstück bei der Übergabe mit öffentlichen Lasten und Abgaben (zum Beispiel Anliegerbeiträgen, Grundsteuern) belastet ist;
- wenn ein Grundstück bei der Übergabe mit Grundschulden oder Hypotheken belastet ist (der Minderjährige darf aber nicht persönlich für die Rückzahlung der Darlehensverbindlichkeit haften, die dem Grundpfandrecht zugrunde liegt);
- wenn bei der Übergabe ein Wohnungs- oder Nießbrauchsrecht vorbehalten wird.

Als rechtlich nachteilig werden folgende Regelungen im Rahmen einer Grundstückszuwendung angesehen:

- Übertragung eines vermieteten Grundstücks, weil der Minderjährige nach § 571 BGB in das Mietverhältnis eintritt.
- Der Erwerb eines Erbbaurechtes wegen der Verpflichtung zur Zahlung des Erbbauzinses.
- Der Erwerb einer Eigentumswohnung wegen der gesetzlichen persönlichen Haftung nach dem WEG, Die Vereinbarung vertraglicher Rückforderungsrechte.
- Soweit wegen der vorgenannten Einschränkungen die Eltern und/ oder der Minderjährige nicht selbst handeln können, muss ein Ergänzungspfleger bestellt werden. Der abzuschließende Vertrag bedarf dann der familiengerichtlichen Genehmigung.

Zusammenfassung:

Eltern können Kinder gleichstellen, indem sie das Kind, das die Immobilie erhält, zur Zahlung eines Gleichstellungsgeldes an die Geschwister verpflichten. Eine Immobilie kann auch als Ausstattung übertragen werden, wobei diese Ausstattung der Schenkungssteuer unterliegen kann. Ein Erbvertrag kann die Weitergabe an die nächste Generation sichern um die Immobilie im Familienvermögen zu halten.

7

Die Immobilie im Erbfall

Eine Immobilie kann durch Erbschaft oder Vermächtnis übertragen werden. Dabei ist das Erb- und Erbschaftsteuerrecht zu beachten. Immobilien in der Erbmasse führen oft zu Streitigkeiten oder finanziellen Problemen für die Erben. Durch frühzeitige Planung können diese Folgen vermieden werden.

7. Die Immobilie im Erbfall

Wer keine durchdachte letztwillige Verfügung trifft, verschafft seinen Hinterbliebenen oft genug ein gewaltiges STREITPOTENTIAL, Vermögensverlust, vermeidbare Erbschaftsteuerlast und nicht selten auch eine ungerechte Vermögensverteilung. Solche Sorglosigkeit fügt der eigenen Familie Schaden zu und verrät einen Mangel an Verantwortungsgefühl.

Die gesetzliche Erbfolge führt regelmäßig zu einer Mehrheit von Erben. Das Recht der ERBENGEMEINSCHAFT ist dabei so kompliziert, dass jeder dem anderen das Leben schwer machen, ihn schikanieren, ja blockieren kann. Zudem hat jeder Miterbe die Möglichkeit, den Nachlass gegen den Willen der anderen zu sprengen. So kann etwa nach dem Tode des Vaters der Sohn als Miterbe das im Nachlass vorhandene FAMILIENHEIM versteigern lassen und damit seine eigene Mutter aus dem gewohnten Lebensmittelpunkt vertreiben. Diese gravierenden Folgen sind durch eine kluge Erbfolgeplanung vermeidbar.

Viele privatschriftliche TESTAMENTE sind unklar, widersprüchlich, unvernünftig oder sogar gänzlich unwirksam. Der Grund hierfür ist die Unterschätzung der schwierigen erbrechtlichen Materie und der Verzicht auf qualifizierte Beratung durch einen Experten, beispielsweise einen Fachanwalt für Erbrecht.

I. Der Erbfall

Mit dem Erbfall geht der gesamte Nachlass automatisch auf den oder die Erben über, ohne dass es noch eines zusätzlichen Übertragungsakts bedarf (sogenannte GESAMTRECHTSNACHFOLGE UND SOG. VONSELBSTERWERB). Der Erbe tritt mit dem Erbfall UNMITTELBAR und SOFORT in die gesamten Rechte und Pflichten des Erblassers ein. Eine EINZELRECHTSNACHFOLGE, wonach nur einzelne Vermögensgegenstände (zum Beispiel ein Grundstück) auf einen Erben übergehen, kennt das deutsche Erbrecht grundsätzlich nicht. Möglich ist aber die Zuwendung eines einzelnen Gegenstandes in Form eines VERMÄCHTNISSES.

Das deutsche Erbrecht kennt also kein Zwischenstadium zwischen dem Tod des Erblassers und dem Antritt der Erbschaft. Einige ausländische Rechtsordnungen haben dies anders geregelt: So wird etwa nach österreichischem Recht eine endgültige Zuordnung der Erbschaft zu einer bestimmten Person erst in einem förmlichen Verfahren geklärt.

Nach dem Erbrecht der US-amerikanischen Bundesstaaten geht der Nachlass zunächst auf eine Art Treuhänder über, der die Nachlassgläubiger befriedigt und dann die verbleibenden Vermögenswerte den Erben herausgibt. Gerade deutsche Erblasser mit IMMOBILIENVERMÖGEN IM AUSLAND sollten sich dieser unterschiedlichen Rechtsprinzipien bewusst sein und sie bei ihrer Nachlassplanung berücksichtigen.

II. Maßnahmen nach dem Todesfall

Nach dem Tod eines Menschen stellt sich den Angehörigen eine Fülle von Rechtsfragen. Zudem müssen wichtige Maßnahmen getroffen werden, die keinen Aufschub dulden.

Erledigungen nach dem Todesfall:

- Ausstellung eines Totenscheins,
- Anzeige des Todesfalls,
- Beantragung einer Sterbeurkunde,
- Regelung der Beisetzung,
- Benachrichtigung der Friedhofsverwaltung,
- Benachrichtigung der Pfarrei/Kirchengemeinde,
- Beauftragung eines Bestattungsinstituts,
- Sichtung von Unterlagen,
- Ablieferung von Testamenten,
- Benachrichtigung der Versicherungen,
- Benachrichtigung von Angehörigen, Freunden und sonstigen Personen,
- Widerruf von Vollmachten,
- Kündigung von Verträgen,
- Ermittlung und Sicherung des Nachlasses.

1. Ausstellung eines Totenscheins

Nach Eintritt des Todes muss unverzüglich ein Totenschein ausgestellt werden. Ereignet sich der Tod im Krankenhaus, so geschieht dies durch den KRANKENHAUSARZT. In anderen Fällen muss ein Arzt gerufen werden, der die Todesursache feststellt und den Totenschein ausstellt.

2. Ausstellung einer Sterbeurkunde

Der Todesfall muss dem zuständigen Standesamt spätestens am ersten auf den Todestag folgenden Werktag angezeigt werden. Zuständig ist das STANDESAMT, in dessen Bezirk der Tod eingetreten ist. Dem Standesamt sind folgende URKUNDEN vorzulegen:

- Personalausweis des Verstorbenen,
- Totenschein,
- Geburtsurkunde des Verstorbenen,
- Heiratsurkunde des Verstorbenen,
- etwaige Sterbeurkunde eines vorverstorbenen Ehegatten,
- etwaige Scheidungsurteile, wenn der Verstorbene geschieden war.

EXPERTENTIPP ZU BEGLAUBIGTEN KOPIEN:
Anzuraten ist sich mehrere BEGLAUBIGTE KOPIEN der Sterbeurkunde anfertigen zu lassen, weil die Sterbeurkunde möglicherweise für mehrere Behörden, Banken, Versicherungen und andere Stellen benötigt wird.

3. Regelung der Beisetzung

- Bei der Wahl des Ortes und der Art der Bestattung ist vorrangig der Wille des Verstorbenen zu beachten. Dieser kann die entsprechenden Anordnungen bereits in allen Details selbst geregelt oder jemand anders mit der Totenfürsorge betraut haben. Liegen keine Anordnungen des Verstorbenen vor, haben die nächsten Angehörigen zu bestimmen, auf welche Art und Weise der Tote bestattet wird. Dies gilt auch, wenn sie nicht die Erben des Verstorbenen sind. Das Recht und die Pflicht der Totenfürsorge sind unabhängig von der Erbfolge. Unter den nächsten Angehörigen hat primär der überlebende Ehegatte das Recht die Art und Weise der Bestattung zu bestimmen. Sekundär haben die Kinder des oder der Verstorbenen das Bestimmungsrecht. Sind weder Ehepartner noch Kinder vorhanden, entscheiden die Eltern und diesen folgend die Geschwister des Verstorben über die Bestattung. Der nichteheliche Lebenspartner hat kein Mitspracherecht.
- Jede menschliche Leiche muss bestattet werden (sogenannter Bestattungszwang). Die Bestattung erfolgt grundsätzlich als Erdbestattung oder als Feuerbestattung. Da die Leiche bis zur Bestattung aufbewahrt werden muss, bedarf es einer umgehenden Abstimmung mit der Friedhofsverwaltung und/oder der Krematoriumsverwaltung um den Ort, Zeitpunkt sowie weitere Einzelheiten der Bestattung zu klären.
- Gehörte der Verstorbene einer Religionsgemeinschaft an, ist diese zu benachrichtigen. Soll eine kirchliche Bestattung erfolgen, sind der Gottesdienst und die Trauerfeier am Grab abzustimmen. Oft empfiehlt sich ein Besuch bei dem Pfarrer, der den Gottesdienst und die Trauerfeier übernimmt, um mit diesem Teile des Gottesdienstes und der Grabrede zu besprechen.

– Ratsam ist die zeitnahe Beauftragung eines Bestattungsinstitutes . Dies ist für den Erwerb des Sarges nebst Sargausstattung, die Einsargung und oft die Überführung und Aufbewahrung des Leichnams geboten. Darüber hinaus können sich die Angehörigen des Verstorbenen eine Vielzahl von Erledigungen und Mühen ersparen, wenn sie auch die weiteren Dienste eines Bestattungsunternehmens in Anspruch nehmen. Das Bestattungsunternehmen übernimmt bei entsprechender Beauftragung die Abstimmung mit der Friedhofsverwaltung, die Anzeige des Todes gegenüber dem zuständigen Standesamt, die Beantragung der Sterbeurkunde und sonstige Aufgaben, wie beispielsweise die Schaltung einer Traueranzeige in Tageszeitungen, den Druck von Trauerkarten bis hin zur Abrechnung der Todesfallkosten mit einer Sterbegeldversicherung.

– Die Bestattungskosten haben die Erben zu tragen (§ 1968 BGB), also nicht die nächsten Angehörigen, es sei denn, sie sind auch gleichzeitig die Erben. Für die laufenden Kosten der Unterhaltung und Pflege des Grabes müssen die Erben jedoch nicht aufkommen. Diese Kostenübernahme sieht der Gesetzgeber als sittliche Pflicht der Angehörigen an.

EXPERTENTIPP ZUR GRABPFLEGE:
Jedem Erblasser oder jeder Erblasserin ist daher zu empfehlen, die Grabpflege dem oder den Erben durch AUFLAGE zu übertragen.

4. Zugang zur Wohnung des Erblassers

Mit dem Erbfall geht die tatsächliche Sachherrschaft des Erblassers an beweglichen Gegenständen und Immobilien automatisch auf den oder die Erben über (§ 857 BGB). Der Erbe ist deshalb berechtigt, die Wohnung des Erblassers zu betreten und dort alle Unterlagen zu sichten.

Probleme können dann entstehen, wenn ein MITBEWOHNER DES ERBLASSERS (zum Beispiel dessen zweite Ehefrau oder die Lebensgefährtin), der nicht zur Erbfolge berufen ist, dem Erben den Zutritt zur Wohnung verweigert. Gegen diese sogenannte verbotene Eigenmacht (§ 854 BGB) kann sich der Erbe im Prinzip im Wege der SELBSTHILFE wehren. Ein solches Vorgehen setzt allerdings voraus, dass der Erbe sofort nach der Beeinträchtigung des Besitzes handelt. Da nicht auszuschließen ist, dass es im Rahmen der Selbsthilfe zu einer tätlichen Auseinandersetzung kommen kann, ist dem Erben zu empfehlen, stattdessen beim Amtsgericht eine einstweilige Verfügung zu erwirken, mit der es ihm gestattet wird, die Wohnung zu betreten.

5. Testamente sind abzuliefern

Jeder, der ein Testament oder ein Schriftstück, das ein Testament sein könnte, verwahrt oder in den Unterlagen findet, ist verpflichtet, dieses Dokument UNVERZÜGLICH beim zuständigen Nachlassgericht abzuliefern, sobald er vom Tod erfährt (§ 2259 BGB). Dabei spielt es keine Rolle, ob das Testament formwirksam errichtet, widerrufen, beschädigt, offen

EXPERTENTIPP BEI URKUNDENUNTERDRÜCKUNG:
Verweigert ein Testamentsbesitzer die Ablieferung des Testaments, droht ihm eine Strafanzeige wegen URKUNDENUNTERDRÜCKUNG (§ 274 Abs. 1 Strafgesetzbuch). Hierdurch kann die Möglichkeit einer Erbunwürdigkeitsklage

oder verschlossen ist, da es Sache des Nachlassgerichtes ist, zu entscheiden, ob es sich bei einem eingereichten Dokument um eine wirksame Verfügung von Todes wegen handelt oder nicht. Aus diesem Grund
sind auch Schriftstücke abzuliefern, deren Bestimmung als Testament
fraglich ist, weil beispielsweise die Unterschrift fehlt oder das Schriftstück maschinenschriftlich verfasst wurde. Die ABLIEFERUNGSPFLICHT
gilt auch für Erbverträge oder im Ausland errichtete Testamente von
Deutschen. Grundsätzlich ist immer das Original abzuliefern. Eine
Ablieferung des Testamentes beim Nachlassgericht durch Boten oder die
Zusendung per Post ist zwar zulässig, im Hinblick auf die Verlustgefahr
jedoch nicht immer zweckmäßig. Die Ablieferung eines Testamentes
kann vom Nachlassgericht auch durch Anordnung von Zwangsgeld und
Zwangshaft durchgesetzt werden.

AMTLICH verwahrte Testamente und Erbverträge kommen über den
amtlichen Weg zum Nachlassgericht. In Deutschland geschieht dies
über ein ZENTRALES TESTAMENTSREGISTER . In dieses Register werden
Verwahrangaben über amtlich verwahrte erbfolgerelevante Urkunden
aufgenommen. Das zuständige Nachlassgericht wird im Erbfall von dem
zentralen Testamentsregister davon unterrichtet, ob eine erbfolgerelevante Urkunde verwahrt wird und bei welchem Gericht oder Notar
dies geschieht.

6. Benachrichtigung der Versicherungen

Hatte der Verstorbene eine Lebens- oder Unfallversicherung abgeschlossen und ist mit dem Tod der Versicherungsfall eingetreten, sind
FRISTEN für die Benachrichtigung der Versicherungsgesellschaft zu
beachten.

7. Widerruf von Vollmachten

Nicht selten hat der Erblasser dritten Personen zu Lebzeiten eine
Vollmacht erteilt. Solche Vollmachten erlöschen durch den TOD DES
VOLLMACHTGEBERS in der Regel nicht (§ 168 BGB in Verbindung mit § 672
BGB). Dies gilt insbesondere, wenn die Vollmacht ausdrücklich über den
Tod hinaus erteilt wurde. Derartige Vollmachten erleichtern häufig die
Abwicklung und Verwaltung des Nachlasses bis zur Erteilung eines
Erbscheins und sollten aus diesem Grunde nicht voreilig widerrufen
werden. Ist jedoch zu befürchten, dass der Bevollmächtigte die Vollmacht
gegen den Willen oder die Interessen des Erben nutzt, sollte der Erbe eine
solche Vollmacht umgehend WIDERRUFEN. Zu einem solchen Widerruf ist
nach herrschender Meinung auch ein einzelner Miterbe berechtigt. Zwar

EXPERTENTIPP ZUR
ANZEIGEPFLICHT:
Je nach Gestaltung der
Versicherungsbedingungen
ist es erforderlich, der
Versicherungsgesellschaft
den Tod binnen 24 bis 72
Stunden schriftlich
anzuzeigen. Wer einen
Todesfall zu beklagen hat,
sollte diese ANZEIGE-
PFLICHT ernst nehmen,
damit keine Leistungsver-
weigerung oder Aus-
einandersetzung darüber
drohen. Der Versicherte sollte
deshalb Begünstigte
rechtzeitig über bestehende
Versicherungen und Fristen
informieren.

kann dieser oft nicht das der Vollmacht zugrunde liegende Vertragsver-
hältnis kündigen, da es dazu grundsätzlich eines gemeinschaftlichen
Handelns der Miterben bedarf, er kann jedoch die Vollmacht selbst
widerrufen und dadurch verhindern, dass der Bevollmächtigte ihn als
Erben vertritt. Dies gilt auch bei einem Widerruf gegenüber einem
bevollmächtigten Miterben.

Muster „Widerruf einer Vollmacht":
Sehr geehrter Herr ....

hiermit zeige ich an, ausweislich des anliegenden Erbscheins, Erbe nach
Herrn .... verstorben am ...., zu sein. Mir ist bekannt, dass der
Erblasser Ihnen am .... eine notarielle Generalvollmacht über den Tod
hinaus erteilt hat. Hiermit widerrufe ich diese und alle anderen Ihnen
eventuell erteilten Vollmachten.

Der Widerruf hat die Wirkung, dass Sie ab sofort keine Verfügungen
mehr über Nachlassgegenstände treffen dürfen und sich im Falle einer
Zuwiderhandlung gegen dieses Verbot schadenersatzpflichtig und
möglicherweise strafbar machen. Ich habe Sie aufzufordern, mir die
Vollmachtsurkunde umgehend zu übersenden.

Mit freundlichen Grüßen

(Unterschrift)

8. Sonstige Maßnahmen

– Neben Verwandten und Freunden des Erblassers, die aus rein
  persönlichen Gründen über den Tod des Verstorbenen unterrichtet
  werden, sind weitere Personen zeitnah zu informieren. So sind
  beispielsweise der Arbeitgeber wie auch Vereine und Berufsverbände,
  denen der Verstorbene angehörte, zu benachrichtigen.
– Dauerschuldverhältnisse wie Zeitungs- und Zeitschriftenabonne-
  ments, Mitgliedschaften, Versicherungen sind möglichst zeitnah zu
  kündigen.

III. Die Eröffnung letztwilliger Verfügungen

Die Eröffnung eines Testamentes ist von Amts wegen vorzunehmen, sobald das Nachlassgericht vom Todesfall Kenntnis erlangt hat. Ein Antrag eines Beteiligten ist daher nicht erforderlich. Zuständig ist das NACHLASSGERICHT, in dessen Bezirk der Erbe seinen letzten Wohnsitz hatte.

Die gesetzlichen Erben und die sonstigen Beteiligten (zum Beispiel die Vermächtnisnehmer) erhalten ein Eröffnungsprotokoll und eine FOTOKOPIE DES TESTAMENTES. Freunde und fernere Verwandte werden vom Nachlassgericht nicht informiert. Der Erblasser kann eine Eröffnung seines Testaments und die Benachrichtigung der Beteiligten nicht verbieten. Entsprechende Passagen in letztwilligen Verfügungen sind unwirksam und werden vom Gericht nicht befolgt.

EXPERTENTIPP ZU RECHTLICHEM INTERESSE: Jeder, der ein RECHTLICHES INTERESSE glaubhaft macht (also auch ein nicht bedachter gesetzlicher Erbe), ist berechtigt, ein eröffnetes Testament einzusehen und eine Kopie davon zu verlangen. Ein bloß wirtschaftliches Interesse ist nicht ausreichend.

Mit der Bekanntgabe des Testamentsinhaltes an die Erben beginnt die sechswöchige Ausschlagungsfrist zu laufen (§ 1944 Abs. 2 BGB), die laut Gesetz die Erben haben, um zu entscheiden, ob sie die Erbschaft ausschlagen oder annehmen. Im Übrigen entfaltet das Testament rechtliche Wirkungen bereits mit dem Erbfall, nicht also erst mit der Eröffnung der letztwilligen Verfügung.

EXPERTENTIPP ZUM FINANZAMT: Das Nachlassgericht informiert auch das FINANZAMT über die Eröffnung des Testaments (§ 7 Erbschaftsteuerdurchführungsverordnung).

Die WIRKSAMKEIT EINER LETZTWILLIGEN VERFÜGUNG wird vom Nachlassgericht erst dann geprüft, wenn einer der Beteiligten einen Erbschein beantragt hat. Nur in Bayern hat das Nachlassgericht von Amts wegen die Erben zu ermitteln. In den anderen Bundesländern wird also nur den gesetzlichen Erben und den sonstigen Beteiligten eine Abschrift des Testamentes übersandt.

IV. Die Sicherung der Nachlassimmobilie

1. Private Sicherungsmaßnahmen

Die Sicherung des Nachlasses, insbesondere der Nachlassimmobilie ist ein weitreichendes Thema, mit dem sich Nachlassgerichte, Testamentsvollstrecker und Nachlasspfleger zu beschäftigen haben. Je nach den besonderen Lebensverhältnissen des Verstorbenen kann es für die Angehörigen, Lebenspartner und Erben sinnvoll sein, folgende SICHERUNGSMASSNAHMEN zu ergreifen:

– Austausch des Schlosses am Eingang zur Wohnung des Verstorbenen, um unbefugten Personen – zum Beispiel Freunden, Geliebten, Nachbarn oder Pflegekräften, die über einen Schlüssel verfügen – den Zutritt unmöglich zu machen;
– wertvolle Gegenstände (Schmuck, Kunstwerke) an sicherer Stelle zu hinterlegen;
– Sperrung von Konten;
– Einzahlung von Bargeld auf Bankkonto;
– Video- oder Fotodokumentation des Nachlasses, um später nachweisen zu können, ob Gegenstände entwendet wurden;
– Widerruf von Vollmachten, die der Erblasser Verwandten oder Freunden erteilt hat, da mit wirksamen Vollmachten Konten abgeräumt werden können.

2. Gerichtliche Sicherungsmaßnahmen

Das Nachlassgericht muss von Amts wegen in folgenden Fällen Maßnahmen zur Sicherung des Nachlasses ergreifen (§ 1960 BGB):

– Ein Sicherungsbedürfnis liegt vor, wenn der Bestand des Nachlasses gefährdet ist. Dies ist etwa dann der Fall, wenn weder der vorläufige Erbe noch ein Testamentsvollstrecker oder ein Nachlassverwalter selbst Fürsorgemaßnahmen ergreift. Existiert dagegen ein vertrauenswürdiger vorläufiger Erbe oder Testamentsvollstrecker, liegt in aller Regel kein Sicherungsbedürfnis vor.
– Sicherungsmaßnahmen sind auch geboten, wenn der Erbe als unbekannt gilt, weil er aus rechtlichen oder tatsächlichen Gründen nicht bekannt ist oder noch ungewiss ist, ob der bekannte Erbe die Erbschaft annehmen wird.

EXPERTENTIPP ZUR DOKUMENTATION:
Es ist immer im Einzelfall zu klären, ob überhaupt, wann und welche Sicherungsmaßnahmen in Frage kommen. Wichtig ist auch, die Nachlasssicherung nicht heimlich vorzunehmen, um nicht selbst in den Verdacht zu geraten, Nachlassgegenstände entwendet zu haben. Es ist daher zu empfehlen, dass sich mindestens zwei Personen um die sofortige Nachlasssicherung kümmern und ihr Handeln sowie die Hinterlegungsorte DOKUMENTIEREN.

Um den Nachlass zu sichern und zu erhalten, kommen alle Maßnahmen in Betracht, die dafür geeignet sind. In § 1960 Abs. 2 BGB werden einige mögliche SICHERUNGSMASSNAHMEN aufgezählt:

- die Siegelung, also das Kennzeichnen von Nachlassgegenständen,
- das Hinterlegen von Geld, Wertpapieren und „Kostbarkeiten" (wertvolle Gegenstände, zum Beispiel Schmuck oder Kunstsammlungen),
- die Aufnahme eines Nachlassverzeichnisses und
- die Anordnung einer Nachlasspflegschaft (§ 1961 BGB).
- Daneben sind aber noch andere Sicherungsmaßnahmen möglich: die Sperrung von Konten, die Anordnung des Verkaufs verderblicher Sachen oder die Anstellung eines Hausmeisters.

3. Nachlasspflegschaft

Das wirksamste Mittel um einen Nachlass zu sichern, ist die Anordnung einer Nachlasspflegschaft (§ 1961 BGB). Sie dient dazu, den Nachlass bis zur Annahme der Erbschaft zu sichern und zu erhalten. Die (noch) unbekannten Erben werden durch den Nachlasspfleger gesetzlich vertreten. Vorrangiges Ziel der NACHLASSPFLEGSCHAFT ist daher die ERMITTLUNG DER UNBEKANNTEN ERBEN, während die sogenannte NACHLASSVERWALTUNG (§ 1975 BGB) im Wesentlichen dazu dient, die Erbenhaftung zu beschränken. Der Nachlasspfleger wird durch das zuständige Nachlassgericht bestellt und untersteht auch dessen Aufsicht (§§ 1962, 1837 BGB).

Der NACHLASSPFLEGER muss neben der Ermittlung der unbekannten Erben den Nachlass erhalten und verwalten, in Besitz nehmen und ein Nachlassverzeichnis beim Nachlassgericht einreichen. Für folgende Rechtsgeschäfte des Nachlasspflegers ist eine Genehmigung des Nachlassgerichtes erforderlich:

- für Verfügungen über Forderungen und Wertpapiere,
- für Verfügungen über Grundstücke,
- zur Ausschlagung einer Erbschaft,
- für Abhebungen von Bankkonten,
- die Übernahme einer Bürgschaft,
- Erteilung einer Prokura.

Muster „Antrag auf Anordnung einer Nachlasspflegschaft":
An das Amtsgericht ....

– Nachlassgericht –

Geschäftszeichen: ....

In der Nachlasssache des am............ geborenen und am............ verstorbenen............, mit letztem gewöhnlichen Aufenthalt in............ beantrage ich die Anordnung einer Nachlasspflegschaft.

Begründung:

Ich bin Vermieter der von dem Erblasser bewohnten Wohnung in............, Straße................. im............ Stockwerk.............. Mit Kündigung vom............, dem Erblasser zugegangen am............, habe ich wirksam das Mietverhältnis außerordentlich gekündigt, da sich der Erblasser mit fünf Monatsmieten in Verzug befand. Der Erblasser hat die Wirksamkeit der Kündigung bestätigt und seinen rechtzeitigen Auszug angekündigt.

Beweis: ....

Vor seinem Auszug ist der Erblasser jedoch verstorben. Die Erben sind unbekannt. Ich beabsichtige, vor dem Amtsgericht .... – Mietgericht – die im Entwurf anliegende Klage zu erheben. Für die Erhebung dieser Klage beantrage ich die Anordnung einer Nachlasspflegschaft. Ob darüber hinaus sicherungsbedürftiger Nachlass vorhanden ist, der auch aus sonstigen Gründen eine Nachlasspflegschaft erfordert, ist mir nicht bekannt.

(Unterschrift)

4. Das Mietverhältnis im Erbfall

Bei MIETERVERHÄLTNISSEN über eine Wohnung sind folgende SONDERREGELUNGEN zu beachten:

– War ausschließlich der Verstorbene Mieter der Wohnung, treten der Ehegatte, der Lebenspartner im Sinne des Lebenspartnerschaftsgesetzes, Kinder und Personen, die mit dem Verstorbenen einen auf Dauer angelegten gemeinsamen Haushalt führten, gemäß § 563 BGB in das Mietverhältnis ein. Sie haben jedoch das Recht, innerhalb eines Monats nach Kenntnis vom Tod des Mieters dem Vermieter gegenüber zu erklären, dass sie das Mietverhältnis nicht übernehmen wollen. Der Eintritt gilt dann als nicht erfolgt.

- Hatte der Verstorbene die Wohnung mit anderen Personen gemeinsam gemietet, wird das Mietverhältnis bei seinem Tod mit dem oder den anderen Mietern fortgesetzt (§ 563a BGB). Diese Mitmieter sind jedoch berechtigt, das Mietverhältnis außerordentlich zu kündigen (§ 563a Abs. 2 BGB).
- Will keiner der nach § 563 BGB oder § 563a BGB zum Eintritt in das Mietverhältnis berechtigten Personen das Mietverhältnis fortsetzen oder lebte der Erblasser allein, geht das Mietverhältnis auf die Erben über (§ 564 S. 1 BGB). Vermieter und Erben sind aber berechtigt, den Mietvertrag innerhalb eines Monats ab Kenntnis des Erbfalls mit der gesetzlichen Frist zu kündigen.

V. Annahme oder Ausschlagung der Erbschaft

Mit dem Tod des Erblassers fällt der Nachlass automatisch an den Erben. Dieser braucht also nichts zu tun; er muss von der Erbschaft noch nicht einmal erfahren, um Rechtsnachfolger des Erblassers zu werden. Zunächst tritt nur ein VORLÄUFIGER Erbschaftserwerb ein, da der Erbe die Möglichkeit hat, die Erbschaft innerhalb von sechs Wochen AUSZUSCHLAGEN. Erst wenn diese Frist abgelaufen ist oder der Erbe die Annahme der Erbschaft erklärt hat, tritt ein ENDGÜLTIGER Erbschaftserwerb ein.

Der Erbe sollte sorgfältig prüfen, ob er die Erbschaft annimmt oder ausschlägt. Der Nachlass kann ÜBERSCHULDET oder mit Vermächtnissen und Pflichtteilsansprüchen belastet sein. Wegen der kurzen AUSSCHLAGUNGSFRIST VON NUR SECHS WOCHEN sollte der – gesetzliche oder testamentarische – Erbe unverzüglich nach Eintritt des Erbfalls fachlichen Rat zu diesen schwierigen Fragen einholen.

1. Annahme der Erbschaft

Eine AUSDRÜCKLICHE Annahme der Erbschaft (zum Beispiel durch Mitteilung gegenüber dem Nachlassgericht, einem Miterben oder einem Nachlassgläubiger) ist in der Praxis eher selten. Im Regelfall erfolgt die Annahme der Erbschaft durch SCHLÜSSIGES VERHALTEN, wenn sich aus den Erklärungen oder Handlungen des (vorläufigen) Erben ergibt, dass er die Erbschaft behalten will. Das ist zum Beispiel dann der Fall, wenn der vorläufige Erbe über einen Nachlassgegenstand verfügt, einen Erbschein beantragt oder einen Erbschaftsanspruch geltend macht.

Gemäß § 1950 BGB muss sich die Annahme immer auf die gesamte Erbschaft und nicht nur auf Teile hiervon erstrecken. Eine Erbschaftsannahme unter einer Bedingung (zum Beispiel, dass der Nachlass nicht überschuldet ist) oder nur für eine bestimmte Zeit ist gemäß § 1947 BGB nicht möglich.

Die Annahme einer Erbschaft kann später nicht mehr einseitig widerrufen werden. Mit Annahme der Erbschaft verliert der Erbe sein Recht, die Erbschaft auszuschlagen (§ 1943 BGB). In einigen Fällen lässt das Gesetz aber eine ANFECHTUNG DER ANNAHMEERKLÄRUNG zu:

– Erforderlich ist zunächst das Vorliegen eines Anfechtungsgrundes im Sinne der §§ 119 ff. BGB (Inhalts- oder Eigenschaftsirrtum, Täuschung oder Drohung). Ein häufiger Anfechtungsgrund ist, dass sich erst nach Ablauf der sechswöchigen Ausschlagungsfrist eine Überschuldung des Nachlasses herausstellt. Auch in einem solchen Fall kann der Erbe die Annahme der Erbschaft ausschlagen. Voraussetzung ist jedoch, dass er sich insgesamt darüber geirrt hat, dass Schulden vorhanden sind. Hat ein Erbe sich nur verrechnet oder hat er die Aktiva und Passiva falsch bewertet, ist eine Anfechtung meist nicht möglich.
– Zu beachten ist weiter die Anfechtungsfrist von nur sechs Wochen (§ 1954 Abs. 1 BGB).
– Gemäß § 1955 BGB muss die Anfechtungserklärung dem Nachlassgericht gegenüber zur Niederschrift oder in öffentlich beglaubigter Form abgegeben werden.
– Eine wirksame Anfechtung der Erbschaftsannahme wird gemäß § 1957 Abs. 1 BGB als Ausschlagung der Erbschaft behandelt.

2. Ausschlagung der Erbschaft

– Der Erbe hat das Recht (§ 1942 Abs. 1 BGB), die ihm angefallene Erbschaft auszuschlagen, es sei denn, er hat die Erbschaft bereits vorher wirksam angenommen (§ 1943 BGB) oder die Ausschlagungsfrist (§ 1944 Abs. 1 BGB) ist bereits abgelaufen.
– Diese Frist beginnt mit dem Zeitpunkt zu laufen, zu welchem der Erbe weiß, dass ihm die Erbschaft als gesetzlichem oder testamentarischem Erben angefallen ist (§ 1944 Abs. 2 BGB). Bei einem durch Testament oder Erbvertrag berufenen Erben beginnt also die Ausschlagungsfrist mit dem Zeitpunkt zu laufen, zu dem das Nachlassgericht ihn über die letztwillige Verfügung informiert hat (§ 1944 Abs. 2 S. 2 BGB). Hatte der Erblasser seinen letzten Wohnsitz im Ausland oder hielt sich der Erbe bei Fristbeginn im Ausland auf, verlängert sich die Ausschlagungsfrist von sechs Wochen auf sechs Monate (§ 1944 Abs. 3 BGB).

EXPERTENTIPP ZUR FORM DER ANNAHME:
Eine besondere FORM (Schriftform, notarielle Beurkundung) ist für die ANNAHME der Erbschaft nicht erforderlich. Die AUSSCHLAGUNG der Erbschaft muss dagegen in ÖFFENTLICH BEGLAUBIGTER FORM FRISTGEMÄSS gegenüber dem Nachlassgericht erfolgen.

- Die Ausschlagung der Erbschaft muss (anders als die Annahme der Erbschaft) entweder zur Niederschrift des Nachlassgerichtes oder vor einem Notar in öffentlich beglaubigter Form gegenüber dem Nachlassgericht erfolgen (§ 1945 Abs. 1 BGB).
- Mit Zugang der Ausschlagungserklärung beim Nachlassgericht ist ein späterer Widerruf nicht mehr möglich. Die Erbschaft fällt dann automatisch an denjenigen, der berufen sein würde, wenn der Ausschlagende zur Zeit des Erbfalls nicht gelebt hätte (§ 1953 Abs. 2 BGB).
- Die Ausschlagung kann gemäß § 1947 BGB weder unter einer Bedingung noch für eine bestimmte Zeitdauer erklärt werden; ebenso wenig kann sich die Ausschlagung nur auf bestimmte Teile der Erbschaft beschränken.

EXPERTENTIPP BEI EINER
AUSSCHLAGUNG:
Vor einer UNÜBERLEGTEN
AUSSCHLAGUNG und dem
damit einhergehenden
Verlust des Erb- (und in der
Regel auch Pflichtteils-)
rechts ist zu warnen, da der
Gesetzgeber verschiedene
Möglichkeiten zur
Haftungsbegrenzung zur
Verfügung stellt.

- Eine Erbschaft, die einem minderjährigen Erben angefallen ist, kann gemäß § 1629 Abs. 1 BGB nur von beiden Elternteilen in Vertretung des Kindes ausgeschlagen werden. Zusätzlich muss die Genehmigung des Familiengerichtes vorliegen, es sei denn, dass das minderjährige Kind allein deswegen Erbe geworden ist, weil ein Elternteil die Erbschaft ausgeschlagen hat (§ 1643 Abs. 2 BGB).
- Ob die Ausschlagung form- und fristgerecht erklärt wurde, wird vom Nachlassgericht nicht bei Zugang der Ausschlagungserklärung, sondern erst in einem späteren Erbscheinsverfahren geprüft.

VI. Der Erbschein

Wer einen Erbschein besitzt, kann über den Nachlass verfügen. Die Erben können nun vom Konto des Verstorbenen Geld abheben, Nachlassgegenstände verkaufen oder versteigern und IMMOBILIEN im Grundbuch auf ihren Namen umschreiben lassen.

1. Nachweis des Erbrechts

- Wer glaubt, rechtmäßiger Erbe eines Verstorbenen zu sein, kann einen Erbschein beantragen. Beim Erbschein handelt es sich um ein amtliches Zeugnis über das Erbrecht (§ 2353 BGB). Darin wird klargestellt, wer den Verstorbenen beerbt hat bzw. welcher Anteil bei einer Erbengemeinschaft auf jeden Miterben entfällt. Mit dem Erbschein wird es dem Erben ermöglicht, sich als Erbe zu legitimieren und über die Erbschaft zu verfügen. Der Erbschein gibt ferner Auskunft darüber, ob der Erblasser den Erben in seinen Rechten beschränkt hat, etwa durch Einsetzung eines Nacherben oder durch Anordnung einer Testamentsvollstreckung.

Expertentipp zum Grundbuch:
Der Erbschein ist erforderlich, falls Immobilien im GRUNDBUCH oder ein Nachlasskonto auf den Erben umzuschreiben sind. Bei Grundstücken reicht oft ein notarielles Testament oder ein Erbvertrag. Hat der Erblasser dem Erben keine Vollmacht über den Tod hinaus erteilt, ist der Erbschein auch erforderlich, um vom KONTO DES ERBLASSERS Geld abheben zu können. Teilweise begnügen sich Banken und Versicherungen auch mit einer beglaubigten Ablichtung des Testamentes und dem Eröffnungsprotokoll.

– In rechtlich schwierig gelagerten Fällen kann es erforderlich sein, eine sogenannte Erbenfeststellungsklage zu erheben, die bei einem Gegenstandswert von mehr als 5.000 EUR beim Landgericht einzureichen ist. Anders als beim nachlassgerichtlichen Erbscheinsverfahren ergehen aufgrund einer Erbenfeststellungsklage rechtskräftige und damit später nicht mehr angreifbare Entscheidungen. Ein Erbschein wird dagegen niemals rechtskräftig.

2. Öffentlicher Glaube des Erbscheins

Der Erbschein schützt den Rechtsverkehr: Gemäß § 2365 BGB wird nämlich vermutet, dass den Personen, die im Erbschein als Erbe bezeichnet sind, wirklich das Erbrecht zusteht und dass andere als dort angegebene Beschränkungen nicht bestehen. Dritte Personen dürfen also darauf vertrauen, dass der Inhalt des Erbscheins richtig ist.

Beispiel zum Erbschein:
Herr Schmidt hat einen Erbschein erhalten, da er im Testament als Alleinerbe bezeichnet ist. Später wird ein weiteres Testament aufgefunden, nach dessen Inhalt Frau Krause Erbe ist. Der ursprüngliche Erbschein ist also falsch und muss eingezogen werden. Hat nun aber ein Schuldner an den im ursprünglichen Erbschein genannten Herrn Schmidt seine Schulden bezahlt, leistet er eigentlich an den falschen Empfänger. Der tatsächliche Erbe könnte dann nochmals Zahlung des Schuldners verlangen. Um den Schuldner davor zu schützen, fingiert das Gesetz aufgrund des Erbscheins, dass der Schuldner an den wirklich Berechtigten gezahlt hat.

3. Erbscheinsantrag

- Zunächst ist der (gesetzliche oder testamentarische) Erbe antragsberechtigt, also der Alleinerbe, jeder Miterbe und der Vorerbe
  (§ 2353 BGB).
- Ein einzelner Miterbe kann einen sogenannten gemeinschaftlichen
  Erbschein beantragen, der sämtliche zur Erbfolge berufenen Erben
  ausweist. Dieser Miterbe hat dann aber zu erklären, dass die anderen
  Miterben die Erbschaft angenommen haben.
- Darüber hinaus können auch ein Testamentsvollstrecker, ein Nach-
  lass- oder Nachlassinsolvenzverwalter und sogar ein Nachlassgläubiger einen Erbscheinsantrag stellen.
- Der Nacherbe ist erst mit Eintritt des Nacherbfalls antragsberechtigt.
- Vermächtnisnehmer und enterbte Pflichtteilsberechtigte erhalten
  keinen Erbschein.

ZUSTÄNDIG für die Erteilung des Erbscheins ist das Nachlassgericht
(§ 2353 BGB). Örtlich zuständig ist regelmäßig das Amtsgericht, in dessen
Bezirk der Erblasser seinen letzten gewöhnlichen Aufenthalt hatte.

Im Rahmen des Erbscheinverfahrens gilt der sogenannte Amtsermit-
tlungsgrundsatz . Dies bedeutet, dass das Nachlassgericht von Amts
wegen der erforderlichen Ermittlungen anzustellen und die geeignet
erscheinenden Beweise zu erheben hat. Das Nachlassgericht darf den
Erbschein nur erteilen, wenn es von der Richtigkeit, der im Erbscheinsantrag angegebenen Tatsachen überzeugt ist. Die Entscheidung des
Nachlassgerichtes ergeht durch Beschluss.

Gegen einen Beschluss des Nachlassgerichtes, der die zur Erteilung eines
Erbscheins erforderlichen Tatsachen als festgestellt erachtet, ist die
befristete BESCHWERDE zulässig. Gleiches gilt für einen Beschluss, in
welchem das Nachlassgericht den Antrag auf Erteilung des Erbscheins
als unbegründet zurückweist.

Welche ANGABEN neben der Angabe und dem Nachweis des Todes
erforderlich sind, hängt davon ab, ob der Erbe sich auf ein gesetzliches
Erbrecht beruft oder ob er sein Erbrecht aus einer Verfügung von Todes
wegen herleitet.

- Im Falle eines gesetzlichen Erbrechts ist darzulegen, in welchem
  Ehe- oder Verwandtschaftsverhältnis der Erbe zum Erblasser steht.
  Zudem ist anzugeben, ob Verfügungen von Todes oder Personen
  vorhanden sind oder waren, die das Erbrecht des Erben ausschließen

oder mindern können. Anzugeben ist weiter, ob ein Rechtsstreit über das Erbrecht vor einem Gericht anhängig ist.

– Im Falle eines Erbrechts aufgrund einer Verfügung von Todes wegen (Testament oder Erbvertrag), muss zusätzlich angegeben werden, auf welchem Testament oder auf welchem Erbvertrag die Erbfolge beruht. Zudem sind diejenigen Verwandten zu benennen, die als gesetzliche Erben von der Erbfolge durch das Testament oder den Erbvertrag ausgeschlossen sind oder bereits vorverstorben sind.

Expertentipp zu den Unterlagen:

Folgende UNTERLAGEN, die man gegen geringe Gebühren bei den Standesämtern erhält, sind für den Erbscheinsantrag vorzulegen:

1. Eine eidesstattliche Versicherung, dass die Angaben im Erbscheinsantrag der Wahrheit entsprechen (kann vor einem Notar oder dem Nachlassgericht in der notwendigen öffentlichen Form abgegeben werden).
2. Sterbeurkunde des Erblassers
3. Sämtliche Geburts- und Abstammungsurkunden, die die Verwandtschaft des Erben mit dem Erblasser nachweisen
4. Heiratsurkunde bei Ehegatten
5. Die Sterbeurkunden von Personen, die als (Mit-)Erben in Betracht gekommen wären, wenn sie den Erbfall erlebt hätten.
6. Für den Fall, dass der Erblasser rechtskräftig geschieden wurde, das Scheidungsurteil, der Scheidungsantrag (falls der Erblasser vor seinem Tod bei Gericht die Scheidung eingereicht hatte).

Muster „Antrag auf Erteilung eines Erbscheins":

An das Amtsgericht...........

– Nachlassgericht –

ANTRAG AUF ERTEILUNG EINES ERBSCHEINS

Ich, Herr..........., beantrage, die Erteilung folgenden Erbscheins:

Es wird bezeugt, dass der am........... in........... verstorbene..........., geboren am........... mit letztem gewöhnlichem Aufenthalt in..........., von..........., kraft Gesetzes allein beerbt worden ist.

Begründung:

Der Erblasser ist gemäß Sterbeurkunde des Standesamtes............
vom............ am............ gestorben. Er war ausschließlich deutscher
Staatsangehöriger und hatte seinen letzten gewöhnlichen Aufenthalt
in............

Beweis: Sterbeurkunde des Standesamtes............ vom............

Es ist die gesetzliche Erbfolge eingetreten. Ich bin das einzige Kind der
Eheleute............ Da meine Mutter bereits vorverstorben ist, bin ich gemäß
§ 1924 BGB gesetzlicher Alleinerbe. Der Erblasser war in erster und
einziger Ehe mit seiner am............ verstorbenen Ehefrau, geborene............,
geboren am............, verheiratet. Die Ehe wurde am............ geschlossen.

Beweis: Beglaubigte Abschrift des Familienbuches

Weitere Personen, durch die ich von der Erbfolge ausgeschlossen oder
mein Erbteil gemindert sein könnte, sind und waren nicht vorhanden.
Insbesondere hat der Erblasser keine weiteren Kinder (eheliche, nichteheliche, adoptierte oder für ehelich erklärte) hinterlassen. Es ist keine
Person weggefallen, durch die ich von der Erbfolge ausgeschlossen
werden würde. Ich habe keine Kenntnis bezüglich Verfügungen von Todes
wegen des Erblassers. Ein Rechtsstreit über das Erbrecht ist nicht
anhängig. Im Ausland befindet sich kein Vermögen.

Ich bin bereit, die nach § 2356 Abs. 2 S. 1 BGB erforderliche eidesstattliche
Versicherung abzugeben, bitte aber, mir die Abgabe der eidesstattlichen
Versicherung gemäß § 2356 Abs. 2 S. 2 BGB zu erlassen.

Der Wert des Nachlasses beträgt nach Abzug der Verbindlichkeiten ca.
EUR............

Es wird beantragt, mir von dem Erbschein eine Ausfertigung sowie zwei
beglaubigte Abschriften zu erteilen. Maßnahmen der Nachlasssicherung
sind nicht erforderlich.

(Unterschrift)

4. Keine Bestandskraft des Erbscheins

Ein Erbschein ist nicht unbedingt bis in alle Ewigkeit gültig. Findet sich im Nachlass des Verstorbenen ein bislang unberücksichtigtes Testament, das andere Erben – und nicht den Inhaber eines Erbscheins – zum Zuge kommen lässt, wird der Erbschein vom Nachlassgericht wieder EINGEZOGEN.

Kann das Nachlassgericht den Erbschein nicht sofort einziehen (beispielsweise, weil ihn der Inhaber nicht herausgibt), kann das Nachlassgericht den Erbschein durch Beschluss für KRAFTLOS ERKLÄREN. Mit der Veröffentlichung des Beschlusses entfällt die Vermutung der Richtigkeit des Erbscheins. Aus diesem Grunde sind nach einer Kraftloserklärung des Erbscheins kein gutgläubiger Erwerb vom vermeintlichen Erben und keine gutgläubige Leistung an diesen mehr möglich. Der Erbschein erwächst – anders als ein Urteil – aufgrund der jederzeitigen Möglichkeit der Einziehung und Kraftloserklärung NICHT IN RECHTSKRAFT. Er ist damit rechtlich nicht endgültig bestandssicher.

Expertentipp bei einer Erbenfeststellungsklage:
Aufgrund der mangelnden Rechtskraft eines Erbscheins kann es in rechtlich schwierig gelagerten oder besonders heftig umstrittenen Fällen sinnvoll sein, beim Zivilgericht eine sogenannte ERBENFESTSTELLUNGS-KLAGE zu erheben. Diese ist bei einem Gegenstandswert von mehr als 5.000 EUR beim Landgericht einzureichen. Anders als im nachlassgerichtlichen Erbscheinsverfahren ergehen in einem streitigen Gerichtsverfahren aufgrund einer Erbenfeststellungsklage rechtskräftige und damit später von den Parteien des Rechtsstreits nicht mehr angreifbare Entscheidungen.

Wer mit einem UNGÜLTIGEN Erbschein über den Nachlass verfügt (beispielsweise Geld abhebt), macht sich strafbar und muss mit Strafverfolgung und Regressforderungen rechnen. Der Missbrauch eines für ungültig erklärten Erbscheins ist aus diesen Gründen auf jeden Fall zu unterlassen.

5. Europäisches Nachlasszeugnis

Die EU-Erbrechtsverordnung (EU-ErbVO) sieht für alle Erbfälle seit dem 17. August 2015 die Möglichkeit vor, ein Europäisches Nachlasszeugnis zu beantragen. Sie gilt in allen Mitgliedstaaten mit Ausnahme Dänemarks und Irlands. Das Europäische Nachlasszeugnis soll gewährleisten, dass Erben, Gläubiger und zuständige Behörden Erbschaftsansprüche nach direkten, klaren und billigeren Verfahrensbestimmungen abwickeln können. Die Verwendung des Europäischen Nachlasszeugnisses ist jedoch nicht verpflichtend. Es verdrängt den deutschen Erbschein also nicht, sondern soll nur die grenzüberschreitende Abwicklung von Erbfällen erleichtern.

Die EU-Erbrechtsverordnung sieht ein neues Prinzip im Umgang mit internationalen Erbschaften vor: Stirbt jemand in einem Mitgliedsland, das nicht sein Heimatland ist, wird die Erbschaft nach den Regeln und von den Gerichten jenes Mitgliedslandes abgewickelt, in dem der Erblasser zuletzt seinen gewöhnlichen Aufenthaltsort hatte.

6. Die Kosten des Erbscheins

In der Regel entsteht eine Gebühr für die Protokollierung der EIDES-STATTLICHEN VERSICHERUNG und eine weitere Gebühr für die ERTEILUNG DES ERBSCHEINS selbst. Für die Höhe der Gebühren ist der Wert des bereinigten Nachlassvermögens (Nachlassaktiva abzüglich Nachlasspassiva) maßgeblich. Ist der Nachlasswert zunächst noch nicht bekannt, kann eine entsprechende Erklärung später nachgereicht werden.

VII. Die Grundbuchberichtigung im Erbfall

Gehört zum Nachlass ein bebautes oder unbebautes Grundstück oder eine Eigentumswohnung, geht das Eigentum hieran mit dem Tod automatisch auf die Erben über. Das GRUNDBUCH ist damit UNRICHTIG geworden, weil dort ja immer noch der Erblasser verzeichnet ist, das Eigentum nunmehr aber den Erben zusteht. Diese können eine GRUND-BUCHBERICHTIGUNG beantragen.

1. Grundbuchberichtigungsantrag

Die durch den Erbfall eingetretene Unrichtigkeit des Grundbuchs wird dem Grundbuchamt beim Amtsgericht durch den Erbschein nachgewiesen (§ 35 Abs. 1 GBO). Im Grundbuch werden auch die Vor- und Nacherbschaft sowie die Testamentsvollstreckung von Amts wegen eingetragen (§ 51 GBO). Bei einer Erbengemeinschaft werden die Miterben mit dem Zusatz „in Erbengemeinschaft" – allerdings ohne Erbquoten – eingetragen (§ 47 GBO). Zuständig ist das GRUNDBUCHAMT als eine Abteilung des Amtsgerichts, in dessen Bereich das Grundstück liegt.

2. Nachweis der Erbfolge

Der Erbe muss im Regelfall unter Vorlage des ERBSCHEINS Grundbuchberichtigung beantragen; ein entsprechender Antrag wird meist schon
in der Erbscheinsverhandlung ins Protokoll aufgenommen. Beruht die
Erbfolge auf einem NOTARIELLEN Testament oder einem Erbvertrag, ist
in der Regel der Erbschein entbehrlich. Dann genügen gegenüber dem
Grundbuchamt als Nachweis die Vorlage dieser Verfügung sowie die
Niederschrift des Nachlassgerichtes über die Eröffnung dieser Verfügung. Die Eröffnung kostet wesentlich weniger als ein Erbschein. Dieses vereinfachte Verfahren funktioniert allerdings nur, wenn die notariell
beurkundete letztwillige Verfügung so eindeutig abgefasst ist, dass keine
Zweifel an der Erbfolge bestehen. Ist der Wortlaut nicht klar oder widersprüchlich, kann das Grundbuchamt auch bei einem notariellen Testament einen Erbschein verlangen. Liegt ein privatschriftliches Testament
vor, ist ein Erbschein unabdingbar.

3. Kosten der Grundbuchberichtigung

Wird der Eintragungsantrag innerhalb von ZWEI JAHREN NACH DEM
ERBFALL beim Grundbuchamt eingereicht, entfallen die sonst üblichen
Gebühren für die Grundbuchberichtigung (§ 60 Abs. 4 Kostenordnung).

Zusammenfassung:
Testamente müssen dem Nachlassgericht übergeben werden, das die
Testamentseröffnung übernimmt und die Erben informiert. Mit der
Eröffnung und der Bekanntgabe beginnt die sechswöchige Ausschla-
gungsfrist. Eine Ausschlagung kann sinnvoll sein, wenn die Erbschaft
Schulden oder hohe Steuerzahlungen mit sich bringt. Das Testament
entfaltet seine Wirkungen bereits mit dem Erbfall. Zum Nachweis der
Erbfolge benötigt der Erbe jedoch oft einen Erbschein.

8

Immobilienerwerb bei gesetzlicher Erbfolge

Immobilien können neben der Schenkung auch im Wege der Erbfolge übertragen werden. Wenn keine letztwillige Verfügung getroffen wurde, wird die Person des Erwerbers nach der sogenannten gesetzlichen Erbfolge bestimmt.

I. Gesetzliches Erbrecht der Verwandten

II. Gesetzliches Erbrecht des Ehegatten

III. Nachteile und Risiken der gesetzlichen Erbfolge

8. Immobilienerwerb bei gesetzlicher Erbfolge

Viele Bürgerinnen und Bürger nehmen ihr Recht, die Vermögensnachfolge nach dem eigenen Tod durch letztwillige Verfügung zu regeln, nicht in Anspruch. Für diesen Fall hat der Gesetzgeber Regelungen geschaffen, die die „gesetzliche Erbfolge" bilden. Das Gesetz unterscheidet dabei zwischen dem Erbrecht der VERWANDTEN und dem Erbrecht des EHEGATTEN. Personen, mit denen der Erblasser unter Umständen Jahrzehnte in eheähnlicher Gemeinschaft zusammengelebt hat, werden dagegen bei der gesetzlichen Erbfolge ebenso wenig berücksichtigt wie etwa Pflegekinder.

In folgenden Fällen richtet sich die Erbfolge nach dem Gesetz:

- Es gibt weder ein Testament noch einen Erbvertrag.
- Das Testament beziehungsweise der Erbvertrag ist unwirksam oder erfolgreich angefochten.
- Die testamentarische Erbeinsetzung ist ausgeschlagen worden.
- Die Verfügung von Todes wegen regelt nicht, wer Erbe oder Ersatzerbe ist.

I. Gesetzliches Erbrecht der Verwandten

Wer keinen Ehepartner (mehr) hat und keinen letzten Willen zu Papier bringt, vererbt ohne sein Zutun sein Vermögen an seine Verwandten. Das Gesetz teilt die Verwandten des Erblassers in verschiedene ERBORDNUNGEN ein:

ÜBERSICHT „GESETZLICHES ERBRECHT DER VERWANDTEN		
ERBEN 1. ORDNUNG:	Abkömmlinge des Erblassers, das heißt die Kinder, Enkel, Urenkel, Ur-Urenkel	§1924 BGB
ERBEN 2. ORDNUNG:	Eltern und deren Abkömmlinge, das heißt die Geschwister, Neffen und Nichten, Großneffen und Großnichten des Erblassers	§1925 BGB
ERBEN 3. ORDNUNG:	Großeltern und deren Abkömmlinge, das heißt Onkel und Tanten, Cousins und Cousinen des Erblassers	§1926 BGB
ERBEN 4. ORDNUNG:	Urgroßeltern und deren Abkömmlinge	§1928 BGB
ERBEN 5. ORDNUNG:	Ur-Urgroßeltern und deren Abkömmlinge	§1929 BGB

Die gesetzliche Erbfolge richtet sich nach der Verwandtschaft. Nach § 1591 BGB ist MUTTER eines Kindes die Frau, die es geboren hat. Die Abstammung vom VATER (§ 1592 BGB) kann durch drei formale Umstände begründet werden:

– Der Mann ist zum Zeitpunkt der Geburt mit der Mutter des Kindes verheiratet. Ergeht auf Anfechtungsklage hin ein rechtskräftiges Urteil, dass ein Kind nicht von einem bestimmten Mann abstammt (§ 1599 Abs. 1 BGB), ist diese Abstammung beseitigt.
– Der Mann erkennt die Vaterschaft an.
– Die Vaterschaft wird zu Lebzeiten des Vaters gerichtlich festgestellt. Ist der Vater oder das Kind verstorben, kann die Feststellung der Abstammung in einem gerichtlichen Verfahren erfolgen (§ 1600e Abs. 2 BGB).

EXPERTENTIPP BEI STIEFKINDERN: STIEFKINDER oder Personen, die mit dem Erblasser lediglich verschwägert sind (§ 1590 BGB) gehören nicht zum Kreis der gesetzlichen Erben.

Personen, die nicht in gerader Linie verwandt sind, aber von derselben dritten Person abstammen, sind in der SEITENLINIE verwandt. Geschwister sind somit in der Seitenlinie verwandt, weil sie von den gleichen Personen, nämlich ihren Eltern, abstammen.

Der Grad einer Verwandtschaft bestimmt sich nach der Zahl, der sie vermittelnden Geburten (§ 1589 S. 3 BGB). Geschwister sind somit im zweiten Grade in der Seitenlinie verwandt, da jeweils zwei Geburten erforderlich waren, um die Verwandtschaft herzustellen. Ein Neffe ist mit seinem Onkel im dritten Grade verwandt, da drei Geburten, nämlich die des Onkels, die seines Vaters oder seiner Mutter und seine eigene Geburt erforderlich waren, um eine Verwandtschaft zum Onkel zu begründen.

VORRANG haben immer die Erben der niedrigsten Ordnung, die den Erblasser überleben (sogenannte SPERRWIRKUNG , § 1930 BGB). Hat der Verstorbene Kinder, sind sie die Erben (zusammen mit dem Ehepartner des Erblassers), alle anderen Verwandten sind in diesem Fall von der Erbfolge ausgeschlossen. Wer weder Kinder noch Ehegatten hat, hinterlässt sein Vermögen seinen Eltern und seinen Geschwistern, und – wenn diese bereits verstorben sind – den Neffen und Nichten.

Beispiel zum Nachlass:

In einer Drei-Generationenfamilie stirbt der Großvater. Dessen Sohn Anton ist bereits gestorben und hat einen Sohn Karl hinterlassen; Tochter Michaela lebt noch. Den Nachlass teilen sich Michaela und Karl. Der Sohn von Michaela, der genauso alt ist wie Karl, bekommt nichts, weil er durch seine Mutter von der Erbfolge ausgeschlossen ist.

Sind in einer Ordnung mehrere Personen vorhanden, so bestimmt sich die Erbfolge innerhalb einer Ordnung nach verschiedenen Prinzipien:

–   Das Repräsentationsprinzip besagt, dass eine mit dem Erblasser verwandte Person als Erbe alle von ihm abstammenden Personen von der Erbfolge ausschließt (§ 1924 Abs. 2 BGB).
–   Das Stammesprinzip regelt, dass jedes Kind und Kindeskind des Erblassers hinsichtlich aller von ihm abstammenden Personen einen eigenen Stamm bildet (§ 1924 Abs. 3 BGB). Das Stammesprinzip ist in Verbindung mit dem Repräsentationsprinzip zu sehen und führt mit diesem dazu, dass ein zur Zeit des Erbfalls lebendes „Stammoberhaupt", die durch ihn mit dem Erblasser verwandten Abkömmlinge, von der Erbfolge ausschließt. Lebt das „Stammoberhaupt" nicht mehr oder schlägt es die Erbschaft aus, treten an seine Stelle die durch ihn mit dem Erblasser verwandten Abkömmlinge.

Beispiel zu Repräsentanten:
Die Erblasserin hinterlässt einen Sohn und eine Tochter, die wiederum jeweils zwei eigene Kinder haben. Nach dem Tod der Erblasserin erben der Sohn und die Tochter zu gleichen Teilen (§ 1924 Abs. 4 BGB). Sie schließen als Repräsentanten ihres jeweiligen Stammes die durch sie mit der Erblasserin verwandten Personen – also die Enkelkinder der Erblasserin – von der Erbfolge aus. Wäre hingegen die Tochter bereits vor ihrer Mutter verstorben, würden deren zwei Kinder an ihre Stelle treten (§ 1924 Abs. 3 BGB). Es entstände damit eine Erbengemeinschaft, bestehend aus dem Sohn der Erblasserin mit einer Erbquote von ein Halb und den beiden Enkelkindern mit einer Erbquote von je einem Viertel.

–   Das Gradualprinzip bestimmt die Erbfolge nach dem Grad der Verwandtschaft und besagt, dass eine mit dem Erblasser näher verwandte Person alle entfernten verwandten Personen von der Erbfolge ausschließt. Gleich nahe Verwandte erben zu gleichen Teilen (§ 1928 Abs. 3 BGB). Das Gradualprinzip kommt erst in der vierten Ordnung sowie in entfernteren Ordnungen zur Anwendung.

Das Repräsentationsprinzip und das Stammesprinzip gelten in der ersten, der zweiten und der dritten Ordnung uneingeschränkt. Ab der vierten Ordnung gelten sie nur eingeschränkt neben dem Gradualprinzip.

1. Erben 1. Ordnung
Das sind die „ABKÖMMLINGE" des Erblassers und deren „Abkömmlinge", also Kinder, Enkel und Urenkel des Verstorbenen ebenso wie die nichtehelichen und adoptierten Kinder (§ 1924 Abs. 1 BGB).

Es findet dabei eine „Erbfolge nach STÄMMEN" statt:

– Kinder erben zu gleichen Teilen (§ 1924 Abs. 4 BGB).
– Ein zur Zeit des Erbfalls lebendes „Stammoberhaupt" schließt die
durch ihn mit dem Erblasser verwandten Abkömmlinge von der
Erbfolge aus (§ 1924 Abs. 2 BGB).

Erben 1. Ordnung

ABB. 1: Übersicht „Erbrecht der Kinder"

– Lebt beim Erbfall ein Abkömmling nicht mehr, treten an seine Stelle
die durch ihn mit dem Erblasser verwandten Abkömmlinge (§ 1924
Abs. 3 BGB).

Beispiel bei Repräsentanten:
Die Erblasserin, Frau Müller, hinterlässt einen Sohn und eine Tochter, die
wiederum jeweils zwei eigene Kinder haben. Nach dem Tod von Frau
Müller erben Sohn und Tochter zu gleichen Teilen (§ 1924 Abs. 4 BGB).

Alternative:
Wäre die Tochter vor ihrer Mutter verstorben, so würden deren zwei
Kinder, also die Enkelkinder der Erblasserin, an ihre Stelle treten (§ 1924
Abs. 3 BGB). Die Kinder des Sohnes sind nicht als Erben von Frau Müller
berufen, da der Sohn als „Stammoberhaupt" seine eigenen Kinder von
der Erbfolge ausschließt (§ 1924 Abs. 2 BGB). Es entsteht damit eine
Erbengemeinschaft, bestehend aus dem Sohn von Frau Müller mit einer
Erbquote von ½ und den beiden Enkelkindern mit einer Erbquote von je ¼.

Nichteheliche Kinder : Durch das 2. Gesetz zur erbrechtlichen Gleichstellung nichtehelicher Kinder vom 24.2.2011 werden nichteheliche und
eheliche Kinder erbrechtlich grundsätzlich gleichbehandelt. Dies sollte
unabhängig vom Tage der Geburt, jedoch nur für Erbfälle seit dem

29.5.2009 gelten. Mit der Entscheidung des Europäischen Gerichtshofs für Menschenrechte vom 28.5.2009 (ZEV 2009, 510) wurde die UNGLEICH-BEHANDLUNG EHELICHER UND NICHTEHELICHER KINDER, die vor dem 1.7.1949 geboren sind, für rechtswidrig erklärt. Die heutige Gesetzeslage ist eine Reaktion auf diese Entscheidung. Sie stellt nunmehr grundsätzlich nichteheliche Kinder den ehelichen Kindern völlig gleich. Nur für

Erbfälle, die vor Erlass der Entscheidung des Europäischen Gerichtshofes für Menschenrechte eingetreten sind – somit für Erbfälle bis zum 28.5.2009 – soll aus Bestandsschutzgründen keine Rückwirkung der heutigen Gesetzeslage erfolgen.

– Adoption : Durch die Annahme als Kind, die Adoption, wird eine Verwandtschaft begründet. Diese „rechtliche Verwandtschaft" ist der „Blutsverwandtschaft" grundsätzlich gleichgestellt. Damit werden Adoptivkinder auch erbrechtlich wie leibliche Kinder behandelt. Besonderheiten gelten nur insoweit, als das Gesetz die Adoption volljähriger Personen teilweise anders behandelt als die Adoption Minderjähriger.

  • Der angenommene MINDERJÄHRIGE und seine Abkömmlinge stehen im Verhältnis zum annehmenden Elternteil und dessen Familie den leiblichen Kindern völlig gleich. Das adoptierte Kind hat im Verhältnis zu dem annehmenden Elternteil und dessen Verwandten, somit den Eltern, Großeltern und auch den leiblichen Kindern des annehmenden Elternteils die gleichen Rechte wie ein leibliches Kind. Im Verhältnis zu seiner – so das Gesetz – „leiblichen Familie" erlöschen hingegen die Verwandtschaftsverhältnisse, so dass gegenüber den leiblichen Verwandten auch keine erbrechtlichen Ansprüche mehr bestehen.

  • Anders ist dies bei einer VOLLJÄHRIGENADOPTION. Diese liegt vor, wenn die angenommene Person zum Zeitpunkt der Adoption bereits volljährig ist. Dann ist die adoptierte Person nur am Nachlass ihrer Adoptiveltern erbberechtigt, nicht aber am Vermögen der Verwandten des annehmenden Elternteils (§ 1770 Abs. 1 BGB). Andererseits bleiben im Regelfall die verwandtschaftlichen und damit auch die erbrechtlichen Beziehungen zu den leiblichen Verwandten des volljährig Adoptierten bestehen (§ 1770 Abs. 2 BGB). Nur in besonderen Ausnahmefällen können auf Antrag des Annehmenden und des Angenommenen durch das Familiengericht auch bei einer Volljährigenadoption die Wirkungen der Adoption eines Minderjährigen bestimmt werden (§ 1772 BGB).

2. Erben 2. Ordnung

Sind beim Tod des Erblassers keine Erben erster Ordnung vorhanden, so kommen die Erben zweiter Ordnung zum Zuge. Das sind die ELTERN des Erblassers und deren „Abkömmlinge", also Geschwister, Neffen und Nichten (§ 1925 Abs. 1 BGB).

Erben 2. Ordnung

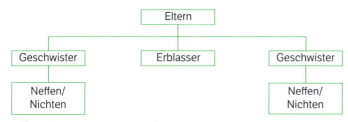

ABB. 2: Übersicht „Erbrecht der Eltern"

Es gelten bei Erben 2. Ordnung folgende PRINZIPIEN:

- Leben zum Zeitpunkt des Erbfalls beide Elternteile, so fällt ihnen jeweils die Hälfte des Nachlasses zu (§ 1925 Abs. 2 BGB); die Geschwister des Erblassers gehen also leer aus.
- Lebt ein Elternteil nicht mehr, so fällt der Erbteil von ½ an die Abkömmlinge des vorverstorbenen Vaters bzw. der vorverstorbenen Mutter (§ 1925 Abs. 3 S. 1 BGB).
- Sind keine Abkömmlinge des vorverstorbenen Elternteils vorhanden, dann erbt der überlebende Elternteil allein (§ 1925 Abs. 3 S. 2 BGB).
- Die Geschwister des Erblassers sind gemäß § 1925 Abs. 3 BGB nur dann gesetzliche Erben, wenn ein oder beide Elternteile des Erblassers nicht mehr leben. Sie erben dann den Erbanteil, der den Eltern oder dem vorverstorbenen Elternteil zugestanden hätte.

Beispiel bei einem Nachlass an die Eltern:

Herr Schmid verstirbt unverheiratet und ohne Kinder zu hinterlassen. Sein Nachlass fällt zu gleichen Teilen an seine Eltern (§ 1925 Abs. 2 BGB).

Alternative:

Lebt nur noch der Vater oder die Mutter von Herrn Schmid, so erbt dieser Elternteil die Hälfte des Nachlasses. An die Stelle des verstorbenen Elternteils treten dessen Abkömmlinge (§ 1925 Abs. 3 S. 1 BGB). Dies sind also die Geschwister beziehungsweise Halbgeschwister von Herrn Schmid und deren Abkömmlinge. Sind keine Abkömmlinge des vorverstorbenen Elternteils vorhanden, erbt der überlebende Elternteil allein (§ 1925 Abs. 3 S. 2 BGB).

EXPERTENTIPP BEI GESCHIEDENEN ELTERN:
Auch GESCHIEDENE ELTERN des Erblassers sind gesetzliche Erben 2. Ordnung. Will zum Beispiel die geschiedene Mutter eines Kindes (das selbst noch keine eigenen Kinder hat) verhindern, dass ihr Nachlass im Erbfall an das Kind und danach im Falle des Nachversterbens des Kindes an den „Ex-Mann" und Vater des gemeinschaftlichen Kindes fällt, muss die geschiedene Mutter ein sogenanntes „GESCHIEDENENTESTAMENT" errichten.

3. Erben 3. Ordnung

Die Erben 3. Ordnung kommen erst zum Zuge, wenn keine gesetzlichen Erben der 1. und 2. Ordnung zum Zeitpunkt des Erbfalls vorhanden sind. Erben 3. Ordnung sind die GROSSELTERN des Erblassers und deren „Abkömmlinge", also Onkel, Tanten, Cousinen und Cousins (§ 1926 Abs. 1 BGB).

Erben 3. Ordnung

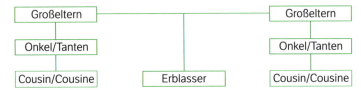

ABB. 3: Übersicht „Erbrecht der Großeltern"

Es gelten bei Erben 3. Ordnung folgende PRINZIPIEN:

- Wenn alle Großeltern noch am Leben sind, erben sie allein und jeder erhält ¼ des Nachlasses (§ 1926 Abs. 4 BGB).
- Ist ein Großelternteil, also Großvater oder Großmutter, vorverstorben, so erhalten dessen Abkömmlinge den Erbanteil von ¼ (§ 1926 Abs. 3 S. 1 BGB). Hat der vorverstorbene Großelternteil keine Abkömmlinge hinterlassen, so fällt der Erbanteil von ¼ an den anderen Teil des Großelternpaars, und – wenn dieser ebenfalls vorverstorben ist – an dessen Abkömmlinge.
- Lebt ein Großelternpaar nicht mehr und hat es auch keine Abkömmlinge hinterlassen, dann erbt das andere Großelternpaar allein (§ 1926 Abs. 4 BGB).

Beispiel bei kinderlosen, ledigen Erblassern:
Die kinderlose ledige Erblasserin war das einzige Kind ihrer vorverstorbenen Eltern. Ihre Mutter hatte keine Geschwister. Der Vater hatte Schwester und Bruder, also Tante und Onkel der Erblasserin. Der Onkel lebt noch, die vorverstorbene Tante hinterlässt zwei Söhne, also Cousins der Erblasserin. Keiner der vier Großelternteile lebt mehr. Der Nachlass der Erblasserin geht zur Hälfte an den Onkel und zu je ¼ an die beiden Cousins.

4. Erben 4. Ordnung

Hierzu zählen die Urgroßeltern des Erblassers und deren „Abkömmlinge", also Großonkel und Großtanten.

Sind keine Erben der 1.–4. Ordnung vorhanden, erben die entfernteren Großeltern und deren „Abkömmlinge".

II. Gesetzliches Erbrecht des Ehegatten

Hat der verheiratete Erblasser weder Testament noch Erbvertrag errichtet, wird er von seinem Ehepartner und den Kindern beerbt. Nach der Regelung der §§ 1931, 1371 BGB hängt die Erbquote des Ehegatten vorrangig vom EHELICHEN GÜTERSTAND ab. Es muss dabei unterschieden werden zwischen Zugewinngemeinschaft, Gütertrennung und Gütergemeinschaft:

ÜBERSICHT: DER GESETZLICHE ERBTEIL DES EHEGATTEN			
	neben 1 Kind	neben 2 Kindern	bei mehr als 2 Kindern
bei Zugewinngemeinschaft	¼ + ¼ = ½	¼ + ¼ = ½	¼ + ¼ = ½
bei Gütertrennung	½	⅓	¼
bei Gütergemeinschaft	¼	¼	¼

1. Erbfolge bei Zugewinngemeinschaft mit Kindern

Die Zugewinngemeinschaft ist dadurch gekennzeichnet, dass das Vermögen des Mannes und das Vermögen der Frau grundsätzlich GETRENNTE Vermögen bleiben. Nur im Falle der Beendigung der Zugewinngemeinschaft hat derjenige Ehegatte, der während des Bestandes der Zugewinngemeinschaft einen höheren Zugewinn erzielt hat als der andere Ehegatte, einen Ausgleich zu leisten. Zu einer BEENDIGUNG DER ZUGEWINNGEMEINSCHAFT kann es durch eine Scheidung, die Wahl eines anderen Güterstandes oder durch den Tod eines Ehegatten kommen. Wird die Zugewinngemeinschaft beendet, wird für beide Ehegatten der tatsächlich eingetretene Zugewinn berechnet. Hierbei ist als ZUGEWINN der Unterschied zwischen dem Anfangsvermögen zu Beginn der Zugewinngemeinschaft und dem Endvermögen zum Ende der Zugewinngemeinschaft zu verstehen (§ 1373 BGB). Übersteigt der während der Ehezeit erwirtschaftete Zugewinn des einen Ehegatten den Zugewinn des anderen Ehegatten, so steht die Hälfte des Überschusses dem anderen Ehegatten als AUSGLEICHSFORDERUNG zu (§ 1378 BGB).

Beispiel zur Vermögensaufteilung nach einer Scheidung:
Ein Ehepaar heiratet im Jahre 1987. Zum Zeitpunkt der Eheschließung hat der Ehemann kein Vermögen, wohingegen die Ehefrau Vermögen in Höhe von umgerechnet seinerzeit 100.000 EUR mit in die Ehe bringt. Die

Eheleute lassen sich im Jahre 2008 scheiden. Zu diesem Zeitpunkt hat der Ehemann ein Vermögen im Wert von 900.000 EUR. Das Vermögen der Ehefrau beträgt 200.000 EUR. Der Ehemann hat damit einen Zugewinn von 900.000 EUR und die Ehefrau einen Zugewinn in Höhe von 100.000 EUR erwirtschaftet. Die Differenz zwischen beiden Zugewinnen beträgt 800.000 EUR. Die Hälfte dieses Betrages, somit 400.000 EUR, kann die Ehefrau als Zugewinnausgleich vom Ehemann fordern.

Bei der Zugewinngemeinschaft, die immer dann gilt, wenn die Eheleute keinen anderen Güterstand EHEVERTRAGLICH vereinbart haben, ermittelt sich der Erbteil des überlebenden Ehegatten wie folgt:

- Allgemeiner Erbteil des Ehegatten: Neben Verwandten der 1. Ordnung (also zum Beispiel neben Kindern des Erblassers) erhält der Ehegatte gemäß § 1931 Abs. 1 S. 1 BGB zunächst ein Viertel des Nachlasses; neben Verwandten der 2. Ordnung und neben Großeltern fällt ihm die Hälfte zu.
- Erhöhung des Erbteils bei Zugewinngemeinschaft: Damit der während der Ehe erzielte Zugewinn des Verstorbenen zugunsten des überlebenden Ehegatten berücksichtigt werden kann, wird dieser gesetzliche Erbteil gemäß §§ 1931 Abs. 3, 1371 Abs. 1 BGB um ein weiteres Viertel pauschal erhöht (sogenannte „erbrechtliche" Lösung). Hierdurch soll sichergestellt werden, dass der während der Ehe erzielte Zugewinn auch im Todesfall des Partners dem überlebenden Ehegatten zusteht. Dies gilt selbst dann, wenn ein Vermögenszugewinn während der Ehezeit überhaupt nicht erzielt wurde. Durch die pauschale Erhöhung des Erbanteiles wird der überlebende Ehegatte davor geschützt, mit den anderen Erben über die Höhe des Zugewinnes streiten zu müssen.
- Der danach verbleibende Erbteil wird auf die erbberechtigten Verwandten des Erblassers, also im Regelfall auf dessen Kinder nach den Regeln der §§ 1924 ff. BGB verteilt.

Beispiel zum gesetzlichen Güterstand:

Frau Müller hat ihren ersten Ehemann durch einen tödlich verlaufenden Verkehrsunfall verloren. Aus dieser ersten Ehe sind zwei Söhne hervorgegangen. Einige Jahre später heiratet Frau Müller ihren zweiten Ehemann, der eine Tochter mit in die Ehe bringt. Als Frau Müller später verstirbt, lebte sie im gesetzlichen Güterstand (hat also keinen Ehevertrag abgeschlossen) und hinterlässt einen Nachlass von 200.000 EUR. Eine letztwillige Verfügung hat Frau Müller nicht errichtet.

Erbe wird der zweite Ehemann von Frau Müller zur Hälfte, da ihm als gesetzlichem Erben ein Viertel zusteht (§ 1931 Abs. 1 BGB) und als pauschalierter Zugewinn ein weiteres Viertel gebührt (§§ 1931 Abs. 3, 1371 Abs. 1 BGB). Die beiden Söhne von Frau Müller aus erster Ehe erben neben dem zweiten Ehemann je ein Viertel des Nachlasses. Die Stieftochter, die der zweite Ehemann von Frau Müller mit in die Ehe gebracht hat, hat kein eigenes gesetzliches Erbrecht im Verhältnis zur Stiefmutter.

Es kann sein, dass der verstorbene Ehepartner während der Ehe einen Vermögenszugewinn erzielt hat, der über ein Viertel des gesamten Nachlasses hinausgeht. In diesem Fall würde der überlebende Ehegatte mit der pauschalierten Erhöhung der Erbquote schlechter stehen als bei einer konkreten Berechnung des Zugewinns. Deshalb räumt der Gesetzgeber dem überlebenden Ehegatten in § 1371 Abs. 3 BGB die Möglichkeit ein, die Erbschaft AUSZUSCHLAGEN und stattdessen zwei Forderungen gegen die Erben des verstorbenen Ehepartners geltend zu machen (sogenannte „GÜTERRECHTLICHE" LÖSUNG):

- Zum einen kann er den konkret berechneten Zugewinnausgleich (ähnlich wie im Fall der Scheidung) gemäß § 1378 BGB geltend machen. Hierzu müssen für jeden Ehegatten gesondert die Anfangs- und Endvermögen ermittelt werden. Die Differenz zwischen dem Anfangs- und Endvermögen ergibt den jeweiligen Zugewinn eines Ehegatten. Haben die Ehegatten während der Ehezeit einen unterschiedlichen Zugewinn erwirtschaftet, ist die Hälfte des Unterschiedsbetrags auszugleichen.
- Zum anderen kann der überlebende Ehegatte gemäß § 1371 Abs. 3 BGB in Verbindung mit § 2303 Abs. 2 BGB seinen Pflichtteil fordern. Die Pflichtteilsquote beträgt dann aber nur ein Achtel (sogenannter „kleiner" Pflichtteil) und die Zugewinnausgleichsforderung muss vom Nachlass als Verbindlichkeit abgezogen werden.

Dieses Wahlrecht steht dem länger lebenden Ehegatten auch bei TESTAMENTARISCHER Erbfolge zu.

Weiteres Beispiel zum gesetzlichen Güterstand:

Das Ehepaar Schmid hat gemeinsam ein Architekturbüro aufgebaut, das beim Ableben von Herrn Schmid einen Verkehrswert von 400.000 EUR hat. Herr Schmid hinterlässt neben seiner Ehefrau einen Sohn. Er lebte im gesetzlichen Güterstand und hat weder ein Testament errichtet noch einen Erbvertrag geschlossen. Der Zugewinn, den Herr Schmid während der gesamten Ehezeit erwirtschaftet hat, beträgt 200.000 EUR.

Herr Schmid wird kraft Gesetzes von seiner Witwe und seinem Sohn je zur Hälfte beerbt. Der Erbanteil der Witwe beläuft sich also auf einen Wert von 200.000 EUR. Frau Schmid kann aber diesen gesetzlichen Erbanteil innerhalb einer Frist von sechs Wochen (§ 1944 Abs. 1 BGB) ausschlagen und folgende Ansprüche gegen den Erben ihres verstorbenen Mannes (dies wird der Sohn sein, sofern nicht auch dieser ausschlägt) durchsetzen:

Gemäß § 1378 BGB kann sie zunächst den Zugewinn von 200.000 EUR verlangen. Zusätzlich kann sie ihren Pflichtteil von einem Achtel fordern, der aus dem Nachlasswert von 400.000 EUR abzüglich der Zugewinnverbindlichkeit von 200.000 EUR, also aus 200.000 EUR berechnet wird. Der Pflichtteil der Witwe beträgt damit 25.000 EUR.

Frau Schmid erhält also anlässlich des Ablebens ihres Mannes insgesamt einen Betrag von 225.000 EUR (Zugewinn von 200.000 EUR zuzüglich des Pflichtteils von 25.000 EUR) und steht damit wirtschaftlich besser als bei der gesetzlichen Erbfolge. Diese Vorgehensweise hat für Frau Schmid weiter den Vorteil, dass es sich bei Zugewinn und Pflichtteil um Forderungen handelt, die der Erbe (also hier der Sohn) sofort mit dem Todesfall bar zu erfüllen hat. Bei gesetzlicher Erbfolge bestünde dagegen eine Erbengemeinschaft mit dem Sohn, bei der häufige Streitigkeiten entstehen.

Expertentipp zur Ausschlagung:

Die AUSSCHLAGUNG zur Erlangung der güterrechtlichen Lösung kommt IN DER PRAXIS eher SELTEN vor. Der überlebende Ehegatte muss die Ausschlagung innerhalb der kurzen Ausschlagungsfrist von NUR SECHS WOCHEN (§ 1944 Abs. 1 BGB) erklären. Dieser Zeitraum reicht meist nicht aus, realistische Werte für die beiden Anfangs- und Endvermögen zu ermitteln. Der überlebende Ehegatte muss zudem zwei Verfahren führen: Den Zugewinnausgleich muss er beim Amtsgericht (FAMILIENGERICHT) gegen die Erben durchsetzen; die Pflichtteilsklage muss – bei einem Streitwert von über 5.000 EUR – beim LANDGERICHT anhängig gemacht werden. Wegen der Vorgreiflichkeit der Zugewinnausgleichsklage muss das Landgericht den Pflichtteilsprozess aussetzen (§ 148 ZPO). Beide Prozesse verursachen also nicht nur hohe Kosten (insbesondere für die erforderlichen Wertgutachten), sondern sind auch sehr langwierig.

2. Erbfolge bei Zugewinngemeinschaft ohne Kinder

Häufig wird von juristischen Laien angenommen, dass bei kinderlosen Ehepaaren der ÜBERLEBENDE EHEGATTE ALLEINERBE wird. Dem ist aber NICHT SO. Vielmehr entsteht eine Erbengemeinschaft zwischen dem hinterbliebenen Ehepartner und den SCHWIEGERELTERN: Gemäß § 1931 Abs. 1 BGB fällt dem überlebenden Ehegatten zunächst die Hälfte der Erbschaft zu. Bestand zum Zeitpunkt des Erbfalls ein gesetzlicher Güterstand, erhöht sich dieser Erbteil gemäß § 1931 Abs. 3 BGB in Verbindung mit § 1371 Abs. 1 BGB um ein weiteres Viertel. Der restliche Nachlass fällt an die Eltern des Erblassers. Bei gesetzlicher Erbfolge entsteht also eine Erbengemeinschaft zwischen dem überlebenden Ehegatten und den Eltern des Erblassers.

EXPERTENTIPP ZU ABKÖMMLINGEN:
Die Eltern des Verstorbenen sind gemäß § 1931 Abs. 1 BGB nur dann gesetzliche Erben, wenn keine Abkömmlinge (Kinder, Enkel, Urenkel) des Verstorbenen vorhanden sind. Hat der verstorbene Ehegatte in Zugewinngemeinschaft gelebt, erbt der überlebende Ehegatte $3/4$ des Nachlasses, den beiden Elternteilen steht jeweils $1/8$ zu.

3. Erbfolge bei Gütertrennung

Hat das Ehepaar durch notariellen Vertrag (§§ 1408, 1414 BGB) GÜTERTRENNUNG vereinbart, stellt der Gesetzgeber sicher, dass der überlebende Ehegatte keinen kleineren Erbteil erhalten soll als die Kinder (§ 1931 Abs. 4 BGB):

- Ein Einzelkind des Verstorbenen erbt ebenso wie der überlebende Ehegatte die Hälfte des Nachlasses.
- Bei zwei Kindern bekommen diese und der Ehepartner jeweils ein Drittel des Nachlasses.
- Bei mehr als zwei Kindern steht dem überlebenden Ehepartner gemäß § 1931 Abs. 1 BGB ein Viertel des Nachlasses zu.
- Neben Verwandten der 2. Ordnung und neben den noch lebenden Großeltern erbt der Ehegatte die Hälfte des Nachlasses (§ 1931 Abs. 1 S. 2 BGB).

EXPERTENTIPP BEI DER GÜTERTRENNUNG:
Bei Gütertrennung steht der überlebende Ehegatte im Erbfall also deutlich schlechter als bei einer Zugewinngemeinschaft.

4. Erbfolge bei Gütergemeinschaft

Hat das Ehepaar durch notariellen Vertrag (§§ 1408, 1415 BGB) GÜTERGEMEINSCHAFT vereinbart, gehört jedem Ehepartner bereits vor dem Erbfall die Hälfte des gemeinsamen Vermögens (sogenanntes GESAMTGUT; § 1416 BGB). Von der Hälfte des Gesamtguts, das dem Erblasser zustand, bekommt der überlebende Ehegatte neben Verwandten der 1. ORDNUNG ein Viertel (§ 1931 Abs. 1 S. 1 BGB), wirtschaftlich betrachtet also $1/8$ des Gesamtguts. Der Rest des Gesamtguts geht an die Verwandten des Erblassers. Da der überlebende Ehegatte bereits vor dem Erbfall 50 % des Gesamtgutes besaß, steht ihm nun bei wirtschaftlicher Betrachtung $5/8$ (= $4/8$ + $1/8$) des Gesamtguts zu.

Neben Verwandten 2. ORDNUNG und neben den lebenden Großeltern steht dem überlebenden Ehegatten nicht nur ein Viertel, sondern die HÄLFTE DES GESAMTGUTS zu (§ 1931 Abs. 1 S. 1 BGB).

Expertentipp zu Gütergemeinschaften:
Viele Ehegatten nehmen irrtümlich an, sie leben in Gütergemeinschaft, obwohl tatsächlich – da sie in der Regel keinen Ehevertrag geschlossen haben – ein gesetzlicher Güterstand, also eine ZUGEWINNGEMEINSCHAFT besteht. Diese Fehlvorstellung führt häufig dazu, die Eigentumsverhältnisse innerhalb der Ehe nicht richtig zu beurteilen: Während bei der Zugewinngemeinschaft das Vermögen des Ehemannes und der Ehefrau rechtlich getrennt bleiben, entsteht bei der Gütergemeinschaft mit Abschluss des Ehevertrages gemeinschaftliches Vermögen (das sogenannte GESAMTGUT).

5. Voraus des Ehegatten
Dem überlebenden Ehegatten steht – unabhängig davon, in welchem Güterstand er mit dem Erblasser lebte – neben seinem gesetzlichen Erbteil der sogenannte „VORAUS" zu (§ 1932 BGB). Dieser umfasst die Haushaltsgegenstände (zum Beispiel Haushaltsgeräte, Möbel) und die Hochzeitsgeschenke.

– Neben den Erben der 2. Ordnung (Eltern beziehungsweise Geschwister des Verstorbenen) und neben Großeltern stehen diese Gegenstände dem überlebenden Ehegatten allein zu.

– Neben den Erben der 1. Ordnung (zum Beispiel Kinder) kann der überlebende Ehegatte diese Gegenstände nur dann für sich allein verlangen, soweit er diese „zur Führung eines angemessenen Haushalts benötigt" (§ 1932 Abs. 1 BGB).

EXPERTENTIPP ZUM HAUSRATSVERMÄCHTNIS: Einen Anspruch auf den Voraus hat der Ehepartner nur dann, wenn die GESETZLICHE Erbfolge gilt. Erbt er aufgrund eines Testamentes oder Erbvertrages, so besteht dieser Anspruch nur, wenn der Erblasser ein sogenanntes „HAUSRATSVERMÄCHTNIS" angeordnet hat.

6. Dreißigster
Gemäß § 1969 BGB hat jeder Familienangehörige, der zum Hausstand des Erblassers gehört und von ihm Unterhalt bezogen hat, einen gegen die Erben gerichteten Anspruch auf Unterhalt und Wohnungsnutzung für eine Dauer von 30 Tagen ab dem Erbfall. Dieser Anspruch steht nach der Rechtsprechung auch dem NICHTEHELICHEN LEBENSGEFÄHRTEN zu.

7. Erbrecht und Scheidung
Mit der Scheidung enden sämtliche erbrechtlichen Beziehungen zwischen den Ehegatten. Der rechtskräftig geschiedene Ehegatte hat kein Erbrecht. Er hat nicht einmal Anspruch auf einen Pflichtteil. Nach § 1933 BGB endet die Erbberechtigung des Ehegatten schon dann, wenn zur Zeit des Todes des Erblassers die Voraussetzungen für eine Scheidung der

Ehe gegeben waren und der Verstorbene die Scheidung beantragt oder ihr zugestimmt hat.

Expertentipp bei Kindern ohne eigenen Nachkommen:
Sind aus der geschiedenen Ehe gemeinsame Kinder hervorgegangen, kann sich aber unter Umständen ein Erbrecht des geschiedenen Ehegatten über diese gemeinsamen Kinder ergeben. Dies ist etwa dann der Fall, wenn nach dem Tod des einen Ehegatten dessen Vermögen über die Erbfolge auf die gemeinsamen Kinder übergeht und eines der KINDER OHNE EIGENE NACHKOMMEN noch vor dem geschiedenen Ehegatten verstirbt. Nur in diesem eher seltenen Fall hat der überlebende Ehegatte als Elternteil einen Erbanspruch am Nachlass des vorverstorbenen Kindes und somit mittelbar auch am Vermögen des geschiedenen Ehegatten. Um dies zu vermeiden, kann ein geschiedener Ehepartner durch Testament nach der Scheidung das Kind als Vorerben und eine andere Person (zum Beispiel seine Eltern oder Geschwister) als Nacherben einsetzen.

8. Erbrecht bei Paaren ohne Trauschein

NICHTEHELICHE Lebensgefährten haben kein gesetzliches Erb- oder Pflichtteilsrecht beim Tod des Partners. Dies gilt selbst dann, wenn die Lebensgemeinschaft dauerhaft bestanden oder ein Partner den anderen jahrelang gepflegt hat. Von den Gerichten ist lediglich anerkannt, dass der Partner ohne Trauschein für einen Zeitraum von 30 Tagen nach Erbfall die mit dem Verstorbenen gemeinsam genutzte Wohnung und den Haushalt weiter nutzen darf. Nach dieser Schonfrist muss er damit rechnen, dass ihn die Erben buchstäblich „vor die Tür setzen". Zur wirtschaftlichen Absicherung im Todesfall ist deshalb zwingend eine LETZTWILLIGE VERFÜGUNG zugunsten des Partners notwendig. Anders als Ehegatten können Paare ohne Trauschein aber kein gemeinschaftliches Testament errichten. Vorsorge kann nur in Form von Einzeltestamenten oder durch einen Erbvertrag getroffen werden. Größtmögliche Absicherung des Lebenspartners bietet die testamentarische Einsetzung als Alleinerbe. Hat der Testierende Kinder (zum Beispiel aus 1. Ehe) oder ist er (noch) verheiratet, so können diese Personen allerdings ihren PFLICHT-TEIL einfordern, da sie enterbt sind. Pflichtteilsforderungen sind sofort mit dem Erbfall in bar fällig und führen nicht selten zu erheblichen finanziellen Engpässen beim Erben. Häufig wird übersehen, dass die Eltern eines kinderlosen Erblassers vom allein erbenden Lebenspartner 50 % des Nachlasses als Pflichtteil verlangen können. Schutz gegen die Pflichtteilshaftung bietet lediglich ein notarieller Pflichtteilsverzicht (womöglich gegen Zahlung einer Abfindung). Zuwendungen mit einer Anrechnungsbestimmung oder Pflichtteilsstrafklauseln im Testament können die Pflichtteilslast zumindest reduzieren.

III. Nachteile und Risiken der gesetzlichen Erbfolge

Ohne testamentarische Regelung der Erbfolge entsteht zwischen dem überlebenden Ehepartner und den Kindern des Erblassers oder den Erben 2., 3. oder 4. Ordnung kraft Gesetz eine Erbengemeinschaft. Bei NACHLASSIMMOBILIEN ist eine solche Zwangsgemeinschaft besonders gefährlich.

– Die wirtschaftlichen Folgen der gesetzlichen Erbfolge entsprechen oft nicht dem Willen des Erblassers. Eine besondere Fürsorge für schwächere Familienmitglieder ist nicht möglich.
– Ein Verkauf oder eine Belastung der Immobilien ist nur durch alle Erben gemeinsam möglich.
– Über Verwaltungs- und Renovierungsmaßnahmen kann der überlebende Ehegatte nicht allein entscheiden, sondern muss die Zustimmung der Miterben einholen. Auch eine Vermietung der Nachlassimmobilie ist nur bei Einwilligung der Miterben möglich. Es besteht also für den überlebenden Ehegatten immer der Zwang zur Einigkeit mit den Kindern.

Beispiel zu Renovierungsarbeiten:
Soll das Haus oder die Eigentumswohnung renoviert werden, müssen alle Erben einen Teil der Kosten übernehmen. Verfügt eines der Kinder nicht über die genügenden Barmittel, unterbleiben oftmals notwendige Renovierungsarbeiten. Kann oder will der überlebende Ehegatte nicht mit eigenen Mitteln in Vorleistung treten, besteht die Gefahr, dass die Substanz der Immobilie geschädigt wird. Auch die Frage, ob der überlebende Ehegatte die zum Nachlass gehörende Immobilie allein nutzen darf, ist nur mit Zustimmung aller anderen Miterben zu beantworten. Fordert ein Miterbe die Vermietung, um Einnahmen zu erzielen, ist Streit vorprogrammiert.

– Dem überlebenden Ehegatten steht aus dem Nachlass lediglich der sogenannte Voraus, also die Haushaltsgegenstände, allein zu (§ 1932 BGB). Das sonstige Vermögen, insbesondere Bargeld muss zwischen den Miterben und dem überlebenden Ehegatten entsprechend den Erbquoten aufgeteilt werden.
– Möchte der überlebende Ehegatte die Nachlassimmobilie nach dem Erbfall allein nutzen, können die Miterben verlangen, dass er anteilig eine ortsübliche Miete bezahlt.

–   Da bei einer Erbengemeinschaft jeder Miterbe jederzeit die Teilung
    des Nachlasses verlangen kann (siehe § 2042 BGB), können die Kinder
    als Miterben jederzeit eine Teilungsversteigerung der Nachlass-
    immobilie beantragen.

Beispiel bei anfallenden Hauskosten:
Verfügt der überlebende Ehegatte nicht über die ausreichenden Barmittel, muss er unter Umständen ein Darlehen aufnehmen. Neben den
ohnehin anfallenden Hauskosten muss dann der Witwer beziehungsweise
die Witwe auch noch die Kreditkosten für Tilgung und Zinsen tragen. Die
finanziellen Mittel für den persönlichen Unterhalt des überlebenden
Ehegatten werden damit geschmälert. Gelingt es dem Witwer bzw. der
Witwe nicht, die notwendigen Barmittel, gegebenenfalls durch eine
Kreditaufnahme, zu beschaffen, droht die Teilungsversteigerung, bei
der oft nur 50–70 % des Verkehrswertes erzielt werden.

–   Gehört zum Nachlass ein Unternehmen, wird dessen Existenz durch
    die oftmals auftretende Handlungsunfähigkeit einer Erbengemein-
    schaft gefährdet. Wichtige unternehmerische Entscheidungen
    können deshalb nicht oder nur mit erheblicher Verzögerung getroffen
    werden. Hierdurch kann die Versorgung des überlebenden Ehegatten
    erheblich gefährdet werden.
–   Die Möglichkeiten einer Erbschaftsteuerminimierung werden ohne
    Testament regelmäßig vernachlässigt.

Zusammenfassung:
Liegt keine letztwillige Verfügung vor, wird der Erbe nach der gesetz-
lichen Rangfolge bestimmt Der überlebende Ehegatte erbt je nach
Güterstand sowie abhängig davon, welche Verwandten des Erblassers
vorhanden sind. Zudem steht ihm der "Voraus" zu. Nichteheliche
Lebensgefährten haben kein gesetzliches Erbrecht. Die gesetzliche
Erbfolge kann zu Konflikten führen und oft nicht dem Willen des Erb-
lassers entsprechen.

9

Die Verfügung von Todes wegen eines Immobilieneigentümers

Bei einem Erbfall können Immobilien per letztwilliger Verfügung an Erben oder Vermächtnisnehmer übertragen werden. Dies kann durch ein Testament geschehen, wodurch die gesetzliche Erbfolge modifiziert wird. Das Testament ist das einzige Instrument zur Steuerung von Immobilien im Todesfall.

I. Die Formalien einer letztwilligen Verfügung

II. Typische Fehler bei der Testamentserrichtung

9. Die Verfügung von Todes wegen eines Immobilieneigentümers

Die gesetzliche Erbfolge führt regelmäßig zu einer Mehrheit von Erben. Das Recht der Erbengemeinschaft ist dabei so kompliziert, dass jeder dem anderen das Leben schwer machen, ihn schikanieren, ja blockieren kann. Zudem hat jeder Miterbe die Möglichkeit, den Nachlass gegen den Willen der anderen zu sprengen. So kann etwa nach dem Tode des Vaters der Sohn als Miterbe das im Nachlass befindliche Familienwohnheim versteigern lassen und damit seine eigene Mutter aus dem gewohnten Lebensmittelpunkt vertreiben.

In folgenden Fallgruppen entstehen beim Eingreifen der gesetzlichen Erbfolge Probleme, Versorgungslücken und nicht selten auch Steuernachteile. Sie können deshalb in diesen FAMILIÄREN KONSTELLATIONEN auf die Errichtung eines Testaments nicht verzichten:

- Bei gesetzlicher Erbfolge würde eine Erbengemeinschaft zwischen Ihrem Ehegatten und den Kindern entstehen.
- Sie haben Kinder aus erster Ehe.
- Sie haben nichteheliche Kinder.
- Sie möchten Vorsorge für ein behindertes Kind treffen.
- Sie haben ein minderjähriges Kind.
- Ihr Kind ist überschuldet.
- Sie möchten verhindern, dass Ihr Nachlass an Schwiegerkinder fällt.
- Sie sind nicht verheiratet oder haben keine Kinder.
- Sie sind verwitwet oder geschieden.
- Sie leben in einer Partnerschaft ohne Trauschein.
- Sie möchten ein Familienmitglied für besondere Leistungen (Pflege oder Unterstützung beim Hausbau) belohnen.
- Sie möchten lebzeitige Schenkungen an ein Kind zugunsten anderer Kinder ausgleichen.
- Sie oder ein Familienmitglied haben eine ausländische Staatsangehörigkeit.
- Sie haben Vermögen im Ausland.
- Zu Ihrem Vermögen gehören Anteile an Personen- oder Kapitalgesellschaften.
- Zu Ihrem Vermögen gehört ein Betrieb oder Unternehmen.
- Sie möchten Ihren Nachlass oder Teile davon an karitative, wissenschaftliche oder künstlerische Einrichtungen zuwenden.

ABER VORSICHT:
Laut STIFTUNG WAREN-TEST sind 90 % aller handschriftlichen Testamente fehlerhaft. Die Beratung durch einen Erbrechtsexperten ist also dringend angeraten.

I. Die Formalien einer letztwilligen Verfügung

1. Arten einer Verfügung von Todes wegen

Der Testierende kann zwischen folgenden Verfügungen von Todes wegen wählen:

– Einzeltestament in öffentlicher oder privatschriftlicher Form
– Gemeinschaftliches Testament unter Ehegatten in öffentlicher oder privatschriftlicher Form
– Erbvertrag in notariell beurkundeter Form

Diese Verfügungen von Todes wegen unterscheiden sich im Hinblick auf die WIDERRUFLICHKEIT:

– Ein Einzeltestament kann jederzeit geändert und widerrufen werden; es tritt also keine Bindung des Testierenden an seinen letzten Willen ein. Bei Eheleuten, Partnern ohne Trauschein, kann dies aber auch von Nachteil sein, da eine Änderung des Testamentes „hinter dem Rücken" des Ehe- oder Lebenspartners erfolgen kann. Hiergegen schützt nur ein gemeinschaftliches Testament oder ein Erbvertrag.
– Der Erbvertrag führt dazu, dass eine spätere Aufhebung oder Änderung der getroffenen Anordnungen nur möglich ist, wenn alle Vertragspartner zustimmen. Der Erbvertrag ist also bindend, es sei denn, es wurde ein Rücktrittsrecht vorbehalten. Nachteilhaft am Erbvertrag ist, dass er notariell beurkundungspflichtig ist und hierdurch bei größeren Vermögen erhebliche Kosten ausgelöst werden.
– Das Testament von Ehegatten kann nicht ohne weiteres abgeändert, widerrufen oder aufgehoben werden. Notwendig ist entweder ein neues gemeinsames Testament beider Ehegatten oder – falls nur ein Ehegatte das Testament abändern will – ein notariell beurkundetes Widerrufstestament, das dem anderen Ehegatten zugestellt werden muss. Nach dem Tod des erstversterbenden Ehegatten kann der Überlebende die letztwillige Verfügung im Regelfall nur dann widerrufen, wenn sich im Testament ein Abänderungsvorbehalt findet. Wenn Eheleute eine letztwillige Verfügung errichten, sollten sie klären, ob sie die Bindungswirkung eines gemeinschaftlichen Testamentes (beziehungsweise Erbvertrages) wünschen oder ihre Testierfreiheit über den Tod des anderen Ehegatten hinaus erhalten wollen.

2. Formvorschriften

Testamente müssen bestimmten FORMVORSCHRIFTEN entsprechen. Hierdurch wird ein hohes Maß an Rechtssicherheit geschaffen. Das Gesetz unterscheidet zwischen sogenannten handschriftlichen und notariellen Testamenten, wobei beide Testamentsformen dieselbe rechtliche Wirkung haben.

3. Öffentliches Testament

Ein öffentliches Testament kann entweder durch mündliche Erklärung vor dem Notar oder durch Übergabe einer (offenen oder verschlossenen) Schrift an den Notar errichtet werden (§ 2232 BGB). Das Testament soll in besondere amtliche Verwahrung des Amtsgerichts gegeben werden.

4. Handschriftliches Testament

–   Beim eigenhändigen Testament muss der GESAMTE TEXT vom Testierenden geschrieben werden. Zweck der Handschriftlichkeit ist es, Fälschungen zu erschweren. Ein mit Schreibmaschine, Computer oder in Form einer E-Mail geschriebener Text ist deshalb kein gültiges Testament. Es versteht sich von selbst, dass der Testierende um eine leserliche Schrift bemüht sein soll.

–   Das Testament soll gemäß § 2247 Abs. 3 BGB mit Vor- und Familiennamen unterzeichnet werden. Die Unterschrift muss den Text räumlich abschließen, um spätere Zusätze auszuschließen. Eine Oberschrift, als eine sogenannte Selbstbenennung zu Beginn des Textes („Ich, Hans Schmidt, verfüge hiermit folgendes …"), genügt nicht. Besteht das Testament aus mehreren Seiten, sollte es auf jeder Seite rechts unten mit einem Namenszeichen versehen werden.

–   Nach § 2247 Abs. 2 BGB „soll" der Testierende Zeit und Ort der Testamentserrichtung angeben. Hierbei handelt es sich zwar nicht um eine Wirksamkeitsvoraussetzung. Die Angabe ist aber sehr sinnvoll, da beim Vorliegen mehrerer Testamente oft nur so überprüft werden kann, welche letztwillige Verfügung die aktuelle und damit gültige ist.

–   Nachträge sind möglich, müssen jedoch nochmals (mit Ort und Datum) unterschrieben werden, um spätere Streitigkeiten über die Gültigkeit der ergänzten Passagen zu vermeiden.

EXPERTENTIPP FÜR ZWEIFEL AN DER ECHTHEIT EINES TESTAMENTS:
Grundsätzlich wird vermutet, dass ein nach § 2247 Abs. 1 BGB formgerechtes, privatschriftliches Testament auch echt ist. Verbleiben nach ausreichenden Ermittlungen des Nachlassgerichts aber Zweifel, ob die Testamentsurkunde vom Erblasser selbst stammt, muss deren Echtheit derjenige beweisen der Rechte aus diesem Testament herleitet. Dies erfolgt in der Regel durch ein GRAPHOLOGISCHES GUTACHTEN oder Zeugenaussagen.

5. Vor- und Nachteile des notariellen und handschriftlichen Testaments

– Während es bei einem eigenhändigen Testament später zu Fälschungen kommen kann, besteht bei einem notariellen Testament dieses Risiko regelmäßig nicht, da es unverzüglich in besondere amtliche Verwahrung des Amtsgerichts gebracht werden soll.

– Nach dem Erbfall ist sichergestellt, dass das notarielle Testament eröffnet wird, während bei einem eigenhändigen Testament die Möglichkeit besteht, dass es nach dem Erbfall nicht aufgefunden oder von interessierter Seite beiseitegeschafft wird.

– Die Mitwirkung eines Notars beim öffentlichen Testament vermeidet regelmäßig Fehler bei der Form oder dem Inhalt. Beim eigenhändigen Testament, das Laien ohne fachkundige Beratung errichten, ist die Wahrscheinlichkeit von Fehlern hingegen groß.

– Für die Beurkundung eines Einzeltestamentes fällt eine volle Gebühr an, die sich nach dem Wert des Nachlasses richtet. Für die Beurkundung eines gemeinschaftlichen Testamentes oder eines Erbvertrages sind zwei volle Gebühren zu zahlen. Möglicherweise erspart sich aber der spätere Erbe die Kosten für einen Erbschein, da in der Regel ein öffentliches Testament zum Nachweis des Erbrechts genügt, insbesondere beim Grundbuchamt für die Umschreibung.

– Der Notar ist unparteilich und muss deshalb die Interessen aller Beteiligten berücksichtigen. Der Anwalt kann aus mehreren Gestaltungsalternativen die für seinen Mandanten beste Lösung auswählen. Während der Notar neutral zu beraten hat, kann der Anwalt auch die Interessen von Familienmitgliedern, die faktisch eine schwächere Stellung haben, einseitig vertreten und im Rahmen einer Testamentsgestaltung absichern.

– Die Errichtung eines eigenhändigen Testamentes hat zunächst den nicht zu unterschätzenden Vorteil, dass der Testierende den gesamten Text persönlich geschrieben haben muss, während ein notarielles Testament nur vorgelesen wird und wegen der oft großen Textmenge nicht von jedem Testierenden in allen Einzelheiten verstanden wird.

– Zudem dürfte die Hemmschwelle für die Testamentserrichtung einen Notar aufsuchen zu müssen, größer sein als bei einem eigenhändigen Testament, das zügig und an jedem Ort errichtet werden kann.

– Auch fallen bei einem eigenhändigen Testament keine Beurkundungskosten an und eine amtliche Verwahrung ist möglich, aber nicht vorgeschrieben.

6. Verwahrung des Testaments

In der Praxis kommt es immer wieder vor, dass Testamente entweder noch zu Lebzeiten des Testierenden verloren gehen oder nach dem Erbfall von nicht bedachten Angehörigen beseitigt werden. Eine sichere Verwahrung der letztwilligen Verfügung ist deshalb empfehlenswert. Manche Kinder vernichten Testamente auch mit Absicht, zum Beispiel dann, wenn sie enterbt wurden und erreichen wollen, dass sie das Erbe nach der gesetzlichen Erbfolge antreten können. Es empfiehlt sich deshalb, privatschriftliche Testamente in die amtliche Verwahrung zu geben oder das Original und Kopien bei mehreren vertrauenswürdigen Personen zu verwahren.

In AMTLICHER VERWAHRUNG befinden sich in der Regel Testamente, die vor einem Notar errichtet wurden und diejenigen privatschriftlichen Testamente, die vom Testierenden dem Nachlassgericht zur amtlichen Verwahrung übergeben wurden. Amtlich verwahrte Testamente und Erbverträge kommen über den amtlichen Weg zum Nachlassgericht. In Deutschland geschieht dies über ein ZENTRALES TESTAMENTSREGISTER . In dieses Register werden Verwahrangaben über amtlich verwahrte erbfolgerelevante Urkunden aufgenommen. Das zuständige Nachlassgericht wird im Erbfall von dem zentralen Testamentsregister davon unterrichtet, ob eine erbfolgerelevante Urkunde verwahrt wird und bei welchem Gericht oder Notar dies geschieht.

II. Typische Fehler bei der Testamentserrichtung

Viele – von juristischen Laien formulierten – letztwilligen Verfügungen sind unklar, widersprüchlich, unvernünftig oder sogar gänzlich unwirksam. Der Grund hierfür ist die Unterschätzung der schwierigen erbrechtlichen Materie und der Verzicht auf qualifizierte Beratung durch einen Experten.

1. Unklare Formulierungen

Wenn ein juristischer Laie ein Testament formuliert, sind diese Willensbekundungen sehr häufig auslegungsbedürftig. Das Gesetz versucht zwar durch verschiedene AUSLEGUNGS- UND ZWEIFELSREGELN dem wirklichen Willen des Erblassers so weit als möglich Geltung zu verschaffen (§§ 2087 ff. BGB). Häufig ergeben sich aber langwierige und teure Streitigkeiten über den genauen Inhalt eines Testaments.

2. Testierwille nicht erkennbar

Das Testament sollte als solches deutlich gekennzeichnet werden (zum Beispiel mittels der Überschrift „Mein letzter Wille"), nicht also in Form eines Briefes oder sonstigen Anschreibens erklärt werden. In letzteren Fällen kann nämlich fraglich sein, ob überhaupt ein „Testierwille" vorlag oder nur die Errichtung eines späteren Testamentes angekündigt werden sollte.

Die BEWEISLAST für den Testierwillen liegt bei demjenigen, der aus dem Schriftstück Rechte herleitet. Liegt ein formgerecht abgefasstes und inhaltlich vollständiges privatschriftliches Testament vor, wird der Testierwille auf Grund der Lebenserfahrung vermutet. Diese tatsächliche Vermutung ist aber erschüttert, wenn weitere Einzelfallumstände (beispielsweise ungewöhnlicher Schriftträger) Anlass zu ernsthaften Zweifeln am Testierwillen geben. Andererseits können besondere Umstände die Erschütterung des Erfahrungssatzes wieder entfallen lassen. So kann etwa bei einem formgültigen Testament unter Verwendung eines Briefumschlags ein Testierwille zu bejahen sein, bei einer Niederlegung im Notizbuch hingegen nicht. Eine pauschalisierende Aussage lässt sich in diesen besonderen Einzelfällen nicht treffen.

3. Unzulässige Vertretung

Die Errichtung eines Testamentes ist gemäß § 2064 BGB ein HÖCHST-PERSÖNLICHES Rechtsgeschäft, das jeder Bürger und jede Bürgerin nur selbst erledigen kann. Auch wenn es von einer bestimmten Person gewünscht wird, ist es nicht zulässig, dass ein Stellvertreter (zum Beispiel Vorsorgebevollmächtigter oder Betreuer) ein Testament errichtet.

Von diesem Grundsatz sind aber einige AUSNAHMEN anerkannt. So liegt kein Verstoß gegen § 2065 Abs. 1 BGB vor, wenn der Erblasser bezüglich der Geltung der Verfügung einen bestimmten Willen gehabt hat und er die Gültigkeit von dem Tun oder Unterlassen eines Dritten abhängig macht. Eine derartige – zulässige – Wollensbedingung liegt etwa vor, wenn der Erblasser seinen Enkel als Erben einsetzt, unter der Bedingung, dass dessen Ehefrau den Erblasser im Alter pflegt. Hat der Erblasser OBJEKTIVE Kriterien aufgestellt, nach denen der Dritte die Bestimmung des Erben oder der Erbquote vornehmen kann, liegt keine unzulässige Vertretung im Willen vor, da der Dritte den Erben nicht aufgrund seines subjektiven Ermessens bestimmt, sondern ihn nur entsprechend den objektiven Voraussetzungen, die aus dem Testament zu entnehmen sind, bezeichnet.

Beispiel einer zulässigen Formulierung:
Zulässig wäre etwa folgende testamentarische Verfügung:

„Dasjenige Kind soll Erbe sein, das die Handwerksmeisterprüfung bestanden hat. Sollte dies bei mehreren Kindern der Fall sein, wird das älteste von ihnen Erbe. Die Feststellung, wer Erbe ist, soll die Ehefrau des Erblassers treffen."

Obwohl der Erblasser den Erben nicht namentlich genannt hat, hat die Ehefrau aufgrund der objektiven Kriterien kein Auswahlermessen. Unzulässig wäre dagegen eine Bestimmung, wonach es der Ehemann seiner Ehefrau überlässt, eines seiner drei Kinder als Erben auszuwählen.

4. Fehlende Testierfähigkeit
Anders als bei einem Erbvertrag, der die volle Geschäftsfähigkeit (vollendetes 18. Lebensjahr) erfordert (§ 2275 Abs. 1 BGB), können MINDERJÄHRIGE ab dem vollendeten 16. LEBENSJAHR – auch ohne Zustimmung der Eltern – ein Testament errichten, allerdings nur in NOTARIELLER Form (§ 2229 Abs. 1 BGB).

Testamente sind bei fehlender Testierfähigkeit (§ 2229 Abs. 4 BGB) unwirksam. Der Gesetzgeber geht davon aus, dass im Regelfall Testierfähigkeit vorliegt und lediglich dann fehlt, wenn der Erblasser zu Lebzeiten an einer krankhaften Störung des Geisteszustandes, einer GEISTESSCHWÄCHE oder einer BEWUSSTSEINSSTÖRUNG gelitten hat. Beruft sich zum Beispiel ein (übergangener) gesetzlicher Erbe auf Testierunfähigkeit des Erblassers, so hat das Nachlassgericht im Rahmen des Erbscheinverfahrens zu dieser Frage Beweis zu erheben. Die BEWEISLAST trägt derjenige, der sich auf Testierunfähigkeit beruft.

Expertentipp zur Testierfähigkeit:
Das Gericht holt in diesem Fall ein psychiatrisches und/oder neurologisches GUTACHTEN ein und befragt Zeugen, die über den geistigen Zustand des Verstorbenen berichten können. Hierbei entsteht immer wieder die Frage, ob der behandelnde Arzt von seiner ärztlichen Schweigepflicht entbunden ist. Es ist unstreitig, dass der Erblasser diese Entbindung selbst vornehmen kann. Deshalb ist zu empfehlen, in der Verfügung von Todes wegen eine solche SCHWEIGEPFLICHTENTBINDUNGSERKLÄRUNG bereits aufzunehmen, um Diskussionen diesbezüglich zu vermeiden.

Mustertext „Schweigepflichtentbindungserklärung":
Sollten Zweifel an meiner Testierfähigkeit entstehen, so entbinde ich die Ärzte, die mich behandelt haben und noch behandeln werden, von ihrer Schweigepflicht.

5. Keine Verfügung zugunsten Beschäftigten in Pflegeeinrichtungen
Nach Abschaffung einer bundeseinheitlichen Regelung ist nun in den landesspezifischen Gesetzen regelmäßig verankert, dass Verfügungen zugunsten von Beschäftigten in den Pflegeeinrichtungen unwirksam sind (zB Berlin: § 12 Wohnungsteilhabegesetz; Bayern: Art. 8 Pflege- und Wohnqualitätsgesetz)

EXPERTENTIPP ZU KEINE „LAIENTESTAMENTE":
Es ist dringend zu empfehlen, ein Testament nicht ohne FACHLICHE BERATUNG zu errichten. Die Kosten hierfür machen nur einen Bruchteil eines langwierigen Erbschaftsstreites aus, die durch ein fehlerhaftes Testament ausgelöst werden können.

Fehlervermeidung bei der Testamentserrichtung:

- ☐ Unklare Formulierungen vermeiden.
- ☐ Der Testierwille muss deutlich erkennbar sein.
- ☐ Der gesamte Text des Testamentes muss handschriftlich geschrieben sein.
- ☐ Achten Sie auf lesbare Schrift.
- ☐ Das Testament muss eigenhändig mit dem Vor- und Familiennamen unterzeichnet sein.
- ☐ Ort, Datum der Errichtung angeben.
- ☐ Nachträgliche Änderungen erneut unterzeichnen.
- ☐ Der Testierende darf sich nicht vertreten lassen.
- ☐ Testierfähigkeit beachten.
- ☐ Keine Verfügung zugunsten Beschäftigten in Pflegeeinrichtungen.

Zusammenfassung:
Es gibt verschiedene Arten letztwilliger Verfügungen. Dazu gehört das Einzeltestament, das gemeinschaftliche Testament oder der Erbvertrag. Die Verfügung muss bestimmte Voraussetzungen und Formvorschriften erfüllen, um im Erbfall wirksam zu sein. Ein privatschriftliches Testament muss vollständig handschriftlich verfasst, unterschrieben, mit Ort und Datum versehen werden. Wichtig ist, dass der Testierende auch dafür sorgt, dass sein Testament gefunden wird.

10

Das Einzeltestament eines Immobilieneigentümers

Das Einzeltestament ist wohl die gängigste Form einer letztwilligen Verfügung. Häufig werden in einem solchen Testament neben einer Erbeinsetzung auch einzelne Gegenstände an unterschiedliche Personen, die aber auch die Erben sein können, verteilt. Auf diese Weise können Immobilien, die sich im Nachlass befinden, an bestimmte Personen übertragen werden, dies unabhängig davon, ob diese Personen Erben sind.

I. Die Erbeinsetzung

II. Die Vor- und Nacherbschaft

III. Das Vermächtnis

IV. Die Testamentsvollstreckung

V. Sonstige Regelungen

10. Das Einzeltestament eines Immobilieneigentümers

I. Die Erbeinsetzung

1. Einsetzung als Allein- oder Miterbe

Der Erblasser kann in seinem Testament oder Erbvertrag einen oder
mehrere Erben als seinen Rechtsnachfolger bestimmen (§ 1937 BGB). Er
kann dabei über seinen gesamten Nachlass verfügen oder auch nur über
Teile davon. Im letzteren Fall gilt dann für den restlichen Nachlass die
gesetzliche Erbfolge.

2. Abgrenzung Erbeinsetzung und Vermächtnis

Häufig wird in Testamenten nicht genau zwischen der Einsetzung eines
Erben und der Bestimmung eines Vermächtnisses unterschieden.
Juristische Laien verwenden vielfach den Begriff „vermachen", obwohl
eine Erbeinsetzung gemeint ist. Folge hiervon ist, dass es zu Rechtsstreitigkeiten kommt, da der Inhalt des Testaments dann auslegungs-
fähig ist. Die Betroffenen haben anschließend unterschiedliche Ansichten
über den Willen des Erblassers. Letztendlich muss dann ein Richter in
einem oft langwierigen Prozess entscheiden, was der Erblasser vermut-
lich gewollt hat.

– Der Erbe ist der sogenannte Rechtsnachfolger des Erblassers und tritt
  in sämtliche Positionen des Erblassers ein. Dies bedeutet, dass er
  auch für die Schulden des Erblassers haftet. Der Erbe kann mit dem
  Nachlass machen, was er will. Er kann alles behalten oder einzelne
  Gegenstände (zum Beispiel Häuser) verkaufen beziehungsweise
  verschenken. Sind mehrere Erben zu sogenannten Miterben ein-
  gesetzt, so müssen sich diese anschließend über die Aufteilung des
  Nachlasses nach einem gesetzlich vorgegebenen Verfahren einigen.
– Ein Vermächtnisnehmer hat im Gegensatz zum Erben nur einen
  Anspruch auf einzelne Gegenstände aus dem Nachlass. Er tritt
  demnach nicht in sämtliche Rechte und Pflichten des Erblassers ein.
  Die Rechtsstellung des Vermächtnisnehmers ist im Vergleich zum
  Erben schwächer. Er erhält nur einen Anspruch gegen den be-
  ziehungsweise die Erben, dass diese ihm den vermachten Gegenstand
  zu Eigentum übertragen müssen. Folge ist somit, dass die Vermächt-
  niserfüllung gegenüber den Erben geltend gemacht werden muss.
  Dies kann Streitigkeiten mit den Erben provozieren. Auf der anderen
  Seite hat der Vermächtnisnehmer auch keinerlei Haftung gegenüber
  den Erben.

Mustertext „Erbeinsetzung":
Zu meinen Erben setze ich meinen Sohn ...., geboren am ....,
wohnhaft ...., und meine Tochter ...., geboren am ....,
wohnhaft ...., zu gleichen Teilen ein.

....

(Ort, Datum; Vor- und Familienname)

3. Festlegung der Erbquoten

Juristischen Laien machen immer wieder den Fehler, in ihrem Testament
KEINE FESTEN ERBQUOTEN anzugeben, sondern nur einzelne Gegenstände
(zum Beispiel das Wohnhaus, eine Ferienwohnung, das Aktiendepot oder
den Pkw) unter den Hinterbliebenen zu verteilen. Für das Nachlass-
gericht, das auf der Grundlage eines derartigen Testaments einen
Erbschein erteilen soll, ergeben sich hieraus erhebliche Probleme. Im
Erbschein sind nämlich keine Gegenstände verzeichnet, sondern nur
Name und Anschrift der einzelnen Miterben sowie die ihnen jeweils am
Nachlass zustehenden Erbquoten (in Form von Bruch- oder
Prozentzahlen).

Das Nachlassgericht muss dann durch AUSLEGUNG DES TESTAMENTS
versuchen zu ermitteln, was der Testierende tatsächlich gewollt hat.
Zunächst ist zu prüfen,

–   ob der Testierende die Einzelgegenstände in Form von Vermächt-
     nissen zuwenden wollte (und es im Übrigen bei der gesetzlichen
     Erbfolge verbleibt)
–   oder ob der Erblasser praktisch sein gesamtes Vermögen unter den
     Hinterbliebenen in Form einer testamentarischen Miterbenein-
     setzung verteilen wollte.

Im letzteren Falle muss das Nachlassgericht zusätzlich noch die Höhe der
Erbquoten dadurch ermitteln, indem der WERT DER EINZELNEN GEGEN-
STÄNDE mit dem Wert des Gesamtvermögens verglichen wird. Hierbei
kommt es im Regelfall auf den Wert zum Zeitpunkt der Testamentserrichtung und nicht auf den des Erbfalls an.

Beispiel einer errechneten Erbquote:
Herr Franz Müller hinterlässt nach seinem Tod im Jahr 2023 seine
Ehefrau Anna, seinen Sohn Wolfgang und seine Tochter Beate. Sein
Nachlass besteht im Wesentlichen aus einem Wohnhaus, einer Ferien-
wohnung und einem Sparguthaben. In seinem Testament aus dem Jahr

1990 hat er seiner Ehefrau Anna Müller das Wohnhaus zugewandt, dem Sohn Wolfgang die Ferienwohnung und der Tochter Beate das Sparguthaben.

Die Witwe Anna Müller beantragt beim Nachlassgericht einen Erbschein, der sie als Alleinerbin ihres verstorbenen Mannes ausweisen soll. Die Tochter Beate möchte sich mit dem Sparguthaben allein nicht „abspeisen" lassen. Sie ist der Meinung, dass ihr Vater sie als Miterbin einsetzen wollte und sie deshalb am gesamten Nachlass mit einer bestimmten Erbquote zu beteiligen sei. Im Rahmen des Erbschein-erteilungsverfahrens ermittelt das Nachlassgericht durch Einholung von Sachverständigengutachten folgende Vermögenswerte zum Zeitpunkt der Testamentserrichtung im Jahr 1990:

Variante 1:
Da die Ferienwohnung sehr klein ist und zudem im Jahr 1990 in einem sehr schlechten Zustand war, ermittelt der Sachverständige einen Wert von nur 15.000 DM. Der Sparguthaben von Herr Müller war ebenfalls gering. Damit ergeben sich folgende Wertverhältnisse:

Wohnhaus	400.000 DM	Zuwendung an Ehefrau Müller
Ferienwohnung	15.000 DM	Zuwendung an Sohn Wolfgang
Sparguthaben	10.000 DM	Zuwendung an Tochter Beate
Vermögen insgesamt	425.000 DM	

Da der Erblasser seiner Ehefrau das Wohnhaus mit einem Wert von 400.000 DM und damit den WESENTLICHEN Teil seines Vermögens zugewandt hat, wird das Nachlassgericht das Testament dahingehend auslegen, dass die EHEFRAU ALLEINERBIN sein sollte und den beiden Kindern die Ferienwohnung bzw. das Sparguthaben nur als Vermächtnis erhalten sollen und damit keine Miterbenstellung haben. Das Nachlass-gericht wird deshalb folgenden ERBSCHEIN erteilen:

„Herr Franz Müller, geboren am ...., gestorben am ...., zuletzt wohnhaft..................................., ist

– allein –

beerbt worden von seiner Ehefrau Anna Müller."

Die beiden Kinder werden als bloße VERMÄCHTNISNEHMER nicht in den Erbschein aufgenommen und müssen ihren Anspruch auf Erfüllung des Vermächtnisses gegenüber der Witwe als Alleinerbin durchsetzen. Sollte sich die Witwe weigern, die Vermächtnisse zu erfüllen, müssen die Kinder vor dem Landgericht Klage erheben (das Nachlassgericht ist hierfür nicht zuständig).

Variante 2:
In dieser Variante ermittelt der Gutachter einen Verkehrswert der Ferienwohnung im Jahr 1990 von 200.000 DM, da die Wohnfläche sehr groß und sich das Objekt in bester Lage befindet. Auch das Sparguthaben von Herrn Müller war 1990 deutlich höher als in Variante 1. Damit ergeben sich folgende Wertverhältnisse:

Wohnhaus	400.000 DM	Zuwendung an Ehefrau Müller
Ferienwohnung	200.000 DM	Zuwendung an Sohn Wolfgang
Sparguthaben	200.000 DM	Zuwendung an Tochter Beate
Vermögen insgesamt	800.000 DM	

In Variante 2 hat der Erblasser keinem Familienangehörigen den wesentlichen Teil seines Vermögens zugewandt, mit der Folge, dass das Nachlassgericht das Testament so auslegen wird, dass der Testierende seine Frau, seinen Sohn Wolfgang und seine Tochter Beate als MITERBEN einsetzen wollte. Wenn nun der Wert der Einzelgegenstände mit dem Wert des Gesamtvermögens verglichen wird, so ergeben sich folgende Anteile: das Wohnhaus macht 50 % des gesamten Nachlasses aus, die Ferienwohnung und das Sparguthaben jeweils 25 %. Das Nachlassgericht wird deshalb inhaltlich folgenden ERBSCHEIN erteilen:

„Herr Franz Müller, geboren am…………, gestorben am…………, zuletzt wohnhaft…………, ist beerbt worden vom:

(1) seiner Ehefrau Anna Müller, zu ½

(2) seinem Sohn Wolfgang Müller, zu ¼

(3) seiner Tochter Beate Müller, zu ¼.“

Dieser Erbschein berechtigt die drei Miterben aber noch nicht, den zugewandten Gegenstand aus dem Nachlass zu entnehmen. Die Mitglieder der Erbengemeinschaft müssen vielmehr einen sogenannten

ERBAUSEINANDERSETZUNGSVERTRAG abschließen, der Voraussetzung für den Alleineigentumserwerb des jeweiligen Miterben an den Nachlassgegenständen ist.

Expertentipp zur Erbquote:

In obigem Beispiel ist also die Ermittlung DER Erbquoten durch das Gericht außerordentlich schwierig und zeitaufwändig. Die Sachverständigengutachten, die das Nachlassgericht einholen muss, lösen Kosten von ca. 3.000 bis 5.000 EUR für jede Bewertung aus. Hätte der Erblasser vor Errichtung seines Testaments qualifizierte erbrechtliche Beratung eingeholt, wären seinen Angehörigen nicht nur diese unnötigen Ausgaben, sondern auch ein langwieriges gerichtliches Verfahren erspart geblieben.

4. Enterbung

Es ist auch möglich, dass ein Testament ausschließlich mit dem Ziel der ENTERBUNG einer bestimmten Person errichtet wird (§ 1938 BGB). Es gilt dann die gesetzliche Erbfolge, bei der die ausgeschlossene Person nicht berücksichtigt wird. Dabei muss aber beachtet werden, dass den Erben dann eine Pflichtteilshaftung treffen kann.

Mustertext „Enterbung":

Hiermit enterbe ich meinen Sohn ...., geboren am ...., wohnhaft ...., einschließlich seines gesamten Stammes.

................................,.................

(Ort, Datum; Vor- und Familienname)

5. Der Ersatzerbe

EXPERTENTIPP BEI ENTERBTEN ABKÖMMLINGEN:
Eine Enterbung erstreckt sich in der Regel nicht auf die ABKÖMMLINGE des Enterbten. Es sollte deshalb testamentarisch zweifelsfrei festgelegt werden, ob sich der Ausschluss von der gesetzlichen Erbfolge nur auf die Person des Enterbten selbst oder auch auf dessen gesamten Stamm bezieht. Vermeiden Sie den Begriff „Kinder" in Ihrem Testament, da damit nicht klar ist, ob auch die Enkel betroffen sind.

- Besonders wichtig ist die Einsetzung eines sogenannten Ersatzerben (§ 2096 BGB) für den Fall, dass der eigentlich eingesetzte Erbe vor dem Erblasser verstirbt oder nach dem Erbfall die Erbschaft ausschlägt mit der Folge, dass der Ausschlagende gemäß § 1953 Abs. 1 BGB für die Erbfolge nicht mehr berücksichtigt wird.
- Ohne ausdrückliche testamentarische Regelung muss durch Auslegung des Testamentes ermittelt werden, ob und wen der Erblasser als Ersatzerben bestimmen wollte.
- Ist dies nicht möglich, rücken im Falle der Erbeinsetzung von Abkömmlingen deren Kinder nach der gesetzlichen Auslegungsregel des § 2069 BGB als Ersatzerben nach.

- Für den Fall, dass auch der Ersatzerbe wegfällt, sollten hilfsweise weitere Ersatzerben genannt werden.
- Hat der Erblasser keinen Ersatzerben bestimmt und lässt sich dieser auch nicht durch Auslegung ermitteln, fällt der Erbteil des weggefallenen Miterben den anderen Miterben zu (sogenannte Anwachsung, § 2094 BGB). Um Streitigkeiten zu vermeiden, sollte im Testament immer ein Ersatzerbe bestimmt und ersatzweise die sogenannte Anwachsung angeordnet werden.

Beispiel einer Anwachsung:
Herr Müller, ledig und kinderlos, setzt in seinem Testament seine beiden Freunde Martin und Robert als Erben je zur Hälfte ein. Einige Jahre nachdem Martin bei einem Verkehrsunfall tödlich verunglückt, verstirbt auch Herr Müller.

Obwohl Robert im Testament von Herrn Müller nur zur Hälfte als Erbe eingesetzt ist, fällt ihm die gesamte Erbschaft zu, da der Erbteil des vorverstorbenen Martin ihm zuwächst (§ 2094 BGB). Gleiches würde gelten, wenn Martin nicht vorverstorben wäre, sondern nach Eintritt des Erbfalls frist- und formgerecht die Erbschaft ausgeschlagen hätte. Eine Anwachsung zugunsten von Robert tritt dann nicht ein, wenn der Testierende einen Ersatzerben für Martin bestimmt hat.

Mustertext „Ersatzerbeneinsetzung":
Zu Ersatzerben unserer Kinder sind deren Abkömmlinge nach gesetzlicher Erbfolgeordnung der 1. Ordnung berufen, wiederum ersatzweise tritt – zunächst innerhalb eines Stammes – Anwachsung ein.

II. Die Vor- und Nacherbschaft

1. Bestimmung des Vor- und Nacherben
Der Testierende kann sein Vermögen durch die Anordnung einer Vor- und Nacherbschaft (§ 2100 BGB) über zwei Generationen hinweg vererben. Hierzu bestimmt er, dass sein Vermögen zunächst einer Person zukommen soll (= VORERBE), legt aber gleichzeitig bereits fest, wer es nach dieser Person bekommen soll (= NACHERBE). Der Vorerbe ist also nur vorläufig Erbe.

Dieser Nacherbe kommt regelmäßig erst dann zum Zug, wenn der Vorerbe ebenfalls verstorben ist. Der Testierende kann aber auch andere Anlässe oder Zeitpunkte für den EINTRITT DER NACHERBFOLGE festlegen (zum Beispiel Heirat des Vorerben oder Volljährigkeit des Nacherben).

Die Anordnung einer Vor- und Nacherbschaft bietet verschiedene VORTEILE:

- Durch die Anordnung einer Vor- und Nacherbschaft kann der Erblasser verhindern, dass die Substanz seines Nachlasses vom Erben verbraucht wird.
- Die Vorerbschaft bildet in der Hand des Vorerben ein Sondervermögen, das er von seinem Eigenvermögen getrennt zu verwalten hat.
- Dem Vorerben gebühren lediglich die Nutzungen der Vorerbschaft.
- Der Nachlass kann hierdurch für minderjährige Erben gesichert werden, bis diese ein bestimmtes Alter (zum Beispiel das 25. Lebensjahr) erreicht haben.
- Überschuldete Vorerben können vor Zwangsvollstreckungsmaßnahmen ihrer Gläubiger in den Nachlass geschützt werden (§ 2115 BGB).

Die Anordnung einer Vor- und Nacherbschaft hat aber auch zahlreiche NACHTEILE:

- Die Anordnung einer Vor- und Nacherbschaft ist steuerlich nachteilhaft, da sowohl beim Eintritt des Vorerbfalls als auch im Nacherbfall Erbschaftsteuer fällig wird.
- Bei der Anordnung einer Vor- und Nacherbschaft ist besondere Vorsicht geboten, da der Vorerbe in seiner Verfügungsmöglichkeit über das ererbte Vermögen stark eingeschränkt ist. Hintergrund ist, dass der Nachlass in seiner Substanz für die Nacherben zu erhalten ist. Laut § 2113 Abs. 2 BGB darf der Vorerbe Gegenstände des Nachlasses nur dann verschenken, wenn es sich hierbei um eine „Anstands- oder Pflichtschenkung" handelt. Eine Vor- und Nacherbschaft sollte also nur dann angeordnet werden, wenn Sie hierzu durch einen Fachanwalt für Erbrecht ausführlich zu den Vor- und Nachteilen beraten wurden.

EXPERTENTIPP ZUR VORERBSCHAFT:
Der Vorerbe darf GRUNDSTÜCKE, HÄUSER und EIGENTUMSWOHNUNGEN, die sich im Nachlass befinden, nur mit Zustimmung des Nacherben veräußern (§ 2113 Abs. 1 BGB). Zum Schutz des Nacherben wird von Amts wegen gemäß § 51 GBO im GRUNDBUCH ein „Nacherbenvermerk" eingetragen mit der Folge, dass jeder Kaufinteressent von vornherein abgeschreckt wird. Der Vorerbe darf weiter Gegenstände der Vorerbschaft NICHT VERSCHENKEN.

Mustertext „Vor- und Nacherbschaft":
Ich setze meine Ehefrau zu meiner alleinigen Vorerbin ein. Zu Nacherben bestimme ich meine Kinder nach den Regeln der gesetzlichen Erbfolge. Der Nacherbfall tritt mit dem Tod der Vorerbin ein.

2. Befreiter Vorerbe

Gemäß § 2136 BGB ist es möglich, dass der Erblasser den Vorerben von diesen Beschränkungen befreit. Laut § 2113 Abs. 2 BGB darf der Vorerbe aber auch dann Gegenstände des Nachlasses nur dann verschenken, wenn es sich hierbei um eine „Anstands- oder Pflichtschenkung" handelt. Diese Beschränkung kann dem Vorerben gemäß § 2136 BGB nicht erlassen werden.

Mustertext „Befreite Vorerbschaft":

Wir, das Ehepaar............ berufen uns gegenseitig zu alleinigen Vorerben. Der Vorerbe ist von allen Beschränkungen und Verpflichtungen befreit, von denen er nach dem Gesetz befreit werden kann. Ihm stehen alle Rechte zu, die ihm nach dem Gesetz zustehen können, einschließlich des Rechts auf Verzehr des Nachlasses. Nacherben auf den Tod des Letztversterbenden sind unsere gemeinschaftlichen Abkömmlinge, unter sich nach den Regeln der gesetzlichen Erbfolge erster Ordnung zum Zeitpunkt des zweiten Erbfalls.

ÜBERSICHT: RECHTE UND PFLICHTEN DES VORERBEN		
RECHTE UND PFLICHTEN BEIM ...	... NICHT-BEFREITEN VORERBEN	... BEFREITEN VORERBEN
Veräußerung oder Belastung von Immobilien der Vorerbschaft durch den Vorerben	nicht zulässig (§ 2113 Abs. 1 BGB)	zulässig (§ 2136 BGB)
Schenkungen zu Lasten des Nachlasses durch den Vorerben	nicht zulässig (§ 2113 Abs. 2 BGB)	nicht zulässig (§ 2136 BGB)
Pflicht zur ordnungsgemäßen Verwaltung der Vorerbschaft	Ja (§ 2130 BGB)	Nein (§ 2136 BGB)
Der Erlös von veräußerten Nachlassgegenständen fällt als Ersatz in den Nachlass	Ja (§ 2111 BGB)	Ja (§ 2136 BGB)
Pflicht des Vorerben zur Vorlage eines Nachlassverzeichnisses	Ja (§ 2121 BGB)	Ja (§ 2136 BGB)
Pflicht des Vorerben, den Zustand der Vorerbschaft durch einen Sachverständigen feststellen zu lassen	Ja (§ 2122 BGB)	Ja (§ 2136 BGB)
Pflicht des Vorerben Schadenersatz zu leisten	Ja (§ 2138 Abs. 2 BGB)	Nein (§ 2136 BGB)

3. Rechte des Nacherben gegen den Vorerben

Dem Nacherben stehen bereits vor Eintritt des Nacherbfalls wichtige Rechte gegen den Vorerben zu:

– Der Nacherbe kann verlangen, dass Wertpapiere hinterlegt oder mit einem Sperrvermerk versehen werden (§§ 2116–2118 BGB).
– Der Nacherbe kann gemäß § 2121 BGB Auskunft über den Bestand der Erbschaft und Vorlage eines Bestandsverzeichnisses verlangen.
– Der Vorerbe trägt gemäß § 2124 BGB alle Kosten, die zum Erhalt der Erbschaft erforderlich sind, insbesondere also die Reparaturkosten bei Gebäuden.
– Letztlich verbleiben dem Vorerben also nur die Einnahmen, die das Nachlassvermögen erwirtschaftet; die eigentliche Nachlasssubstanz gebührt dem Nacherben.

EXPERTENTIPP FÜR DEN PFLICHTTEILSBERECHTIGTEN VORERBEN:
Sofern der Vorerbe zum Kreis der pflichtteilsberechtigten Personen gehört (siehe § 2303 BGB), sollte er angesichts der Nachteile einer Vorerbschaft prüfen, ob es für ihn nicht wirtschaftlich sinnvoll ist, die Vorerbschaft auszuschlagen (§ 2306 BGB) und stattdessen seinen Pflichtteil zu verlangen.

III. Das Vermächtnis

1. Abgrenzung zur Erbeinsetzung

Gemäß § 1939 BGB kann der Erblasser in Form eines Vermächtnisses einer anderen Person einen Vermögensvorteil einräumen, ohne ihn als Erben einzusetzen. Während der Erbe unmittelbar am gesamten Vermögen des Verstorbenen beteiligt ist, hat der Vermächtnisnehmer NUR EINEN SCHULDRECHTLICHEN ANSPRUCH (§ 2174 BGB) auf Erfüllung der im Testament oder im Erbvertrag bezeichneten Zuwendung. Der Vermögensgegenstand fällt dem Vermächtnisnehmer also nicht automatisch zu. Die bedachte Person muss vielmehr ihren Vermächtniserfüllungsanspruch gegen den Beschwerten geltend machen und – notfalls gerichtlich – durchsetzen.

Vermächtnisbeispiele:
Wird etwa dem Vermächtnisnehmer eine Eigentumswohnung zugewendet, muss für die Erfüllung des Vermächtnisses zwischen ihm und dem Erben eine – notariell beurkundungspflichtige – Übereignung vorgenommen werden. Soll der Vermächtnisnehmer Girokonten des Erblassers erhalten, muss der Erbe beim Kreditinstitut die Umschreibung dieser Girokonten veranlassen.

Ein weiterer Unterschied zur Einsetzung als Erbe ist, dass der Vermächtnisnehmer keine Verpflichtungen zu tragen hat. Er muss deshalb NICHT FÜR DIE SCHULDEN des Verstorbenen aufkommen. Bei der Anordnung eines Vermächtnisses unterliegt der Erblasser keinen wertmäßigen Beschränkungen. Es kann sich auch auf einen sehr wertvollen Gegenstand beziehen, der den größten Teil des Nachlasses ausmacht.

Der Erblasser muss die Person des Vermächtnisnehmers in seiner letztwilligen Verfügung noch nicht abschließend festlegen. Es reicht aus, wenn er den PERSONENKREIS bestimmt und die endgültige Auswahl einer anderen Person überlässt, die dann entscheidet, wer das Vermächtnis (nach bestimmten Kriterien oder billigem Ermessen) bekommt.

Mustertext „Ersatzvermächtnisnehmer":
Fällt der Vermächtnisnehmer vor oder nach dem Erbfall weg, dann bestimme ich dessen Abkömmlinge nach den Regeln der gesetzlichen Erbfolgeordnung zu Ersatzvermächtnisnehmern.

Mustertext „Kein Ersatzvermächtnisnehmer":
Fällt der Vermächtnisnehmer vor oder nach dem Erbfall weg, dann bestimme ich entgegen jeder anders lautenden gesetzlichen oder richterlichen Auslegungs- und Vermutungsregel keinen Ersatzvermächtnisnehmer.

2. Gegenstand des Vermächtnisses
Dies kann JEDER VERMÖGENSVORTEIL sein. So kann der Erblasser festlegen, dass dem Vermächtnisnehmer bestimmte bewegliche oder unbewegliche Sachen zu übereignen sind, eine bestimmte Geldsumme aus dem Nachlass zu zahlen ist, eine Forderung zu übertragen ist, Schulden erlassen werden oder ein bestimmtes Nutzungsrecht eingeräumt wird. Der Gegenstand des Vermächtnisses muss dabei vom Erblasser selbst nicht genau bestimmt werden; dies kann er dem billigen Ermessen eines Dritten oder der Person überlassen, die das Vermächtnis zu erfüllen hat. Der Vermögensvorteil kann auch befristet oder vom Eintritt eines bestimmten Ereignisses abhängig gemacht werden. Vermächtnisweise können zum Beispiel folgende Vermögenswerte zugeordnet werden:

– Grundstücke,
– Immobilien,
– Eigentumswohnungen,
– Geldbeträge sowie
– Hausrat.

EXPERTENTIPP „DER FEHLENDE ERSATZERBE": Ratsam ist immer, einen ERSATZVERMÄCHTNISNEHMER einzusetzen für den Fall, dass der zunächst Bedachte das Vermächtnis (zum Beispiel wegen Vorversterbens oder durch Ausschlagung) nicht erwirbt (§ 2190 BGB). Ohne Bestimmung eines Ersatzvermächtnisnehmers wird das Vermächtnis unwirksam.

Mustertext „Grundstücksvermächtnis":

Mein Sohn............ erhält im Wege des Vermächtnisses mein Grundstück in............ eingetragen im Grundbuch von............, Blatt............, Fl. Nr. .... Zu Ersatzvermächtnisnehmern bestimme ich die Abkömmlinge meines Sohnes nach gesetzlicher Erbfolgeordnung. Bestehen zum Zeitpunkt des Erbfalls noch Verbindlichkeiten, die auf dem Grundstück, welches Gegenstand des Vermächtnisses ist, in Form eines Grundpfandrechts abgesichert sind und betreffen diese Verbindlichkeiten auch das zugewandte Grundstück, dann hat der Vermächtnisnehmer diese zu übernehmen. Die Kosten der Erfüllung des Vermächtnisses tragen die Erben.

Mustertext „Vermächtnisweise Zuwendung einer Eigentumswohnung":

Ich wende im Wege des Vermächtnisses meiner Ehefrau............ mein im Grundbuch von............, Blatt............, Fl.Nr. ...., eingetragenes Wohnungseigentum, bestehend aus einem Miteigentumsanteil von............, an dem Grundstück Fl.Nr. ...., verbunden mit dem Sondereigentum an der im Aufteilungsplan mit Nr. ...., bezeichneten Wohnung mit allen Rechten und Bestandteilen zu.

Mustertext „Geldvermächtnis":

Im Wege des Vermächtnisses erhalten meine Enkelkinder............, geboren am............ und............, geboren am............ je einen Geldbetrag in Höhe von............ EUR.

Mustertext „Hausratsvermächtnis":

Der überlebende Ehegatte erhält im Wege des Vermächtnisses den gesamten Hausrat und das Inventar der von uns gemeinschaftlich bewohnten Wohnung in............ einschließlich des Pkw und aller persönlichen Gegenstände.

Muster „Nießbrauchsvermächtnis"

Im Wege des Vermächtnisses erhält meine Ehefrau............ den lebenslangen unentgeltlichen Nießbrauch an meinem im Grundbuch von............, Blatt............, Fl. Nr. ...., eingetragenen Wohnungseigentum, bestehend aus einem Miteigentumsanteil von............, an dem Grundstück Fl. Nr. ...., verbunden mit dem Sondereigentum an der im Aufteilungsplan mit Nr. ...., bezeichneten Wohnung.

Dieser Nießbrauch ist im Grundbuch einzutragen, löschbar mit Todesnachweis der Nießbraucherin.

ENTWEDER:
Die Nießbraucherin trägt wie ein Eigentümer vollumfassend alle Lasten des Wohnungseigentums.

ODER:
Alle Lasten des Wohnungseigentums trägt ausschließlich der Eigentümer.

Expertentipp zur Nießbrauchsgestaltung:
Hat der Erblasser bestimmt, dass der Nießbraucher alle Lasten des Grundstücks (also auch alle außerordentlichen Ausbesserungen und Erneuerungen) zu tragen hat, ist der Nießbraucher wirtschaftlicher Eigentümer. Er hat deshalb alle EINNAHMEN ZU VERSTEUERN, kann aber auch alle Lasten steuerlich geltend machen. Wird dagegen angeordnet, dass der Nießbraucher lediglich die Erträge der Immobilie bekommen soll, sich aber nicht an den Lasten beteiligen muss (sogennanter BRUTTONIESSBRAUCH), hat der Nießbraucher alle Erträge zu versteuern, ohne die Lasten der Immobilie steuerlich wirksam geltend machen zu können. Umgekehrt kann der Eigentümer kann keine Werbungskosten oder Abschreibungen geltend machen, weil dieser aus der Immobilie keine Einkünfte erzielt.

Der Erblasser kann gemäß § 2154 BGB ein Vermächtnis auch in der Weise anordnen, dass der Bedachte VON MEHREREN GEGENSTÄNDEN wahlweise einen erhalten soll (sogenanntes Wahlvermächtnis). Der Erblasser kann testamentarisch auch bestimmen, wer die Wahl treffen soll: der Bedachte selbst, ein Dritter (zum Beispiel ein Testamentsvollstrecker) oder der Beschwerte. Fehlt eine derartige Anordnung, steht das WAHLRECHT dem Beschwerten zu.

Mustertext „Wahlvermächtnis":
Im Wege des Wahlvermächtnisses vermachte ich meiner Lebensgefährtin L eines meiner sich in meinem Eigentum befindlichen Bilder, das sie nach Eintritt des Erbfalls auswählt. Sie hat die Auswahl innerhalb von sechs Monaten nach dem Erbfall zu treffen. Hat sie bis dahin keine Auswahl getroffen, geht das Bestimmungsrecht auf den Erben über.

Dem Erblasser ist es gestattet, den sogenannten Gegenstand nur der Gattung nachzubestimmen (sogenanntes GATTUNGSVERMÄCHTNIS gemäß § 2155 BGB). Die BESTIMMUNG des konkreten Leistungsgegenstandes kann dem Beschwerten, dem Bedachten oder einem Dritten zustehen.

Mustertext „Gattungsvermächtnis":
Mein Segelfreund S erhält im Wege des Gattungsvermächtnisses 50 Flaschen französischen Rotwein aus dem Anbaugebiet Burgund. Er darf sich den Wein selbst auswählen. Das Vermächtnis ist innerhalb eines Jahres nach dem Erbfall geltend zu machen und die Auswahl zu treffen. Andernfalls geht das Bestimmungs- und Auswahlrecht auf den Erben über.

Hat der Erblasser den Zweck des Vermächtnisses und den Bedachten festgelegt, kann er gemäß § 2156 BGB (sogenanntes „ZWECKVERMÄCHTNIS") die Bestimmung der Leistung dem billigen Ermessen eines Dritten oder des Beschwerten, nicht aber dem Bedachten selbst, überlassen.

Mustertext „Zweckvermächtnis":
Meiner Lebensgefährtin L vermache ich im Wege des Zweckvermächtnisses aus meinem Nachlass den Betrag, den sie zur Finanzierung einer Schiffsreise rund um die Welt in einem Kreuzfahrtschiff der Luxusklasse benötigt. Über die Einzelheiten entscheidet die Alleinerbin.

Ein gemeinschaftliches Testament führt bei einer Alleinerbeneinsetzung des länger lebenden Ehegatten dazu, dass die Abkömmlinge den Erbschaftsteuerfreibetrag nach dem ERSTVERSTERBENDEN Elternteil nicht in Anspruch nehmen können. Bei mittlerem und erst recht bei größerem Vermögen werden deshalb den Abkömmlingen oft Geld- oder Sachvermächtnisse für den ERSTEN Erbfall zugewandt. Diese Lösung ermöglicht es zwar den Abkömmlingen den Erbschaftsteuerfreibetrag in Anspruch zu nehmen. Jedoch kann die Vermächtniserfüllung den überlebenden Ehegatten erheblich belasten. Um dieses Liquiditätsrisiko zu vermeiden, wird teilweise testamentarisch festgelegt, dass die Fälligkeit des Vermächtnisses bis zum Tod des überlebenden Ehegatten hinausgeschoben wird. Gemäß § 6 Abs. 4 Erbschaftsteuergesetz können aber die Freibeträge nach dem Erstversterbenden bei einem Hinausschieben der Fälligkeit bis zum Tod des überlebenden Ehegatten nicht ausgenützt werden.

In der Literatur wird deshalb ein sogenanntes ZWECKVERMÄCHTNIS zur Ausnützung der Freibeträge diskutiert, welches dem überlebenden Ehegatten erlaubt, den Gegenstand des Vermächtnisses, den Zeitpunkt der Erfüllung und die Auswahl des Begünstigten aus dem Kreis der Schlusserben zur Ausnutzung steuerlicher Freibeträge zu bestimmen. In der Gestaltungspraxis wird zwischenzeitlich empfohlen, den FÄLLIGKEITSZEITPUNKT nicht in das Belieben des überlebenden Ehepartners zu stellen, sondern einen nach dem Kalender bestimmbaren Auffangtermin, den der überlebende Ehepartner statistisch erlebt, zu bestimmen.

Muster „Steuerfreibetragsvermächtnis":
Nimmt der überlebende Ehegatte die Erbschaft an und wird Alleinerbe, so erhalten unsere gemeinschaftlichen Kinder, ersatzweise deren Abkömmlinge vom erstversterbenden Ehegatten ein Vermächtnis im Sinne von § 2156 BGB zum Zwecke der ganzen oder teilweisen Ausnutzung ihrer Erbschaftsteuerfreibeträge. Der überlebende Ehegatte kann dabei bestimmen:

a) den Gegenstand, die Bedingungen und den Zeitpunkt der Leistungen, § 2156 BGB, dies im Rahmen von § 2156 Satz 2, 315 BGB, insbesondere auch unter Berücksichtigung seines eigenen Versorgungsinteresses;

b) die Zeit der Erfüllung, § 2181 BGB, längstens aber zwei Jahre nach dem Tod des erstversterbenden Ehegatten;

c) diejenigen, die aus dem Kreis der oben genannten das Vermächtnis erhalten sollen, § 2151 BGB, und

d) deren Anteile an dem Vermächtnis, § 2153 BGB.

Unsere Kinder können keine einstweilige Sicherung ihres Vermächtnisanspruches verlangen.

Sollte der überlebende Ehegatte aus gesundheitlichen Gründen nicht in der Lage sein, die Bestimmung selber zu treffen, soll die Bestimmung von............, geboren am............, derzeit wohnhaft............ vorgenommen werden.

3. Verschaffungsvermächtnis
Wenn ein bestimmter Gegenstand vermacht wurde und dieser Gegenstand zur Zeit des Erbfalls nicht (mehr) zum Nachlass gehört, ist wie folgt zu unterscheiden:

– Im Regelfall ist das Vermächtnis unwirksam (§ 2169 Abs. 1 BGB).
– Wenn aber die Auslegung der letztwilligen Verfügung ergibt, dass der Gegenstand auch in diesem Fall zugewendet werden sollte, ist das Vermächtnis wirksam. Der Beschwerte (in der Regel der Erbe) hat dann den Gegenstand dem Vermächtnisnehmer zu verschaffen (zum Beispiel zu kaufen), notfalls den Wert zu leisten (sogenanntes Verschaffungsvermächtnis gemäß § 2170 BGB).

Mustertext „Verschaffungsvermächtnis":

Ich vermache im Wege des Vermächtnisses meiner Lebensgefährtin L meine Eigentumswohnung in München, Maximilianstraße 1. Für den Fall, dass sie sich im Zeitpunkt des Erbfalls nicht mehr in meinem Nachlass befindet, beschwere ich den Erben mit einem Verschaffungsvermächtnis derart, dass er der Vermächtnisnehmerin auf Kosten des Nachlasses eine vergleichbare Eigentumswohnung mit einer Fläche von circa 80 Quadratmetern in vergleichbarer Lage zu einem Verkehrswert von circa 500.000 EUR zu verschaffen hat.

4. Vorausvermächtnis

Der Erblasser kann auch einem von mehreren Miterben ein Vermächtnis zuwenden. Dieses sog. Vorausvermächtnis (§ 2150 BGB) muss sich der Erbe dann NICHT auf seinen Erbteil ANRECHNEN lassen. Ist eine Anrechnung gewollt, empfiehlt sich eine sogenannte TEILUNGSANORDNUNG. Der Erblasser muss die Person des Vermächtnisnehmers in seiner letztwilligen Verfügung noch nicht abschließend festlegen. Es reicht gemäß § 2151 BGB aus, wenn er den Personenkreis bestimmt und die endgültige Auswahl einer anderen Person überlässt, die dann entscheidet, wer das Vermächtnis (nach bestimmten Kriterien oder billigem Ermessen) bekommt.

Mustertext „Vorausvermächtnis":

1. Mein Sohn...................., geboren am.........., erhält im Wege des Vorausvermächtnisses, also ohne Anrechnung auf seinen Erbteil, das Hausanwesen in...................,................ Str., eingetragen im Grundbuch von ...., Fl.Nr. ....

2. Meine Tochter ...., geboren am ...., erhält ebenfalls im Wege des Vorausvermächtnisses, also ohne Anrechnung auf ihren Erbteil, das Wertpapierdepot .... bei der .... Bank in .... mit dem Bestand am Todestag.

5. Vor- und Nachvermächtnis

Der Erblasser kann anordnen, dass ein Gegenstand zunächst einer Person (dem sogenannten Vorvermächtnisnehmer) und von einem bestimmten Zeitpunkt oder Ereignis an, einem Dritten (dem sogenannten Nachvermächtnisnehmer), zugewendet ist (§ 2191 BGB). Der vermachte Gegenstand ist dabei beim Vorvermächtnisnehmer und beim Nachvermächtnisnehmer identisch.

Mustertext „Vor- und Nachvermächtnis":
Im Wege des Vorvermächtnisses vermache ich meiner Ehefrau meine Eigentumswohnung in München, Maximilianstraße 1. Meinen Sohn S bestimme ich hinsichtlich dieser Eigentumswohnung zum Nachvermächtnisnehmer. Das Nachvermächtnis fällt mit dem Tode meiner Ehefrau an.

6. Erfüllung des Vermächtnisses

Gemäß § 2147 BGB muss das Vermächtnis vom „Beschwerten", also im Regelfall vom Erben erfüllt werden. Der Erblasser kann aber auch ein „Untervermächtnis" (§ 2186 BGB) anordnen, das den Vermächtnisnehmer beschwert. Die Erfüllung des Vermächtnisses ist zwar regelmäßig mit dem Tod des Erblassers sofort FÄLLIG. Der Vermögensgegenstand fällt dem Vermächtnisnehmer aber nicht automatisch zu. Die in besonderer Weise bedachte Person muss vielmehr ihren Vermächtniserfüllungsanspruch gegen den BESCHWERTEN geltend machen und – notfalls gerichtlich – durchsetzen. Der Vermächtnisnehmer hat – sofern der Erblasser keine anders lautende Anordnung getroffen hat – die auf dem vermachten Gegenstand ruhenden Belastungen (Pfandrechte, Nießbrauch, Hypotheken) zu übernehmen (siehe § 2165 BGB).

Expertentipp zur Vermächtnisformulierung:
Bei unklaren oder unvollständigen letztwilligen Verfügungen ist die Gefahr relativ groß, dass nach dem Erbfall Streit über die Erfüllung des Vermächtnisses entsteht. Der Erblasser sollte deshalb folgende Punkte für ein Vermächtnis PRÄZISE REGELN:

- Was ist Inhalt des Vermächtnisses?
- Ist ein Vorausvermächtnis oder nur eine Teilungsanordnung gewollt?
- Wer ist Vermächtnisnehmer?
- Wer ist Ersatzvermächtnisnehmer?
- Wer muss das Vermächtnis erfüllen?
- Wann fällt das Vermächtnis an und wann ist es fällig?
- Wer trägt die Kosten der Vermächtniserfüllung?
- Wem fallen Erträge und Kosten des Vermächtnisgegenstandes zu?
- Soll das Vermächtnis wegen einer Pflichtteilshaftung des Erben gekürzt werden können?

EXPERTENTIPP ABGRENZUNG ZUR VORERBSCHAFT:
Nicht verwechselt werden darf das Vor- und Nachvermächtnis (§ 2191 BGB) mit der VOR- UND NACHERBSCHAFT (§ 2100 BGB). Gemäß § 2191 finden nämlich die wichtigsten Vorschriften zum Schutze des Nacherben auf das Nachvermächtnis keine Anwendung. Die Rechtsposition des Nachvermächtnisnehmers ist also deutlich schwächer als die des Nacherben.

IV. Die Testamentsvollstreckung

1. Zweck einer Testamentsvollstreckung

Wer ein Testament oder einen Erbvertrag errichtet, hat klare Ziele vor
Augen: Er möchte eine gerechte und zügige Verteilung des Nachlasses,
Schutz des Vermögens, Erhaltung des Familienfriedens und finanzielle
Absicherung des Ehepartners und anderer Familienmitglieder. Diese
Ziele lassen sich oft besser verwirklichen, wenn die VERANTWORTUNG
FÜR DIE NACHLASSABWICKLUNG ODER -VERWALTUNG einem Testaments-
vollstrecker übertragen wird. Denn wenn die Erben versuchen, alles
selbst zu regeln, ist Streit und Ärger häufig vorprogrammiert. Es spre-
chen viele gute GRÜNDE FÜR EINE TESTAMENTSVOLLSTRECKUNG:

– Arbeitsentlastung für die Erben: Niemand sollte die Nachlassabwicklung unterschätzen. Die Aufgabe ist keineswegs einfach
  und umfasst viele Schritte. Viele Dinge sind zu veranlassen und zu
  beachten: Sicherung des Nachlasses, Wohnungsauflösung, Sichtung
  aller Unterlagen, Erstellung des Nachlassverzeichnisses, Klärung
  aller bestehenden privaten und geschäftlichen Vertragsbeziehungen,
  Einziehung fälliger Forderungen, Bezahlung von Rechnungen,
  Erfüllung von Auflagen und Vermächtnissen, notwendige Kündi-
  gungen, Konten- und Grundstücksumschreibungen, Unterbringung
  von Haustieren, Überwachung aller Fristen, Abgabe der Erbschaftsteuererklärung. Aus unterschiedlichen Gründen können die Erben
  diese Angelegenheiten oft nicht selbst erledigen: Wer im Beruf voll
  gefordert ist, hat meist keine Zeit für Behördengänge. Junge und un-
  erfahrene oder minderjährige Erben können die Nachlassabwicklung
  genauso wenig übernehmen wie Erwachsene im Alters- oder Krank-
  heitsfall. Im Ausland wohnende Personen sind in der Regel nur
  schwer in der Lage, alle anfallenden Aufgaben zu übernehmen. Vor
  allem bei einem großen und wertvollen Nachlass wird ein geschulter
  und erfahrener Testamentsvollstrecker die Hinterbliebenen ent-
  lasten, beraten und unterstützen können.
– Friedensstiftung: Entsteht durch den Todesfall eine Erbengemeinschaft, können die Erben den Nachlass nur gemeinschaftlich verwalten. Bei wesentlichen Entscheidungen gilt das Prinzip der
  Einstimmigkeit. Viele Verwandte haben sich im Zuge der Erbauseinandersetzung schon zerstritten, weil sie selbst nebensächliche
  Dinge nicht regeln konnten. Ganz anders ist das bei einer Testamentsvollstreckung. Die Fäden laufen bei einer Person zusammen, die zu

Objektivität und Neutralität verpflichtet ist und häufig auch bei auf-
kommendem Streit oder zwischen den Fronten vermitteln kann. Vor-
schläge eines Testamentsvollstreckers finden eher die Zustimmung
aller Beteiligten als die Wunschvorstellungen von verfeindeten
Familienmitgliedern, die miteinander nicht mehr reden können.

– Durchsetzung des Erblasserwillens: Testamentsvollstrecker setzen
die Anweisungen und Richtlinien des Verstorbenen nach dem
Wortlaut und Geist seines Testaments um. Sie kümmern sich darum,
dass sämtliche Auflagen und Vermächtnisse auch wirklich erfüllt
werden. Manchmal ist die Testamentsvollstreckung sogar über einen
längeren Zeitraum sinnvoll. Mit einer Anordnung, die dies vor-
schreibt, kann der Erblasser den Nachlass der Verwaltung der Erben
(befristet) entziehen, um das Vermögen zu schützen. Die Testamentsvollstreckung kann beispielsweise die voreilige Liquidierung wert-
voller Immobilien oder die rasche Zerschlagung eines gesunden
Familienunternehmens verhindern.

– Minderjährigenschutz: Immer wieder kommt es vor, dass Eltern mit
ihrem Vermögen minderjährige Kinder absichern wollen. In diesem
Fall reicht es jedoch nicht aus, die Kinder als Erben einzusetzen. Um
das Erbe vor dem Zugriff des gesetzlichen Vertreters zu schützen,
kann der Erblasser Testamentsvollstreckung anordnen. Die Person,
die mit dieser Aufgabe beauftragt ist, ist dann bei Rechtsgeschäften
weder auf die Zustimmung des gesetzlichen Vertreters noch des
Vormundschaftsgerichts angewiesen.

– Schutz Behinderter: Wenn ein Behinderter, der in einer Pflegeein-
richtung lebt, eine Erbschaft erhält, droht der „sozialhilferechtliche
Rückgriff". Der Sozialhilfeträger, der die Kosten für die Pflege und
Unterbringung trägt, fordert regelmäßig die Liquidierung des Erbes
zur Bezahlung dieser Leistungen. Die Anordnung einer Testamentsvollstreckung zusätzlich zu einer notwendigen testamentarischen
Formulierung kann die baldige Aufzehrung des empfangenen
Vermögens verhindern, da der Nachlass des Behinderten dann vor
einem Zugriff etwaiger Gläubiger, und damit auch des Sozialhilfe-
trägers geschützt ist.

– Schutz des Erben vor seinen eigenen Gläubigern: Manchmal steht der
Testierende vor der Frage, wie er den künftigen Nachlass vor den
Gläubigern des Erben schützen kann. Die Testamentsvollstreckung
bietet eine effektive Möglichkeit, den Zugriff solcher Gläubiger auf
den Nachlass abzuwehren. Gemäß § 2147 BGB kann der Erblasser
Testamentsvollstreckung anordnen und einen oder mehrere Testamentsvollstrecker bestimmen.

2. Die Arten der Testamentsvollstreckung

– Die Anordnung einer „Abwicklungstestamentsvollstreckung" ist
sinnvoll, wenn der Testierende nur eine gesicherte, gerechte Verteilung des Nachlasses sicherstellen will. Der Erbe muss sich damit
abfinden, dass der Testamentsvollstrecker nach den Vorgaben des
Erblassers tätig wird; Weisungen kann der Erbe dem Testamentsvollstrecker nicht erteilen. Der Erbe verliert gemäß § 2211 BGB durch
die Testamentsvollstreckung seine Verfügungsbefugnis über den
Nachlass. Das bezieht sich auch auf die Veräußerung oder Belastung
eines Nachlassgrundstücks. Sobald das Grundstück durch Umschreiben des Eigentums auf den Erben berichtigt ist, wird zudem
ein Testamentsvollstreckervermerk ins Grundbuch eingetragen.
Damit ist das Grundbuch für den Erben gesperrt.

Mustertext „Abwicklungsvollstreckung":
Ich ordne Testamentsvollstreckung an. Der Testamentsvollstrecker hat
die Aufgabe, meine obigen Anordnungen auszuführen und den Nachlass
abzuwickeln. Hierzu hat er alle gesetzlich zulässigen Befugnisse.

– Möchte der Erblasser seinen Nachkommen zwar die Erträge der
Erbschaft zukommen lassen, ihnen aber vorübergehend oder auf
Dauer die Verfügungsbefugnis entziehen, empfiehlt sich die Anordnung einer „Verwaltungstestamentsvollstreckung". Damit kann
man zum Beispiel den Lebensunterhalt für Personen sichern, die
aufgrund von Minderjährigkeit, Suchtabhängigkeit, Krankheit oder
aus anderen Gründen nicht in der Lage sind, das ererbte Vermögen
wirtschaftlich zu verwalten.

Mustertext „Verwaltungsvollstreckung":
Ich ordne Testamentsvollstreckung an. Der Testamentsvollstrecker hat
die Aufgabe, meinen Nachlass bis zur Vollendung des 25. Lebensjahres
des jüngsten Miterben zu verwalten. Er hat die angeordneten Vermächtnisse zu erfüllen. Der Testamentsvollstrecker ist in der Eingehung von
Verbindlichkeiten für den Nachlass nicht beschränkt und von den
Beschränkungen des § 181 BGB befreit. Die Erträge des Nachlasses
unterliegen der Verwaltung des Testamentsvollstreckers. Er hat aus
ihnen und erforderlichenfalls aus der Substanz des Nachlasses jedem
Erben die Mittel zur Verfügung zu stellen, die er zu seinem Unterhalt
und zur Finanzierung einer angemessenen Ausbildung benötigt. Hierzu
gehören auch die Einrichtung einer Wohnung am Ausbildungs- oder
Studienort und ein angemessenes Kraftfahrzeug.

Expertentipp Testamentsvollstreckung:
Der Erbe verliert durch die Testamentsvollstreckung seine Verfügungsbefugnis über den Nachlass (§ 2211 BGB). Das bezieht sich auch auf die
VERÄUSSERUNG ODER BELASTUNG EINES NACHLASSGRUNDSTÜCKS. Sobald
das Grundstück durch Umschreiben des Eigentums auf den Erben
berichtigt ist, wird ein Testamentsvollstreckervermerk ins Grundbuch
eingetragen. Damit ist das GRUNDBUCH für den Erben gesperrt (§ 52 GBO).
Der Erbe muss sich damit abfinden, dass der Testamentsvollstrecker
nach den Vorgaben des Erblassers tätig wird; Weisungen kann der Erbe
dem Testamentsvollstrecker nicht erteilen.

3. Anforderungen an den Testamentsvollstrecker
Der Erfolg der Testamentsvollstreckung steht und fällt mit der damit
beauftragten Person. Das Amt erfordert neben der FACHLICHEN KOMPE-
TENZ ein hohes Maß an Sorgfalt, Entscheidungs-, Durchsetzungs- und
Überzeugungskraft sowie die Fähigkeit zum Ausgleich und innere
Unabhängigkeit.

– Ein Angehöriger oder ein Miterbe als Testamentsvollstrecker –
  das birgt von Haus aus Zündstoff. Der Vorwurf, der Testamentsvollstrecker verhalte sich parteilich, kommt in diesen Fällen meist sehr
  schnell auf. Aufkommender Streit zwischen den Erben lässt sich
  dagegen durch Einsetzung einer neutralen Person vermeiden: Der
  Nachlass kann dann mit einem hohen Maß an persönlicher und
  sachlicher Distanz als Vermittler zwischen verfeindeten Erben
  abwickelt werden.
– Ein juristischer Laie ist zudem in der Regel mit der umfangreichen
  und komplizierten Nachlassabwicklung überfordert und für den
  Schaden, den er verursacht, in vollem Umfang verantwortlich.

4. Der Ersatztestamentsvollstrecker
Hat der Erblasser die Testamentsvollstreckung angeordnet, aber keine
Person benannt, bestimmt das NACHLASSGERICHT einen außenstehenden
Dritten als Testamentsvollstrecker. Im Normalfall kennen weder der
Erblasser noch die Erben diesen Testamentsvollstrecker und vertrauen
diesen deshalb nicht immer. Es ist deshalb sinnvoll, nicht nur einen
Testamentsvollstrecker einzusetzen, sondern auch einen „ERSATZ“-
TESTAMENTSVOLLSTRECKER. Für den Fall, dass die an erster Stelle als
Testamentsvollstrecker eingesetzte Person das Amt nicht antreten kann
oder will, ist sichergestellt, dass eine andere Vertrauensperson des
Erblassers den letzten Willen des Verstorbenen erfüllt.

Mustertext „Bestimmung des Testamentsvollstreckers":
Zum Testamentsvollstrecker mit dem Recht, einen Nachfolger zu bestimmen, ernenne ich............, geboren am............, wohnhaft in............

Sollte der Testamentsvollstrecker das Amt nicht annehmen oder vor oder nach dem Erbfall wegfallen, dann soll das Nachlassgericht einen geeigneten Ersatztestamentsvollstrecker bestimmen.

5. Die Vergütung des Testamentsvollstreckers

Gemäß § 2221 BGB erhält der Testamentsvollstrecker eine „angemessene" Vergütung. Wie hoch diese ist, hat der Gesetzgeber aber nicht geregelt. Der Erblasser sollte deshalb im Testament genau festlegen, welche Vergütung ihm für seine Tätigkeit zusteht. Nur so lässt sich Streit zwischen dem Testamentsvollstrecker einerseits und den Erben andererseits vermeiden. Der DEUTSCHE NOTARVEREIN (www.dnotv.de) empfiehlt zum Beispiel folgende Vergütungsregelung, auf die im Testament Bezug genommen werden kann:

VERGÜTUNGSGRUNDBETRAG		
Bis EUR	250.000	4,0 % des Nachlasses
bis EUR	500.000	3,0 % des Nachlasses
bis EUR	2.500.000	2,5 % des Nachlasses
bis EUR	5.000.000	2,0 % des Nachlasses
über EUR	5.000.000	1,5 % des Nachlasses

Für besondere Tätigkeiten erhält der Testamentsvollstrecker nach vorgegebenen Tatbeständen Zuschläge. Bei Zweifelsfällen wird in der Praxis diese Tabelle häufig von den Gerichten als Grundlage herangezogen. Wenn man bedenkt, dass Erbprozesse häufig mehr als 10 % des Nachlasses verschlingen, sind die Kosten einer Testamentsvollstreckung gering.

Mustertext „Testamentsvollstreckervergütung":
Ich ordne an, dass für die Bemessung der Vergütung des Testamentsvollstreckers die Empfehlungen des Deutschen Notarvereins zugrunde gelegt werden sollen.

6. Pflichten des Testamentsvollstreckers

Die Erben können eine gewisse Kontrolle auf den Testamentsvollstrecker ausüben. Verletzt der Testamentsvollstrecker seine Pflichten gegenüber den Erben, so haftet er für etwaige Schäden mit seinem Privatvermögen (§ 2219 BGB).

- Damit sich die Erben einen Überblick über den Nachlass verschaffen können, muss der Testamentsvollstrecker unverzüglich ein Nachlassverzeichnis erstellen (§ 2215 BGB).
- Während seiner Tätigkeit als Testamentsvollstrecker ist er den Erben auskunfts- und rechenschaftspflichtig (§ 2218 BGB).
- Der Testamentsvollstrecker muss sein Amt gewissenhaft und sorgfältig führen und das ihm anvertraute Vermögen nicht nur erhalten, sondern möglichst auch vermehren (§ 2216 BGB).
- Schenkungen darf der Testamentsvollstrecker nicht vornehmen, es sei denn, es handelt sich um Anstands- oder Pflichtschenkungen (§ 2205 Satz 3 BGB).
- Der Testamentsvollstrecker darf auch keine Geschäfte mit sich selbst abschließen, also keine Gegenstände aus dem Nachlass käuflich erwerben (§ 181 BGB), es sei denn, dies wird ihm durch testamentarische Anordnung gestattet.
- Auf Antrag erteilt das Nachlassgericht dem Testamentsvollstrecker ein Zeugnis (§ 2368 BGB), damit dieser sich im Rechtsverkehr gegenüber Dritten legitimieren kann.

V. Sonstige Regelungen

1. Die Auflage

Mit einer Auflage (§ 1940 BGB) kann in einem Testament dem Erben oder dem Vermächtnisnehmer eine Verpflichtung auferlegt werden, zum Beispiel die Bestattung und Grabpflege zu übernehmen, sich um ein Haustier zu kümmern oder ein Grundstück zu verwalten. Zu beachten ist aber, dass derjenige, der einen Vorteil durch die Auflage erlangen soll, keine Möglichkeit hat, diese zu erzwingen. Um sicherzustellen, dass die Auflage auch erfüllt wird, sollte deshalb im Testament ein TESTAMENTSVOLLSTRECKER eingesetzt werden, dem die Aufgabe übertragen wird, die Erfüllung der Auflage sicherzustellen.

Mustertext „Auflage":

Ich belaste meine Erben mit der Auflage, meine Grabstätte für die Dauer der vollen Ruhezeit für Kaufgräber zu pflegen und zu unterhalten, insbesondere regelmäßig mit dem üblichen Grabschmuck zu versehen. Zu diesem Zwecke ist ein Grabpflegevertrag mit der Gärtnerei .... zu schließen.

2. Die Teilungsanordnung

Gemäß § 2048 BGB kann der Erblasser sogenannte Teilungsanordnungen treffen, wie die AUSEINANDERSETZUNG zwischen den einzelnen Miterben zu erfolgen hat. Erhält dabei ein einzelner Miterbe wertmäßig mehr als ihm eigentlich nach seiner Erbquote zustehen würde, muss er den anderen Miterben gegenüber einen AUSGLEICH zahlen, sofern im Testament nichts anderes geregelt ist.

Zu beachten ist, dass eine Teilungsanordnung NICHT AUTOMATISCH dazu führt, dass der Miterbe den ihm zugedachten Gegenstand vorab aus dem Nachlass erhält. Er muss vielmehr die Verteilung des gesamten Nachlasses abwarten, es sei denn, alle anderen Miterben sind damit einverstanden, dass er sich den Gegenstand aus dem Nachlass entnehmen darf. Will der Erblasser dies vermeiden, kann er ein sogenanntes VORAUSVERMÄCHTNIS anordnen.

Beispiel der Folgen einer Teilungsanordnung:

Frau Müller, verwitwet, hat ihre beiden Kinder als Miterben zu gleichen Teilen eingesetzt. Sie hat weiter bestimmt, dass die Eigentumswohnung ihrem Sohn und das Einfamilienhaus ihrer Tochter zufallen soll. Zum Zeitpunkt des Erbfalls ist die Eigentumswohnung 100.000 EUR und das Einfamilienhaus 300.000 EUR wert. Sonstigen nennenswerten Nachlass hat Frau Müller nicht hinterlassen.

Die beiden Kinder sind Miterben mit einer Quote von je ein Halb geworden und damit am Nachlass von Frau Müller von insgesamt 400.000 EUR wirtschaftlich mit jeweils 200.000 EUR beteiligt. Im Rahmen der Nachlassteilung müssen die Miterben Regelungen treffen, wonach dem Sohn die Eigentumswohnung und der Tochter das Einfamilienhaus eigentumsmäßig zustehen soll. Die Teilungsanordnung führt allerdings zu einer Ausgleichsverpflichtung desjenigen, der wirtschaftlich mehr erhalten hat, als es seiner Erbquote entspricht. Deshalb muss die Tochter einen Betrag von 100.000 EUR an den Sohn der Erblasserin bezahlen. Da diese Ausgleichszahlung die Liquidität der Tochter erheblich beeinträchtigen kann, hätte die Erblasserin in ihrem Testament auch die Frage regeln sollen, ob ein derartiger Ausgleich geschuldet ist oder nicht.

Mustertext „Teilungsanordnung":
Für die Auseinandersetzung der Erbengemeinschaft ordne ich Folgendes an:

1. Mein Sohn............ erhält im Wege der Teilungsanordnung und somit in Anrechnung auf seinen Erbteil das Hausanwesen in............,............ Str., eingetragen im Grundbuch von............, Fl.Nr. ....

2. Meine Tochter............ erhält im Wege der Teilungsanordnung und somit in Anrechnung auf ihren Erbteil, das Wertpapierdepot............ bei der............ Bank in............ mit dem Bestand am Todestag.

3. Abgrenzung Teilungsanordnung / Vorausvermächtnis

Abgrenzung zum Vermächtnis und Folgen:
Zu beachten ist, dass eine Teilungsanordnung nicht automatisch dazu führt, dass der Miterbe den ihm zugedachten Gegenstand vorab aus dem Nachlass erhält. Er muss vielmehr die Verteilung des gesamten Nachlasses abwarten, es sei denn, alle anderen Miterben sind damit einverstanden, dass er sich den Gegenstand aus dem Nachlass entnehmen darf. Will der Erblasser dies vermeiden, kann er ein sogenanntes VORAUSVERMÄCHTNIS (§ 2150 BGB) anordnen.

Mustertext „Vorausvermächtnis":
1. Mein Sohn....................., geboren am.........., erhält im Wege des Vorausvermächtnisses, also ohne Anrechnung auf seinen Erbteil, das Hausanwesen in..............,................. Str., eingetragen im Grundbuch von.............., Fl.Nr. ....

2. Meine Tochter ...., geboren am ...., erhält ebenfalls im Wege des Vorausvermächtnisses, also ohne Anrechnung auf ihren Erbteil, das Wertpapierdepot .... bei der .... Bank in .... mit dem Bestand am Todestag.

4. Die Ausgleichungsbestimmung
Die Erbengemeinschaft ist auf Auflösung ausgerichtet, also eine Liquidationsgemeinschaft. Das BGB will im Rahmen der gesetzlichen Erbfolge die Abkömmlinge des Erblassers bei der TEILUNG DES NACHLASSES gleich behandeln. Hierzu werden gemäß den §§ 2050 bis 2057a BGB gewisse lebzeitige Zuwendungen des Erblassers an seine Abkömmlinge in die Berechnung des Auseinandersetzungsguthabens einbezogen. § 2050 BGB nennt verschiedene Gruppen von Zuwendungen, die AUSZUGLEICHEN sind. Diese gesetzlichen Ausgleichungsvorschriften sind nicht

zwingend. Dem Erblasser steht es also frei, die gesetzliche Ausgleichs-
pflicht bei einer Zuwendung formlos – auch stillschweigend – oder nach
der Zuwendung durch Verfügung von Todes wegen auszuschließen oder
einzuschränken.

Für Zuwendungen, die nicht bereits kraft Gesetzes (vergleiche § 2050
Abs. 1 und Abs. 2 BGB) auszugleichen sind, kann der Erblasser die Ausgleichungspflicht gemäß § 2050 Abs. 3 BGB nur zum ZEITPUNKT DER
ZUWENDUNG anordnen, also beispielsweise im Rahmen einer Immobilien-
übertragung zu Lebzeiten. Eine NACHTRÄGLICHE Anordnung durch Verfügung von Todes wegen ist nur mittels eines Vorausvermächtnisses zu
Gunsten der übrigen Miterben möglich.

Eine Ausgleichungsbestimmung nach § 2050 Abs. 3 BGB ist nur unter
Abkömmlingen, die gesetzliche Erben werden, oder einer testamentarischen Verfügung, die der gesetzlichen Erbfolge entspricht, möglich.

5. Das Auseinandersetzungsverbot
Nicht selten hat der Erblasser ein berechtigtes Interesse, die NACHLASS-
AUSEINANDERSETZUNG zwischen Miterben für einen bestimmten Zeitraum AUSZUSCHLIESSEN. Dadurch kann er den Verkauf der Nachlassgegenstände, insbesondere auch eines Unternehmens, zumindest auf Zeit
verhindern. Er kann so auch erreichen, dass der Nachlass erst geteilt
wird, wenn die Erben ein bestimmtes Alter erreicht haben. Auch kann
die Zerschlagung eines Unternehmens durch die Anordnung eines
Auseinandersetzungsverbotes verhindert werden.

**Muster „Testament zugunsten Miterben mit
Auseinandersetzungsverbot":**
Testament

1. Ich, ..., geboren am............, derzeit wohnhaft in............, setze zu
meinen Erben meine Tochter............, geboren am............, derzeit wohnhaft
in............und meinen Sohn............, geboren am............, derzeit wohnhaft
in............, je zur Hälfte ein.

Ersatzerben sind jeweils deren Abkömmlinge nach den Regeln der
gesetzlichen Erbfolgeordnung. Wiederum ersatzweise soll Anwachsung
eintreten.

2. Die Auseinandersetzung bezüglich meines Mietshauses in...... schließe
ich so lange aus, bis der jüngste Miterbe das 28. Lebensjahr vollendet hat.

3. Ich ordne Verwaltungstestamentsvollstreckung an. Der Testamentsvollstrecker hat die Aufgabe, meinen Nachlass bis zur Vollendung des 28. Lebensjahres des jüngsten Miterben zu verwalten und obiges Auseinandersetzungsverbot zu überwachen.

Ort, Datum Vorname, Familienname

Das Auseinandersetzungsverbot wird 30 JAHRE NACH DEM ERBFALL UNWIRKSAM, außer das Verbot wird an ein Ereignis in der Person eines Miterben geknüpft. Dieses Ereignis kann beispielsweise das Ableben des jüngsten Miterben sein. Ist dieser etwa erst sieben Jahre alt, können bei derzeitiger Lebenserwartung noch durchaus 80 bis 90 Jahre bis zur Teilungsmöglichkeit vergehen. Allerdings können alle Miterben EINVERNEHMLICH das Teilungsverbot aufheben und dadurch unterlaufen. Will der Erblasser dies verhindern, ist das testamentarisch angeordnete Auseinandersetzungsverbot durch die Anordnung einer Auflage abzusichern. Zudem ist ein Testamentsvollstrecker mit der Aufgabe, die Einhaltung der Auflage zu kontrollieren, zu berufen.

Muster „Auflage":
Das angeordnete Auseinandersetzungsverbot ist eine Auflage, wobei auch die einvernehmliche Nachlassauseinandersetzung ausgeschlossen wird. Zur Überwachung dieser Auflage ordne ich Dauertestamentsvollstreckung an. Aufgabe des Testamentsvollstreckers ist, die Einhaltung der Auflage zu kontrollieren. Das Nachlassgericht soll einen geeigneten Testamentsvollstrecker bestimmen, der nach den Empfehlungen des Deutschen Notarvereins zu vergüten ist.

6. Die Pflichtteilsentziehung
Der Erblasser kann unter sehr engen Voraussetzungen durch letztwillige Verfügung eine Pflichtteilsentziehung anordnen (zum Beispiel bei einem Verbrechen oder einem schweren vorsätzlichen Vergehen gegen den Erblasser oder dessen Ehegatten). § 2333 BGB regelt abschließende, folgende GRÜNDE FÜR EINE PFLICHTTEILSENTZIEHUNG:

– Der Pflichtteilsberechtigte trachtet dem Erblasser, dem Ehegatten des Erblassers, einem anderen Abkömmling oder einer dem Erblasser ähnlich nahestehenden Person nach dem Leben.
– Der Pflichtteilsberechtigte macht sich eines Verbrechens oder eines schweren vorsätzlichen Vergehens gegen den Erblasser, den Ehegatten des Erblassers, einen anderen Abkömmling oder einer dem Erblasser ähnlich nahestehenden Person schuldig.

- Der Pflichtteilsberechtigte verletzt böswillig eine dem Erblasser gegenüber gesetzlich obliegender Unterhaltspflicht.
- Der Pflichtteilsberechtigte wird wegen einer vorsätzlichen Straftat zu einer Freiheitsstrafe von mindestens einem Jahr ohne Bewährung rechtskräftig verurteilt und die Teilhabe des Pflichtteilsberechtigten am Nachlass ist deshalb für den Erblasser unzumutbar. Gleiches gilt, wenn die Unterbringung des Abkömmlings in einem psychiatrischen Krankenhaus oder in einer Entziehungsanstalt wegen einer ähnlich schwerwiegenden vorsätzlichen Tat rechtskräftig angeordnet wird.

Andere als die zuvor genannten Gründe kommen für eine Pflichtteilsentziehung nicht in Betracht. Zudem MÜSSEN die benannten Gründe für eine Pflichtteilsentziehung zum Zeitpunkt der Errichtung der letztwilligen Verfügung des Erblassers bereits bestehen und vom Erblasser IN DER VERFÜGUNG angegeben werden. Ausgeschlossen ist eine Pflichtteilsentziehung zudem, wenn der Erblasser dem Pflichtteilsberechtigten VERZIEHEN hat (§ 2337 BGB).

Ist einem Pflichtteilsberechtigten wirksam der Pflichtteil entzogen worden, stehen diesem weder Zahlungsansprüche noch die zuvor dargestellten Auskunfts- und Wertermittlungsansprüche zu.

Muster „Pflichtteilsentziehung":
Ich, ... enterbe meinen Sohn............ und entziehe ihm auch den Pflichtteil. Er ist seit mindestens acht Jahren schwer drogenabhängig und finanziert seinen Drogenkonsum durch Eigentums- und Vermögensdelikte. Deswegen wurde er durch Urteil des............ -gerichts vom............ zu einer Haftstrafe von............ Jahren und durch Urteil vom............ zu einer Haftstrafe von............ Jahren rechtskräftig verurteilt. Die beiden Entziehungskuren im Jahr............ und im Jahr............ hat mein Sohn schon nach wenigen Tagen grundlos abgebrochen. Dieses Verhalten meines Sohnes hat in unserer Gemeinde dazu geführt, dass sowohl ich als auch meine Ehefrau ausgegrenzt und mehrfach beleidigt wurden. Es ist daher für mich nicht zumutbar, dass mein Sohn an meinem zukünftigen Nachlass beteiligt wird.

7. Die Pflichtteilsklausel
Pflichtteilsklauseln haben beim GEMEINSCHAFTLICHEN Testament eine zentrale Bedeutung: Die gegenseitige Alleinerbeneinsetzung der Ehegatten bedeutet gleichzeitig eine Enterbung der Kinder für den ersten Erbfall. Besteht der Nachlass beispielsweise überwiegend aus einer Immobilie, führen die durch die Enterbung entstehenden Pflichtteilsansprüche der Kinder unter Umständen zu LIQUIDITÄTSPROBLEMEN mit

der Folge, dass das Haus verkauft werden muss, um den Pflichtteil auszahlen zu können. Dem überlebenden Ehegatten kann damit die Lebensgrundlage für den Alters- und Pflegefall entzogen werden. Die Eltern sollten deshalb noch zu Lebzeiten versuchen, mit den Kindern einen PFLICHTTEILSVERZICHT, gegebenenfalls gegen Zahlung einer ABFINDUNG im Rahmen eines zwingend notariell zu beurkundenden Vertrages, zu vereinbaren. Sind die Kinder nicht bereit, auf ihren Pflichtteil zu verzichten, sollten sogenannte PFLICHTTEILSKLAUSELN in das Testament aufgenommen werden. Abhängig von ihrer Ausgestaltung haben diese Pflichtteilsklauseln neben ihrer „ABSCHRECKUNGSFUNKTION" auch einen Zuteilungs- oder Belohnungscharakter.

– Pflichtteilsklausel mit Aufhebung der Bindungswirkung: Relativ flexibel und im Eingriff mild ist eine Klausel, mit welcher der länger lebende Ehegatte im Falle der Geltendmachung von Pflichtteilsansprüchen im ersten Erbfall von der Bindungswirkung eines gemeinschaftlichen Testamentes (beziehungsweise eines Erbvertrages) befreit wird. Es bleibt ihm dann überlassen, denjenigen Schlusserben, der den Pflichtteil verlangt hat, für den zweiten Erbfall zu enterben und/oder einen Ausgleich für diejenigen Abkömmlinge zu schaffen, die den Pflichtteil nicht geltend machen.

Muster „Aufhebung der Bindungswirkung bei Pflichtteilsgeltendmachung":
Macht einer unserer Abkömmlinge nach dem Tod des Erstversterbenden entgegen dem Willen des Überlebenden seinen Pflichtteil geltend und erhält er ihn auch, dann entfällt die Bindungswirkung des überlebenden Ehegatten bezüglich der Verfügungen für den zweiten Todesfall.

– Pflichtteilsklausel mit Enterbung: Eine sogenannte einfache Pflichtteilsklausel enterbt das den Pflichtteil geltend machende Kind auf den Schlusserbfall.

Muster „Pflichtteilsklausel mit Enterbung":
Macht einer unserer Abkömmlinge nach dem Tod des Erstversterbenden entgegen dem Willen des Überlebenden seinen Pflichtteil geltend und erhält er ihn auch, dann ist er mit seinem ganzen Stamm sowohl für den ersten als auch für den zweiten Erbfall von der Erbfolge einschließlich angeordneter Vermächtnisse und Auflagen ausgeschlossen.

– „Jastrow'sche" Klausel : Die Anordnung der sogenannten „Jastrow'schen Klausel", die auch als Pflichtteilsstrafklausel bezeichnet
wird, enthält neben einer Enterbung des den Pflichtteil geltend
machenden Abkömmlings ein Vermächtnis zu Gunsten derjenigen
Abkömmlinge, die den Pflichtteil nicht geltend machen. Zu beachten
ist, dass dieses Vermächtnis keinen Einfluss auf die Höhe des Pflichtteilsanspruchs nach dem ersten Erbfall hat und ein auf den Tod des
länger Lebenden fälliges Vermächtnis erbschaftsteuerlich nicht
abzugsfähig ist. Die Jastrow'sche Klausel belohnt aber diejenigen
Abkömmlinge, die den Pflichtteil nicht geltend gemacht haben, da das
Vermächtnis eine Verbindlichkeit im Nachlass des letztversterbenden
Elternteils darstellt und damit die Bemessungsgrundlage für die
Pflichtteilsberechnungen im zweiten Erbfall reduziert.

Muster „Jastrow'sche Klausel":
Macht einer unserer Abkömmlinge nach dem Tod des Erstversterbenden
entgegen dem Willen des Überlebenden seinen Pflichtteil geltend und
erhält ihn auch, dann ist er mit seinem ganzen Stamm sowohl für den
ersten als auch für den zweiten Erbfall von der Erbfolge, einschließlich
angeordneter Vermächtnisse und Auflagen, ausgeschlossen.

Diejenigen Abkömmlinge, die ihren Pflichtteil nicht geltend machen,
erhalten auf den ersten Todesfall ein Geldvermächtnis in Höhe des
Wertes ihres fiktiven gesetzlichen Erbteils. Das Vermächtnis fällt mit der
Geltendmachung des Pflichtteilsanspruchs an, wird aber nach § 2181 BGB
erst mit dem Tod des länger Lebenden fällig. Dieses Vermächtnis erhalten
nur die noch lebenden Schlusserben.

8. Familienrechtliche Anordnungen

AUSSCHLUSS DER ELTERLICHEN VERMÖGENSVERWALTUNG:
Bei minderjährigen Kindern steht das Recht zur Vermögenssorge beiden
Eltern und nach dem Tod eines Elternteils dem Überlebenden allein zu.
Der Testierende kann das elterliche Vermögenssorgerecht gemäß § 1638
BGB für seinen zukünftigen NACHLASS, der dem Minderjährigen in Form
einer Erbeinsetzung, eines Vermächtnisses oder des Pflichtteils zufällt,
ausschließen. Wird das Vermögenssorgerecht für beide Elternteile vom
Testierenden ausgeschlossen, hat das Vormundschaftsgericht gemäß
§ 1811 Abs. 1 Nr. 2 in Verbindung mit Abs. 2 BGB einen Zuwendungspfleger
zu bestellen. Diesen Pfleger kann der Testierende gemäß in seinem
Testament benennen.

Muster „Ausschluss der elterlichen Vermögensverwaltung":

Den Eltern meines minderjährigen Enkelsohnes............ entziehe ich gemäß § 1638 BGB das Vermögensverwaltungsrecht bezüglich all der Vermögensgegenstände, die mein Enkelsohn von mir von Todes wegen erwirbt.

Als Pfleger zur Ausübung des Verwaltungsrechts benenne ich Herrn/Frau

....

BENENNUNG EINES VORMUNDS FÜR DAS MINDERJÄHRIGE KIND:

Eltern können für den Fall, dass nach ihrem Ableben die MINDERJÄHRIGEN Kinder eines Vormundes bedürfen, diesen im Testament benennen (§ 1782 BGB). Der benannte Vormund darf vom Vormundschaftsgericht nur unter den in § 1783 BGB bezeichneten Voraussetzungen übergangen werden.

Muster „Vormundbenennung":

Wir, die Eheleute............, benennen für den Fall, dass unsere minderjährigen Kinder nach unserem Tode nicht gesetzlich vertreten sind, als Vormund:

1. In erster Linie Herrn / Frau............,

2. in zweiter Linie Herrn / Frau............,

3. in dritter Linie Herrn / Frau............

9. Schiedsgerichtsklausel

Der Erblasser kann für den Fall eines STREITS UNTER DEN ERBEN, MITERBEN ODER VERMÄCHTNISNEHMERN durch testamentarische Anordnung eines Schiedsverfahrens Vorsorge treffen. Solche Verfahren können, im Gegensatz zu Prozessen vor den Zivilgerichten, oft schneller beendet werden. Darüber hinaus haben Schiedssprüche einer Schiedsinstanz oft eine höhere Akzeptanz unter den Beteiligten als ein erstrittenes Gerichtsurteil. Das setzt allerdings voraus, dass das Schiedsgericht von Erbrechtsspezialisten besetzt ist.

Muster „Schiedsklausel" :

Alle Streitigkeiten, welche die Wirksamkeit, die Auslegung und den Inhalt meines Testaments oder die Regelung, Abwicklung oder Auseinandersetzung meines Nachlasses betreffen, werden im Wege der Auflage, unter Ausschluss des Rechtsweges, zu den staatlichen Gerichten, der Entscheidung eines Schiedsgerichts unterworfen. Das Schiedsgericht entscheidet insbesondere über alle Streitigkeiten, die zwischen Erben und Vermächtnisnehmern und zwischen Erben und meinem Testamentsvollstrecker entstehen. Das Schiedsgericht kann nach seinem pflichtgemäßen Ermessen auch die Auseinandersetzung durchführen. Es ist also an die gesetzlichen Teilungsregeln nicht gebunden.

Der Schiedsrichter soll durch das zuständige Nachlassgericht ernannt werden. Der Schiedsrichter entscheidet als Einzelrichter. Ich ernenne ihn zugleich als Schiedsgutachter, verbunden mit der Aufgabe, sich in Bewertungsfragen verbindlich zu äußern. Er ist befugt, auf Kosten des Nachlasses Drittgutachten einzuholen, sofern er dies für erforderlich hält. Der Schiedsrichter entscheidet, soweit gesetzlich zulässig, hinsichtlich des Verfahrens und materiell rechtlich nach freiem Ermessen, ansonsten – das heißt, wenn er sein Ermessen nicht ausübt – nach den Regeln der Zivilprozessordnung und des Gerichtsverfassungsgesetzes. Die Verhandlung ist nicht öffentlich. Es besteht kein Anwaltszwang. Je Streitfall erhält der Schiedsrichter das Zweifache der Wertegebühren nach § 13 RVG.

Zusammenfassung:
Durch eine letztwillige Verfügung, das heißt einem Testament oder einem Erbvertrag, können neben den zwingend zu bestimmenden Erben auch Vermächtnisnehmer bestimmt werden. Die Bestimmung eines Alleinerben und die Absicherung anderer als Vermächtnisnehmer verhindert Streit in der Erbengemeinschaft. Diese Regelung sollte eindeutig im Testament formuliert sein. Die Anordnung einer Vor- und Nacherbschaft sowie die Nachlassabwicklung durch einen Testamentsvollstrecker sind möglich, letztere teilweise bei einem umfangreichen Nachlass mit mehreren Immobilien geboten.

11

Das Ehegattentestament des Immobilieneigentümers

Für Eheleute besteht die Möglichkeit die Erbeinsetzung und mithin die Immobilien mittels eines Ehegattentestaments als gemeinschaftliches Testament (früher ohne Unterscheidung sog. „Berliner Testament" genannt) auf den anderen Ehegatten zu übertragen. Das Ehegattentestament unterscheidet sich in vielerlei Hinsicht von einem Einzeltestament, insbesondere sind die zusätzlichen Folgen zu berücksichtigen.

11. Das Ehegattentestament des Immobilieneigentümers

Auch in einer „funktionierenden Ehe" sollte die Erbfolge durch Testament geregelt werden, denn die gesetzliche Erbfolge hat gravierende NACHTEILE FÜR DEN LÄNGER LEBENDEN EHEGATTEN:

- Der überlebende Ehepartner und die Kinder des Erblassers bilden eine sogenannte Erbengemeinschaft, bei der jedem Erben nur ein Anteil am Nachlass gehört.
- Dies bedeutet, dass nur alle Erben gemeinsam über den Nachlass verfügen können und dem einzelnen Mitglied der Erbengemeinschaft nicht automatisch einzelne Gegenstände zustehen. Die Miterben müssen sich deshalb über die Verwaltung und Nutzung des Nachlasses einigen.
- Da der Ehegatte mit Ausnahme des Voraus nicht die alleinige Verfügungsgewalt über den Nachlass hat, ist er unzureichend versorgt.
- Die wirtschaftlichen Folgen der gesetzlichen Erbfolge entsprechen zudem oft nicht dem Willen des Erblassers. Eine besondere Fürsorge für schwächere Familienmitglieder ist nicht möglich.
- Die Kinder des Erblassers können vom überlebenden Ehegatten jederzeit verlangen, dass der Nachlass geteilt wird. Verfügt der Ehegatte aber nicht über genügend Barmittel, um die Kinder auszuzahlen, können diese eine Nachlassteilung erzwingen. Dies kann beispielsweise zur Teilungsversteigerung des Hauses führen.
- Auch wenn die Kinder darauf verzichten, sich ihren Erbteil auszahlen zu lassen und die Erbengemeinschaft weiter fortgesetzt wird, besteht für den überlebenden Ehegatten immer der Zwang zur Einigkeit mit den Kindern.
- Die Möglichkeiten, die Erbschaftsteuer zu minimieren, werden ohne Testament und lebzeitige Zuwendungen regelmäßig vernachlässigt.
- Gehört zum Nachlass ein Unternehmen, wird dessen Existenz durch die oftmals auftretende Handlungsunfähigkeit einer Erbengemeinschaft gefährdet. Wichtige unternehmerische Entscheidungen können deshalb nicht oder nur mit erheblicher Verzögerung getroffen werden. Hierdurch kann die Versorgung des überlebenden Ehegatten erheblich gefährdet werden.

Beispiel der unterschiedlichen Interessenlagen:
Soll ein Haus oder die Eigentumswohnung renoviert werden, müssen alle Erben anteilig die Kosten übernehmen. Verfügt eines der Kinder nicht über genügend Barmittel, unterbleiben oftmals notwendige Renovierungsarbeiten. Kann oder will der überlebende Ehegatte nicht mit eigenen Mitteln in Vorleistung treten, besteht die Gefahr, dass die Substanz der Immobilie geschädigt wird. Auch die Nutzung der zum Nachlass gehörenden Immobilie durch den überlebenden Ehe-

gatten ist nur mit Zustimmung aller anderen Miterben möglich. Fordert ein Miterbe die Vermietung, um Einnahmen zu erzielen, ist Streit vorprogrammiert.

Die oben beschriebenen Nachteile können nur vermieden werden, wenn der verheiratete Erblasser durch ein klar formuliertes TESTAMENT oder einen Erbvertrag versorgt wird. Die meisten Ehepartner betrachten ihr Vermögen als gemeinsames Eigentum, obwohl die Vermögen auch nach der Eheschließung rechtlich vollständig getrennt bleiben. Wegen dieser Vorstellung erwarten sie, dass das Vermögen nach dem Tod des einen in vollem Umfang dem Überlebenden zusteht. Weit verbreitet ist der Wunsch, dass die eigenen Kinder oder nahe Verwandte das Vermögen erst nach dem Tod der Witwe oder des Witwers erben sollen. Um diesen Wunsch zu verwirklichen, sollten die Ehepartner ein gemeinschaftliches Testament errichten.

I. Die Form des gemeinschaftlichen Testaments

Ehegatten (§ 2265 BGB) und – bis September 2017 möglich – gleichgeschlechtliche eingetragene Lebenspartner (§ 10 Abs. 4 Lebenspartnerschaftsgesetz) können ein „gemeinschaftliches Testament" in NOTARIELLER ODER PRIVATSCHRIFTLICHER Form errichten. Gemäß § 2267 BGB ist es im Fall einer privatschriftlichen Errichtung ausreichend, wenn einer der Partner den Text mit der Hand schreibt und dann beide unterzeichnen.

II. Die Gestaltungsmöglichkeiten beim gemein- schaftlichen Testament

Den Ehegatten stehen verschiedene Möglichkeiten der testamentarischen Nachlassregelung zur Verfügung. Der überlebende Ehegatte kann eingesetzt werden als

– Alleinerbe
– Vorerbe, oder
– Vermächtnisnehmer.

1. Einsetzung des Ehegatten als Alleinerben

– Die Ehepartner werden sich im Regelfall in Form eines gemeinschaftlichen Testamentes wechselseitig zu Alleinerben einsetzen und nach
  dem Tode des Längerlebenden die gemeinsamen Kinder als Schlusserben bestimmen (sogenanntes „Berliner Testament").
– Von Vorteil ist, dass das Vermögen erst einmal uneingeschränkt auf
  den überlebenden Ehegatten übergeht. Hierdurch erhält er die
  alleinige Entscheidungsfreiheit über die Verwaltung, Nutzung und
  Veräußerung der Nachlassimmobilien.

Expertentipp zur Vollständigkeit eines Testaments:
Die Frage, wer nach dem Tod des überlebenden Ehegatten das gemeinsame
Vermögen erben soll, müssen die Eheleute in ihrem Testament festlegen,
ansonsten würde nach dem Tod des längerlebenden Ehegatten die gesetzliche Erbfolge eingreifen. Erforderlich ist deshalb eine „SCHLUSSERBEN-
REGELUNG", die im Regelfall zu Gunsten der Abkömmlinge erfolgt. Anstelle
der Kinder können die Eheleute auch Personen aus der Verwandtschaft,
eine kirchliche Stiftung, karitative Vereinigung, einen Verein oder Verband
oder sonstige Organisationen als Schlusserben einsetzen.

– Ein Nachteil der Alleinerbeneinsetzung des anderen Ehegatten ist,
  dass die Abkömmlinge im ersten Erbfall enterbt sind und deshalb
  Pflichtteilsansprüche (§§ 2303 ff. BGB) gegen den überlebenden
  Ehegatten geltend machen können. Bei größeren Nachlässen ist
  weiter von Nachteil, dass diese Form des Ehegattentestaments eine
  Steuerfalle darstellen kann.

Muster „Ehegattentestament mit Voll- und Schlusserbschaft" :
Gemeinschaftliches Testament

1. Verfügung für den ersten Todesfall

Wir, die Eheleute............, geboren am............, und............, geboren
am............, beide derzeit wohnhaft in............ setzen uns gegenseitig zum
alleinigen Vollerben unseres gesamten Vermögens ein.

2. Verfügungen für den zweiten Todesfall

a) Schlusserben beim Tod des Überlebenden von uns werden unsere
ehegemeinschaftliche Abkömmlinge,............, geboren am............, derzeit
wohnhaft in............, und............, geboren am............, derzeit wohnhaft
in............ zu gleichen Teilen.

b) Zu Ersatzerben bestimmen wir deren Abkömmlinge nach den Regeln der gesetzlichen Erbfolgeordnung der ersten Ordnung, wiederum ersatzweise soll Anwachsung zugunsten des anderen Stammes eintreten.

c) Der nichteheliche Sohn............, geboren am............, derzeit wohnhaft in............wird enterbt.

3. Vermächtnisse für den zweiten Erbfall

Für den Tod des Längerlebenden ordnen wir folgende Vermächtnisse an:

a) Unser Enkelsohn............, geboren am............, derzeit wohnhaft in............, erhält ein Geldvermächtnis in Höhe von............ EUR.

b) Unsere Nichte............, geboren am............, derzeit wohnhaft in............, erhält den Schmuck von............

c) Herr............, geboren am............, derzeit wohnhaft in............, erhält ein lebenslanges Wohnrecht an unserer Ferienwohnung in............

d) Für obige Vermächtnisse bestimmen wir ausdrücklich keinen Ersatzvermächtnisnehmer.

4. Auflage

Wir wünschen Erdbestattung und belasten hiermit unsere Erben mit der Auflage, unsere Grabstätte für die Dauer der vollen Ruhezeit zu pflegen und zu unterhalten.

Ort, Datum Vorname, Familienname

Dies ist auch mein letzter Wille.

Ort, Datum Vorname, Familienname

2. Einsetzung des Ehegatten als Vorerben

Nach einer anderen Variante des Ehegattentestaments wird der überlebende Ehegatte als „Vorerbe" (§ 2100 BGB) und die Kinder als „Nacherben" eingesetzt. Der Nachlass des verstorbenen Ehegatten bildet dann ein Sondervermögen, über das der überlebende Ehegatte zu Lebzeiten nur in engen Grenzen verfügen kann: Schenkungen sind generell nicht zulässig und Nachlassimmobilien dürfen weder veräußert noch belastet werden.

Vorteil dieser Lösung ist die Sicherung des Erbes für die gemeinsamen Kinder. Gemäß § 2136 BGB ist es aber möglich, dass der Erblasser den Vorerben teilweise von diesen Beschränkungen befreit. Laut § 2113 Abs. 2 BGB darf der Vorerbe aber auch dann Gegenstände des Nachlasses nur verschenken, wenn es sich hierbei um eine „Anstands- oder Pflichtschenkung" handelt.

Von Nachteil ist die stark eingeschränkte Handlungsfähigkeit des überlebenden Ehegatten. Im Notfall (etwa bei Liquiditätsengpässen oder im Pflegefall) kann sich dies zu einem gravierenden Problem auswachsen.

Muster „Ehegattentestament mit Vor- und Nacherbschaft":
Gemeinschaftliches Testament

Wir, die Eheleute............, geboren am............, und............, geboren am............, beide derzeit wohnhaft in............, errichten nachfolgendes gemeinschaftliche Testament.

1. Wir berufen uns gegenseitig zu alleinigen, nicht befreiten Vorerben.

2. Nacherben sind die Kinder............, geboren am............, derzeit wohnhaft in............, und............, geboren am............, derzeit wohnhaft in............, zu gleichen Teilen. Wenn ein Nacherbe wegfällt, zum Beispiel durch Tod oder Ausschlagung, sind Ersatznacherben seine Abkömmlinge. Wenn Abkömmlinge nicht vorhanden sind, tritt Anwachsung bei den verbliebenen Nacherben ein.

Der Nacherbfall tritt mit dem Tod des Vorerben ein. Die Nacherbenanwartschaft ist nicht vererblich oder übertragbar.

Ort, Datum Vorname, Familienname

Dies ist auch mein letzter Wille.

Ort, Datum Vorname, Familienname

Gemäß § 2136 BGB ist es möglich, dass der Erblasser den Vorerben teilweise von den Beschränkungen der Vorerbschaft BEFREIT. Laut § 2113 Abs. 2 BGB darf der Vorerbe aber auch dann Gegenstände des Nachlasses nur verschenken, wenn es sich hierbei um eine „Anstands- oder Pflichtschenkung" handelt. Von Nachteil ist die stark eingeschränkte Handlungsfähigkeit des überlebenden Ehegatten. Bei Liquiditätsengpässen oder im Pflegefall kann dies zu einem gravierenden Problem werden.

Muster „Ehegattentestament mit befreiter Vorerbschaft":
Gemeinschaftliches Testament

Wir, die Eheleute............, geboren am............, und............, geboren am............, beide derzeit wohnhaft in............, errichten nachfolgendes gemeinschaftliche Testament.

Wir berufen uns gegenseitig zu alleinigen Vorerben. Der Vorerbe ist von allen Beschränkungen und Verpflichtungen befreit, von denen er nach dem Gesetz befreit werden kann. Ihm stehen alle Rechte zu, die ihm nach dem Gesetz zustehen können, einschließlich des Rechts auf Verzehr des Nachlasses. Nacherben auf den Tod des Letztversterbenden, Erben des Letztversterbenden und Erben von uns beiden im Falle unseres gleichzeitigen Versterbens sind unsere gemeinschaftlichen Abkömmlinge, und zwar einschließlich adoptierter und nichtehelicher Abkömmlinge, unter sich nach den Regeln der gesetzlichen Erbfolge erster Ordnung zum Zeitpunkt des zweiten Erbfalls.

Ort, Datum Vorname, Familienname

Dies ist auch mein letzter Wille.

Ort, Datum Vorname, Familienname

Expertentipp zur Anordnung einer Vor- und Nacherbschaft:
Die Anordnung einer Vor- und Nacherbschaft ist rechtlich äußerst problematisch und sollten Sie deshalb nur nach eingehender Beratung durch einen Fachanwalt für Erbrecht vornehmen. So entstehen etwa steuerliche Nachteile, da sowohl bei Eintritt des Vorerbfalls als auch im Nacherbfall Erbschaftsteuer anfällt. Aufgrund der einschneidenden Verfügungsbeschränkung des Vorerben wird oftmals auch der Familienfrieden gestört, da einem juristischen Laien die vielfältigen Verpflichtungen des Vorerben nicht bekannt sind und zwischen Vor- und Nacherben häufig über die Verwaltung der Vorerbschaft gestritten wird.

3. Einsetzung des Ehegatten als Vermächtnisnehmer
Alternativ zur Erbeneinsetzung des Ehegatten können auch das oder die Kinder als Erben bestimmt und dem Ehepartner im Rahmen eines Vermächtnisses ein Wohn- oder Nießbrauchsrecht zugewendet werden.

Von Vorteil ist, dass hierdurch verhindert wird, dass die Kinder Pflichtteilsrechte gegen den überlebenden Ehegatten geltend machen können.
Auch die Nachteile der bei gesetzlicher Erbfolge eingreifenden Erbengemeinschaft werden für den überlebenden Ehegatten vermieden.

Diese Lösung hat aber für den überlebenden Ehegatten auch Nachteile:
Das Wohn- oder Nießbrauchsrecht stellt zwar eine relativ gute Absicherung für den überlebenden Ehegatten dar; dieser kann bei einer
Erbeinsetzung der Kinder über Nachlassgegenstände aber weder
verfügen noch diese belasten.

**Muster „Ehegattentestament mit Vermächtnis zugunsten des
Ehegatten bei Kindern des Ehegatten aus erster Ehe":**
Gemeinschaftliches Testament

I. Verfügungen für das Ableben von............

1. Ich, ..., geboren am............, derzeit wohnhaft in............, setze
meinen Sohn............, geboren am............, derzeit wohnhaft in............, und
meine Tochter............, geboren am............, derzeit wohnhaft in............, als
Miterben zu je ein Halb ein.

Zu meinen Ersatzerben bestimme ich die Abkömmlinge meiner Kinder
nach den Regeln der gesetzlichen Erbfolgeordnung der ersten Ordnung,
wiederum ersatzweise tritt Anwachsung zugunsten des anderen
Stammes ein.

2. Ich, ..., geboren am............, derzeit wohnhaft in............, ordne für
den Fall, dass ich der Erstversterbende von uns beiden bin, zugunsten
meiner Ehefrau............, geboren am............, derzeit wohnhaft in............,
folgende Vermächtnisse an:

a) Ich wende meiner Ehefrau ein lebenslanges Wohnrecht an meinem
Einfamilienhaus in........ , zu.

b) Meine Ehefrau erhält weiter den gesamten Hausrat und das Inventar
des Einfamilienwohnhauses in...... , einschließlich des Pkw's und aller
persönlicher Gegenstände.

c) Meine Ehefrau erhält ein Geldvermächtnis in Höhe von............ EUR.

d) Für obige Vermächtnisse bestimme ich ausdrücklich keinen
Ersatzvermächtnisnehmer.

II. Verfügungen für das Ableben von............

1. Ich, ..., geboren am............, derzeit wohnhaft in............, setze zu
meiner alleinigen Vollerbin meine Nichte............, geboren am............,
derzeit wohnhaft in............, ein. Diese Erbeinsetzung gilt unabhängig
davon, ob ich vor oder nach meinem Ehemann versterbe.

Zu Ersatzerben bestimme ich die beiden Kinder meines Ehemannes,
wiederum ersatzweise deren Abkömmlinge nach den Regeln der gesetzlichen Erbfolgeordnung erster Ordnung.

2. Für den Fall, dass ich vor meinem Ehemann versterbe, erhält dieser im
Wege des Vermächtnisses ein lebenslanges Wohnrecht an meiner
Ferienwohnung in............

Einen Ersatzvermächtnisnehmer bestimme ich ausdrücklich nicht.

Ort, Datum Vorname, Familienname

Dies ist auch mein letzter Wille.

Ort, Datum Vorname, Familienname

4. Einheits- oder Trennungsprinzip beim gemeinschaftlichen Testament

Bei einem gemeinschaftlichen Testament setzen sich die Ehegatten (beziehungsweise Lebenspartner) in der Regel für den ERSTEN Erbfall gegenseitig und für den ZWEITEN Erbfall einen Dritten (meist die Kinder) zu
Erben des Überlebenden ein. Die Erbeinsetzung im ersten Fall kann dabei
dem sogenannten EINHEITSPRINZIP oder dem TRENNUNGSPRINZIP folgen.

- Beim Einheitsprinzip wird der überlebende Ehegatte nach dem Tod
  des Erstversterbenden Vollerbe und die Kinder werden Schlusserben
  im zweiten Erbfall. Das Vermögen des Erstversterbenden verschmilzt
  damit im ersten Erbfall mit dem Eigenvermögen des länger lebenden
  Ehegatten zu einer rechtlichen Einheit. Diese Variante des gemeinschaftlichen Testaments wird auch als „Berliner Testament"
  bezeichnet.
- Beim Trennungsprinzip bestimmen die testierenden Ehegatten
  (beziehungsweise Lebenspartner), dass der überlebende Ehegatte
  nur Vorerbe und die Kinder Nacherben werden. Der Nacherbfall tritt
  dabei mit dem Tod des länger lebenden Ehegatten ein. Die Kinder
  erhalten einerseits als Nacherben den Nachlass des erstversterben-

den Ehegatten und zum anderen als Vollerben den Nachlass des länger lebenden Ehegatten. Zwischen dem ersten und zweiten Erbfall bestehen damit zwei rechtlich voneinander getrennte Vermögensmassen, einerseits die Vorerbschaft und andererseits das Eigenvermögen des länger lebenden Ehegatten. Für den Vorerben bedeutet dieses Trennungsprinzip, dass er bezüglich der Vorerbschaft den Verfügungsbeschränkungen eines Vorerben gemäß §§ 2112 ff. BGB unterliegt, während er bezüglich des Eigenvermögens diesen vorerbschaftlichen Verfügungsbeschränkungen nicht unterliegt. Der länger lebende Ehegatte hat selbstverständlich die Bindungswirkung von wechselbezüglichen Verfügungen zu beachten.

Ob in einem gemeinschaftlichen Testament das Einheits- oder Trennungsprinzip gewollt ist, muss durch Auslegung des Willens beider Ehegatten ermittelt werden. Erst wenn diese zu keinem eindeutigen Ergebnis führt, gilt gemäß der Auslegungsregel des § 2269 Abs. 1 BGB im Zweifel das Einheitsprinzip. Wer sich auf das Trennungsprinzip beruft, hat also dafür die Beweislast.

5. Wiederverheiratungsklauseln

Nicht selten heiratet die Witwe beziehungsweise der Witwer nach dem Tod des Ehegatten wieder. Da der neue Ehegatte mit der Eheschließung erb- und pflichtteilsberechtigt am Nachlass der wiederverheirateten Witwe beziehungsweise Witwers wird, besteht für die im gemeinschaftlichen Testament eingesetzten Schlusserben (im Regelfall also die Kinder) die Gefahr, dass hierdurch Vermögen an den neuen Ehepartner abfließt und so der spätere Nachlass zu Lasten der Kinder geschmälert wird. Testierende Eheleute, die dies verhindern wollen, können in ihr Testament eine sogenannte Wiederverheiratungsklausel aufnehmen. Danach soll der Nachlass ganz oder teilweise bereits dann auf die Schlusserben übergehen, wenn der überlebende Ehegatte eine neue Ehe eingeht. Ziel einer derartigen testamentarischen Anordnung ist es, das Eigenvermögen der Witwe beziehungsweise des Witwers vom Nachlass rechtlich zu trennen. Dies hat zur Folge, dass der neue Ehepartner nur am Eigenvermögen und nicht auch am Nachlass Erb- oder Pflichtteilsrechte geltend machen kann.

Seit der sogenannten „Hohenzollern-Entscheidung" des Bundesverfassungsgerichts (NJW 2004, 2088) wird in der Literatur die Frage problematisiert, wann Wiederverheiratungsklauseln sittenwidrig sind. Bei den verschiedenen Gestaltungsvarianten einer Wiederverheiratungsklausel ist darauf zu achten, dass durch sie kein unzulässiger Druck auf die nach Artikel 6 Abs. 1 Grundgesetz geschützte Eheschließungsfreiheit ausgeübt wird. Klauseln, durch die der überlebende Ehepartner das gesamte Erbe verliert und nicht einmal Vermögen in Höhe seines Pflichtteilsanspruches behält, dürften regelmäßig wegen Sittenwidrigkeit unwirksam sein. Es wird deshalb teilweise vertreten anzuordnen, dass dem überlebenden Ehepartner im Falle seiner Wiederverheiratung zumindest sein Pflichtteil oder der gesetzliche Erbteil verbleiben soll.

In der Praxis häufig zu finden, aber aus Gründen der Rechtssicherheit und Klarheit möglichst zu vermeiden, ist folgende Klausel: „Wenn der länger lebende Ehegatte wieder heiratet, werden unsere Kinder Erben des Erstversterbenden. Der Nachlass ist vom länger lebenden Ehegatten an die Kinder herauszugeben". Diese Klausel wird von der Rechtsprechung (BGHZ 96, 198) dahingehend ausgelegt, dass der überlebende Ehegatte ab dem Tod des Erstversterbenden durch die Wiederheirat sowohl auflösend bedingter Vollerbe als auch aufschiebend bedingter Vorerbe ist. Nachteil dieser Klausel ist, dass erst mit dem Tod des länger lebenden Ehegatten feststeht, ob sich dieser wieder verheiratet hat und er damit Voll- und nicht nur Vorerbe zwischen dem ersten und zweiten Erbfall war. Die vom länger lebenden Ehegatten bis zur Wiederverheiratung als Vollerbe getätigten Verfügungen würden ab einer Wiederverheiratung rückwirkend den Verfügungsbeschränkungen einer Vorerbschaft unterliegen. Auch wenn nach herrschender Meinung (BGH, FamRZ 1961, 275) in derartigen Fällen eine befreite Vorerbschaft anzunehmen ist, empfiehlt sich diese Gestaltung nicht.

Alternativ zur Anordnung einer (aufschiebend bedingten) Vor- und Nacherbschaft kann in einem Berliner Testament im Falle der Einheitslösung ein den Schlusserben bei der Wiederverheiratung anfallendes Vermächtnis angeordnet werden. Inhalt und Umfang dieses Vermächtnisses hängen einerseits von der Zusammensetzung und Liquidität des Vermögens ab und müssen andererseits berücksichtigen, dass dem überlebenden Ehepartner hinreichend Vermögen für seine Altersversorgung und Betreuung verbleibt, um nicht Gefahr zu laufen, dass die Klausel aufgrund Sittenwidrigkeit unwirksam ist.

Muster „Wiederverheiratungsvermächtnis beim Berliner Testament":
Wenn der Längerlebende von uns wieder heiratet, stehen den Schlusserben Geldvermächtnisse in Höhe des Wertes ihrer fiktiven gesetzlichen Erbquoten zu. Maßgeblich für die Berechnung ist der Reinnachlass des Erstverstorbenen zum Todeszeitpunkt.

Die jeweiligen Vermächtnisse sind innerhalb von sechs Monaten nach einer Wiederverheiratung unverzinslich fällig. Zur Sicherstellung des Reinnachlasswertes hat der länger Lebende nach dem Erstverstorbenen unverzüglich ein Nachlassverzeichnis aufzustellen und den Nachlass bewerten zu lassen. Dieser Anspruch steht den Schlusserben als Vermächtnis zu.

Das vorgenannte Vermächtnis fällt nicht an, wenn der länger lebende Ehegatte mit dem neu hinzutretenden Ehegatten einen Ehevertrag schließt, wonach der neu hinzutretende Ehegatte auf Pflichtteilsansprüche nach dem Ableben seines Ehegatten verzichtet und auch Zugewinnausgleichsansprüche auf das Vermögen des länger Lebenden von uns ausgeschlossen sind.

6. Anfechtungsverzicht

Bei einem gemeinschaftlichen Testament können die erst nach dem Tod des Erstversterbenden bindend gewordenen wechselbezüglichen Verfügungen nach herrschender Meinung in analoger Anwendung der §§ 2281 in Verbindung mit §§ 2078, 2079 BGB vom überlebenden Ehegatten selbst ANGEFOCHTEN werden. Von besonderer Bedeutung ist hierbei die Anfechtung wegen ÜBERGEHUNG EINES PFLICHTTEILSBERECHTIGTEN gemäß § 2079 BGB. Diese kommt in Betracht, wenn dem Testierenden zum Zeitpunkt der Testamentserrichtung ein Pflichtteilsberechtigter (zum Beispiel ein nichteheliches Kind) nicht bekannt war oder wenn die Pflichtteilsberechtigung einer Person erst durch spätere Heirat entstanden ist.

Dieses Anfechtungsrecht kann in einer Verfügung von Todes wegen ausgeschlossen werden. Der ANFECHTUNGSVERZICHT kann sich auf alle Irrtumstatbestände der §§ 2078, 2079 BGB beziehen. Hierbei sollte allerdings bedacht werden, dass unvorhersehbare Ereignisse eintreten können, die eine Anfechtung des Testamentes wegen Motivirrtums geboten erscheinen lassen können. Regelmäßig dürfte es deswegen ausreichend sein, den Anfechtungsverzicht auf die Fälle des § 2079 BGB zu beschränken.

Muster „Anfechtungsverzicht nach § 2079 BGB“:
Wir, die Eheleute ...., verzichten beiderseitig auf das uns zustehende Anfechtungsrecht nach § 2079 BGB. Wir schließen auch das Anfechtungsrecht Dritter aus.

III. Die Bindungswirkung des gemeinschaftlichen Testaments

1. Wechselbezügliche Verfügungen

In einem gemeinschaftlichen Testament können gemäß § 2270 BGB sogenannte „wechselbezügliche" Verfügungen getroffen werden, die in ihrem rechtlichen Bestand voneinander abhängen. Wird eine wechselbezügliche Verfügung zu Lebzeiten beider Ehegatten widerrufen, ist gemäß § 2270 BGB Abs. 1 BGB auch die andere wechselbezügliche Verfügung (§ 2270 Abs. 1 BGB) unwirksam. Verstirbt einer der Ehegatten, verliert der Längerlebende seine Testierfreiheit, da er seine früheren wechselbezüglichen Verfügungen nach dem Tod des Erstversterbenden nicht mehr widerrufen oder abändern kann.

Als „wechselbezügliche" Verfügungen kommen nur Erbeinsetzungen, Vermächtnisse und Auflagen als auch die Wahl des anwendbaren Rechts in Betracht (§ 2270 Abs. 3 BGB), nicht also etwa Teilungsanordnungen oder die Anordnung einer Testamentsvollstreckung. Allein aus dem Umstand, dass ein gemeinschaftliches Testament vorliegt oder eine Verfügung in einem solchen enthalten ist, kann nicht auf die Wechselbezüglichkeit der Verfügung geschlossen werden. Wechselbezüglich im Sinne des § 2270 BGB sind nur diejenigen Verfügungen der Ehegatten, die jeweils mit Rücksicht auf die andere getroffen sind und die miteinander stehen und fallen sollen.

Überlegung zur Bindungswirkung:

Bei einer gegenseitigen Erbeinsetzung mit gemeinsamer Schlusserbeneinsetzung ist zunächst zu prüfen, ob der eine Ehegatte den anderen nur deswegen als Erbe eingesetzt hat, weil auch der andere für den ersten Erbfall gleichlautend verfügt hat. Geht es um die Frage, ob die Schlusserbeneinsetzung des Überlebenden wegen ihrer Wechselbezüglichkeit für den Überlebenden bindend geworden ist, ist zu prüfen, ob der vorverstorbene Ehegatte den anderen nur eingesetzt hat, damit dieser die in Rede stehende Schlusserbeneinsetzung verfügt.

Führt die Auslegung trotz Ausschöpfung aller Auslegungsmöglichkeiten nicht zu einem eindeutigen Ergebnis, ist der Weg frei für die Anwendung der Auslegungsregel des § 2270 Abs. 2 BGB. Danach ist die Wechselbezüglichkeit hinsichtlich der konkret untersuchten einzelnen Verfügung anzunehmen, wenn sich die Ehegatten gegenseitig bedacht haben oder, wenn ein Ehegatte den anderen bedacht und dieser Verfügungen zu Gunsten eines Dritten getroffen hat, der mit dem Erstgenannten verwandt ist oder diesem sonst nahesteht.

2. Widerruf wechselbezüglicher Verfügungen

– Eingeschränkter Widerruf zu Lebzeiten. Der einseitige Widerruf einer wechselbezüglichen Verfügung zu Lebzeiten beider Ehegatten kann nur durch notariell beurkundete Erklärung erfolgen und muss dem anderen Ehegatten zugehen (§ 2271 Abs. 1 S. 1 BGB in Verbindung mit § 2296 Abs. 2 BGB). Der einseitige Widerruf einer wechselbezüglichen Verfügung ist ungültig, wenn der andere Ehepartner davon nichts (in der vorgeschriebenen Form) erfährt.
– Bindungswirkung mit dem ersten Erbfall: Eine der wichtigsten Wirkungen des Ehegattentestamentes ist, dass mit dem Tode eines Ehegatten der überlebende Ehegatte seine wechselbezügliche Verfügung nicht mehr widerrufen kann (§ 2271 Abs. 2 S. 1 BGB), es sei denn, die Eheleute haben sich dies in ihrem Testament vorbehalten. Diese Bindungswirkung erstreckt sich nicht nur auf das Vermögen des Erstversterbenden, sondern auch auf das Vermögen des Überlebenden, gleichgültig ob dieser es bis zum ersten Todesfall erworben hat oder erst danach. Oft ist fraglich, ob die testierenden Ehegatten überhaupt eine solche Bindungswirkung gewollt haben.

Expertentipp zur Wechselbezüglichkeit:
Im Ehegattentestament sollte ausdrücklich festgelegt werden, ob die Verfügungen WECHSELBEZÜGLICH und damit bindend sind oder der überlebende Ehegatte befugt ist, von einer ursprünglich getroffenen Schlusserbenregelung nach seinem Gutdünken abzuweichen. Dies kann erforderlich werden, wenn zum Beispiel eine Person aus der Verwandtschaft bedürftig wird und der Witwer beziehungsweise die Witwe diesem Verwandten (zum Beispiel für erbrachte Pflegeleistungen) etwas zukommen lassen möchte.

Mustertext „Bindung des überlebenden Ehegatten":
Alle vorstehenden Erbeinsetzungen, Vermächtnisse und Auflagen sind wechselbezüglich und damit bindend.

3. Abänderungsmöglichkeiten des überlebenden Ehegatten

Der überlebende Ehegatte kann nur sehr eingeschränkt seine frühere wechselbezügliche Verfügung von Todes wegen abändern:

– Neue Verfügungen, die lediglich eine Besserstellung des Bedachten bewirken, sind möglich.
– Beim gemeinschaftlichen Testament kann sich der Überlebende durch Ausschlagung des ihm Zugewendeten von der Bindungswirkung befreien (§ 2271 Abs. 2 S. 1 BGB). Erfolgt die Zuwendung mittels Erbeinsetzung, muss diese form- und fristgemäß ausgeschlagen werden (§§ 1944, 1945 BGB); bei einem Vermächtnis ist dagegen die Ausschlagung form- und fristlos möglich (§ 2180 BGB).
– Bei Verfehlungen des Bedachten kommt eine Aufhebung der Verfügung von Todes wegen in Betracht (§ 2294 BGB; § 2271 Abs. 2 S. 2 BGB). Ferner kann der überlebende Ehegatte pflichtteilsberechtigte Abkömmlinge zu deren Schutz beschränken (§ 2271 Abs. 3 BGB). Die Aufhebung oder Beschränkung muss in der Form des § 2336 BGB durch letztwillige Verfügung erfolgen.
– Ein Erbvertrag kann zu Lebzeiten nicht widerrufen werden. Deshalb ist für den Erblasser bei Irrtum oder Übergehung eines Pflichtteilsberechtigten eine Anfechtung möglich (§ 2281 BGB). Die Erklärung hat binnen Jahresfrist und formgebunden zu erfolgen. Beim gemeinschaftlichen Testament gilt dieses Selbstanfechtungsrecht analog § 2281 BGB nach dem Tod des Erstversterbenden (etwa, wenn der Überlebende wieder heiratet, ein weiteres Kind bekommt oder annimmt). Dritte Personen (beispielsweise der neue Ehegatte oder ein adoptiertes Kind) können gemäß § 2280 BGB anfechtungsberechtigt sein.
– Ist eine spätere Anpassung der Verfügung von Todes wegen nach Eintritt des ersten Erbfalls gewollt (beispielsweise für den Fall der Wiederheirat oder der Geltendmachung des Pflichtteils im ersten Erbfall), stehen verschiedene Gestaltungsmöglichkeiten zur Verfügung:
  • Aufnahme eines freien oder bedingten postmortalen WIDERRUFS-RECHTS: Dieses muss entsprechend § 2297 BGB durch Errichtung eines neuen Testaments ausgeübt werden.
  • Einräumung eines ÄNDERUNGSVORBEHALTS (sinnvoll kann etwa die Befugnis des Letztversterbenden sein, im Rahmen der Schlusserbeneinsetzung die Quoten der dort Bedachten zu verändern oder andere, nahestehende Personen einzusetzen).

Mustertext „Abänderungsrecht des überlebenden Ehegatten":
Alle vorstehenden Erbeinsetzungen, Vermächtnisse und Auflagen sind nicht wechselbezüglich. Nach dem ersten Todesfall ist der Überlebende deshalb berechtigt, sämtliche Bestimmungen für den zweiten Todesfall uneingeschränkt aufzuheben oder abzuändern.

4. Schenkungen des längerlebenden Ehegatten

- Der überlebende Ehegatte versucht oftmals die vom Gesetzgeber angeordnete Bindungswirkung eines Ehegattentestaments dadurch zu unterlaufen, indem er seinen späteren Nachlass oder Teile hiervon durch lebzeitige Schenkungen schmälert und dieses Vermögen nicht denjenigen Personen zuwendet, die im Ehegattentestament benannt sind, sondern hiervon abweichend.
- Nach der Rechtsprechung müssen diese Zuwendungen nach dem Tod des Schenkers an dessen Erben dann entsprechend § 2287 BGB zurückgegeben werden, wenn dieser für die Vornahme der Schenkung kein sogenanntes „lebzeitiges Eigeninteresse" hatte. Die Schenkung ist also nur dann bestandsfest, wenn der Witwer oder die Witwe den Beschenkten für bisher erbrachte Pflege belohnen, einen Anreiz für zukünftige Pflege geben oder dessen Altersversorgung sicherstellen wollte.

Beispiel der Bindungswirkung:
Witwer W hatte mit seiner Ehefrau ein Ehegattentestament errichtet, in dem sie sich wechselseitig zu Alleinerben und nach dem Tode des Längerlebenden den gemeinsamen Sohn als Schlusserben eingesetzt haben. Mehrere Jahre nach dem Tod seiner Ehefrau ging Witwer W eine nichteheliche Lebensgemeinschaft mit Frau L ein. Die Partnerschaft ohne Trauschein bestand über 15 Jahre bis zum Tod des Witwers W. 12 Jahre vor seinem Ableben hatte Witwer W seiner Lebensgefährtin L eine kleine Eigentumswohnung im Wert von 100.000 EUR geschenkt, ohne den Zweck der Schenkung näher zu regeln. Fünf Jahre vor seinem Ableben wendet er der Lebensgefährtin L ein Aktiendepot im Wert von 40.000 EUR mit der Bestimmung zu, dass „hiermit die von L in der Vergangenheit erbrachte Pflegeleistung abgegolten und gleichzeitig ein Anreiz für zukünftige Versorgung und Pflege durch L geschaffen werden soll". Nach dem Ableben von W verlangt dessen Sohn als testamentarischer Schlusserbe von der Lebensgefährtin L Rückgabe sowohl der Eigentumswohnung als auch des Aktiendepots. Zu Recht?

Witwer W war aufgrund des Ehegattentestamentes nach dem Tod seiner Ehefrau in seiner Verfügungsgewalt beschränkt. Da zum Zeitpunkt der Schenkung der Eigentumswohnung kein lebzeitiges Eigeninteresse des W für die Schenkung vorlag (zumindest nicht vertraglich dokumentiert wurde), muss die Lebensgefährtin L die Wohnung an den Sohn S entsprechend § 2287 BGB zurückgeben. Das Aktiendepot darf sie dagegen behalten, weil Witwer W hierfür nachvollziehbare Gründe bei der Schenkung dokumentiert hat.

IV. Pflichtteilshaftung des überlebenden Ehegatten

Eine Gefahr des Berliner Testamentes ist die Belastung des überlebenden Ehegatten mit Pflichtteilsansprüchen: Die gegenseitige Alleinerbeneinsetzung der Ehegatten bedeutet gleichzeitig eine ENTERBUNG DER KINDER für den ersten Erbfall. Besteht der Nachlass zum Beispiel überwiegend aus einer IMMOBILIE, führen die durch die Enterbung entstehenden Pflichtteilsansprüche der Kinder unter Umständen zu LIQUIDITÄTS-PROBLEMEN mit der Folge, dass das Haus verkauft werden muss, um den Pflichtteil auszahlen zu können. Dem überlebenden Ehegatten kann damit die Lebensgrundlage für den Alters- und Pflegefall entzogen werden. Die Eltern sollten deshalb noch zu Lebzeiten versuchen, mit den Kindern einen PFLICHTTEILSVERZICHT, gegebenenfalls gegen Zahlung einer Abfindung im Rahmen eines notariell zu beurkundenden Vertrages zu vereinbaren.

Sind die Kinder nicht bereit, auf ihren Pflichtteil zu verzichten, sollten die Eltern zumindest sogenannte PFLICHTTEILSKLAUSELN in ihr Testament aufnehmen. Durch diese Anordnungen wird dasjenige Kind, das beim Tod des ersten Ehegatten seinen Pflichtteil verlangt, auch für den Tod des überlebenden Ehegatten enterbt und erhält dann WIEDER NUR DEN PFLICHTTEIL.

Mustertext „Pflichtteilsklausel":
Macht einer unserer Abkömmlinge nach dem Tode des Erstversterbenden von uns gegen den Willen des Überlebenden seinen Pflichtteilsanspruch oder Pflichtteilsergänzungsanspruch geltend und erhält er diesen auch ganz oder teilweise, dann ist er mit seinem ganzen Stamm sowohl für den ersten als auch für den zweiten Todesfall von der Erbfolge einschließlich aller sonstigen letztwilligen Zuwendungen ausgeschlossen.

V. Steuernachteile des „Berliner Testaments"

Das Berliner Testament kann gerade bei größeren Nachlässen eine ERBSCHAFTSTEUERFALLE darstellen, da unnötig hohe oder gar vermeidbare Steuerlasten ausgelöst werden können. Beim Tod des Erstversterbenden werden nämlich die STEUERFREIBETRÄGE DER KINDER im ersten Erbfall nicht genutzt. Der auf die Kinder als Schlusserben übergehende Nachlass wird zudem ZWEIMAL BESTEUERT – nämlich beim Tod des ersten und beim Tod des zweiten Ehegatten. Verschärft wird die Situation zusätzlich dadurch, dass sich durch den ersten Erbfall der Wert des Nachlasses des Überlebenden erhöht und hierdurch wegen der STEUERPROGRESSION ein höherer Steuersatz ausgelöst werden kann. Es kann sich deshalb empfehlen, bei vorhandener Liquididtät den Kindern beim Tod des Erstversterbenden Geldvermächtnisse in Höhe der Freibeträge zuzuwenden (zu den Freibeträgen siehe 1. Kapitel).

Beispiel der steuerlichen Auswirkungen:

Die Ehegatten setzen sich gegenseitig als alleinige Vollerben ein; der gemeinsame Sohn wird Schlusserbe. Der Ehemann hinterlässt einen Nachlass von 1,5 Mio. EUR. Die von der Ehefrau zu zahlende Erbschaftsteuer errechnet sich OHNE Berücksichtigung des Versorgungsfreibetrages wie folgt:

Erbschaft	1.500.000 EUR
abzgl. Freibetrag	500.000 EUR
zu versteuern	1.000.000 EUR
19 % Steuer hieraus	190.000 EUR

Ein testamentarisches Vermächtnis zugunsten des Sohnes in Höhe dessen Steuerfreibetrag von 400.000 EUR hätte folgende Steuerbelastung der Witwe ergeben:

Erbschaft	1.500.000 EUR
abzgl. Vermächtnis	400.000 EUR
abzgl. Freibetrag	500.000 EUR
zu versteuern	600.000 EUR
15 % Steuer hieraus	90.000 EUR

Die Steuerersparnis für die Witwe beträgt 100.000 EUR. Das Vermächtnis für den Sohn ist steuerfrei, da dessen Freibetrag von 400.000 EUR nicht überschritten wird.

VI. Das Ehegattentestament bei Scheidung

Die Wirksamkeit einer letztwilligen Verfügung zugunsten des Ehegatten ist davon abhängig, ob die Ehe, wenn der Erblasser stirbt, noch besteht (§ 2077 Abs. 1 BGB). Ein Ehegattentestament kann aber ausnahmsweise die EHE ÜBERDAUERN, wenn sich entweder aus dem Wortlaut des Testamentes oder durch Auslegung ergibt, dass der Erblasser den Ehegatten auch im Falle der Scheidung bedenken wollte (§ 2077 Abs. 3 BGB). Um AUSLEGUNGSSTREITIGKEITEN von vornherein auszuschließen, sollte im Testament ausdrücklich festgelegt werden, ob die Verfügung auch bei Eintritt der Scheidung wirksam bleiben soll oder nicht.

Mustertext „Regelung für den Fall der Scheidung":
Durch Stellung des Scheidungsantrags werden alle Verfügungen dieser Urkunde unwirksam, wenn in der Folge des Scheidungsantrags die Ehe geschieden wird oder wenn ein Ehegatte vor Rechtskraft der Scheidung verstirbt und die Voraussetzungen für die Scheidung gegeben waren.

Zusammenfassung:
Ohne ein eheliches Testament entsteht zwischen dem Ehepartner und Kindern eine Erbengemeinschaft, wobei Ehepartner und die Kinder gemeinsam über den Nachlass verfügen. Ehepartner können sich gegenseitig als Alleinerben einsetzen, um die Verfügungsmacht zu sichern. Eine Wiederverheiratungsklausel verhindert, dass Vermögen an einen neuen Ehepartner abfließt. Wechselbezügliche Verfügungen sind bindend, es sei denn, dies wird ausgeschlossen.

EXPERTENTIPP BEI SCHEIDUNG:
Wer sich scheiden lässt und sich Klarheit über seine bisher verfassten letztwilligen Verfügungen verschaffen will, ist gut beraten, nach ABSCHLUSS DES SCHEIDUNGSVERFAHRENS überprüfen zu lassen, ob dem früheren Ehegatten ein testamentarisches Erbrecht zusteht.

12

Der Erbvertrag des Immobilieneigentümers

Durch einen notariell zu beurkundenden Erbvertrag können gemeinschaftliche letztwillige Verfügungen getroffen werden. Diese Regelungen können unter bestimmten Voraussetzungen widerrufen werden. Der Erbvertrag bietet nur in wenigen Fällen eine sinnvolle Möglichkeit Verfügungen über Immobilien zu treffen.

12. Der Erbvertrag des Immobilieneigentümers

Ein einseitiges Testament kann jederzeit geändert und widerrufen werden; es tritt also keine Bindung des Testierenden an seinen letzten Willen ein. Der Erbvertrag dagegen führt regelmäßig dazu, dass eine spätere Aufhebung oder Änderung der getroffenen Anordnungen nur möglich ist, wenn alle Vertragspartner zustimmen; der Erbvertrag ist also im Regelfall BINDEND. Eine spätere Korrektur bei veränderten Familien- oder Vermögensverhältnissen ist nur selten möglich. Zudem erfordern Erbverträge zwingend eine NOTARIELLE BEURKUNDUNG. Der Abschluss eines Erbvertrages ist deshalb NUR IN WENIGEN AUSNAHME-FÄLLEN SINNVOLL.

I. Typische Anwendungsfälle des Erbvertrages

-   Absicherung einzelner Familienmitglieder: Ein Erbvertrag kommt in Betracht, wenn eine Person einen Verwandten oder Freund finanziell unterstützt, bei Pflegebedürftigkeit versorgt, kostenfrei größere Reparaturen oder Investitionen am Haus ausführt oder andere Leistungen unentgeltlich erbringt. Diese „Vorleistungen" zugunsten des späteren Erblassers können durch eine erbvertragliche Erbeinsetzung abgesichert werden. Ein Testament reicht hierzu nicht aus, da der Erblasser diese Verfügung jederzeit einseitig ändern, widerrufen oder erneuern kann, ohne irgendjemanden darüber informieren zu müssen.
-   Paare ohne Trauschein können sich nicht über ein Ehegattentestament absichern. Eine wechselseitig bindende Erbeinsetzung kann deshalb nur durch einen Erbvertrag erfolgen.
-   Unternehmensnachfolge: Zur Regelung der Nachfolge in einem Betrieb kann ein Erbvertrag die richtige Lösung sein. Dies trifft vor allem dann zu, wenn der Unternehmer sicherstellen will, dass sein „Lebenswerk" von einem kompetenten Nachfolger erhalten und weitergeführt werden soll. In diesem Fall ist der alte Chef gut beraten, über einen Erbvertrag den Einfluss fachlich inkompetenter und geldhungriger Erben zu minimieren und eine vernünftige Nachfolge zu regeln.

II. Der Inhalt eines Erbvertrages

Gemäß § 2278 BGB kann sowohl der eine als auch der andere Vertragsteil letztwillige Verfügungen treffen. VERTRAGLICH BINDEND werden dabei aber nur Erbeinsetzungen, Vermächtnisse und Auflagen sowie die Wahl des anzuwendenden Rechts. Andere Anordnungen (wie zum Beispiel die Einsetzung eines Testamentsvollstreckers) sind zwar nach § 2299 BGB möglich, doch können sie jederzeit einseitig widerrufen werden.

III. Die Form des Erbvertrages

Ein Erbvertrag muss gemäß § 2276 Abs. 1 BGB vor einem Notar bei gleichzeitiger Anwesenheit beider Vertragsteile geschlossen werden. Der Erblasser kann sich nicht von einer anderen Person vertreten lassen. Anders als bei einem Testament, das bereits mit Vollendung des 16. Lebensjahres errichtet werden kann (§ 2229 Abs. 1 BGB), erfordert der Erbvertrag volle Geschäftsfähigkeit (vollendetes 18. Lebensjahr; § 2275 BGB).

IV. Bindungswirkung eines Erbvertrages

Die vom Gesetz vorgegebene Bindungswirkung eines Erbvertrages kann wie folgt eingeschränkt sein:

- Der Erblasser kann vom Erbvertrag zurücktreten, wenn er sich ein Rücktrittsrecht vorbehalten hat (§ 2293 BGB), die vom Erbvertragspartner vereinbarte Gegenleistung ausbleibt (§ 2295 BGB) oder er dem Begünstigten den Pflichtteil entziehen könnte (§ 2294 BGB).
- Der Erblasser kann zudem den Erbvertrag gemäß § 2281 Abs. 1 BGB durch notariell beurkundete Erklärung binnen Jahresfrist anfechten, wenn einer der in den §§ 2078, 2079 BGB genannten Anfechtungsgründe vorliegt.

V. Schenkungen des Erblassers

- Wer einen Erbvertrag geschlossen hat, versucht manchmal später die vom Gesetzgeber angeordnete Bindungswirkung dadurch zu unterlaufen, indem er seinen Nachlass oder Teile hiervon durch lebzeitige Schenkungen schmälert und dieses Vermögen nicht denjenigen Personen zuwendet, die im Erbvertrag benannt sind, sondern hiervon abweichend.
- Nach der Rechtsprechung müssen diese Zuwendungen nach dem Tod des Schenkers an dessen Erben dann gemäß § 2287 BGB zurückgegeben werden, wenn dieser für die Vornahme der Schenkung kein sogenanntes „lebzeitiges Eigeninteresse" hatte. Die Schenkung ist also nur dann bestandsfest, wenn der Schenker den Beschenkten für bisher erbrachte Pflege belohnen, einen Anreiz für zukünftige Pflege geben oder dessen Altersversorgung sicherstellen wollte.

Beispiel der Bindungswirkung beim Erbvertrag:

Witwer W hatte mit seiner Ehefrau einen Erbvertrag errichtet, in dem sie sich wechselseitig zu Alleinerben und nach dem Tode des Längerlebenden den gemeinsamen Sohn S als Schlusserben eingesetzt haben. Mehrere Jahre nach dem Tod seiner Ehefrau ging Witwer W eine nichteheliche Lebensgemeinschaft mit Frau L ein. Die Partnerschaft ohne Trauschein bestand über 15 Jahre bis zum Tod des Witwers W. 12 Jahre vor seinem Ableben hatte Witwer W seiner Lebensgefährtin L eine kleine Eigentumswohnung im Wert von 100.000 EUR geschenkt, ohne den Zweck der Schenkung näher zu regeln. 5 Jahre vor seinem Ableben wendet er der Lebensgefährtin L ein Aktiendepot im Wert von 40.000 EUR mit der Bestimmung zu, dass „hiermit die von L in der Vergangenheit erbrachte Pflegeleistung abgegolten und gleichzeitig ein Anreiz für zukünftige Versorgung und Pflege durch L geschaffen werden soll". Nach dem Ableben von W verlangt dessen Sohn als testamentarischer Schlusserbe von der Lebensgefährtin L Rückgabe sowohl der Eigentumswohnung als auch des Aktiendepots. Zu Recht?

Witwer W war aufgrund des Erbvertrages in seiner Verfügungsgewalt beschränkt. Da zum Zeitpunkt der Schenkung der Eigentumswohnung kein lebzeitiges Eigeninteresse des W für die Schenkung vorlag (zumindest nicht vertraglich dokumentiert wurde), muss die Lebensgefährtin L die Wohnung an den Sohn S gemäß § 2287 BGB zurückgeben. Das Aktiendepot darf sie dagegen behalten, weil Witwer W hierfür nachvollziehbare Gründe bei der Schenkung dokumentiert hat.

Zusammenfassung:

Ein Erbvertrag ist bindend und Änderungen sind nur mit Zustimmung aller Vertragspartner möglich. Ein Erbvertrag ist unbedingt notwendig zur Absicherung von Partnern ohne Trauschein. Bei Regelungen zur Unternehmensnachfolge kann er sinnvoll sein. Der Vertrag kann innerhalb eines Jahres angefochten werden, wenn die Anfechtungsvoraussetzungen vorliegen. Lebzeitige Schenkungen zur Umgehung der Bindungswirkung können zurückgefordert werden.

13

Widerruf einer letztwilligen Verfügung

Wenn der Erblasser seine getroffenen letztwilligen Verfügungen, etwa auf Grund von Veränderungen der Vermögens- oder Familienverhältnisse, nachträglich ändern oder anpassen möchte, müssen bereits getroffene letztwillige Verfügungen ganz oder teilweise widerrufen werden. Die Möglichkeiten der Widerrufsmöglichkeit sind aber aus Gründen der Rechtssicherheit an gesetzliche Vorgaben gebunden. Diese Vorgaben sind abschließend und können nicht erweitert werden.

I. Widerruf eines Einzeltestaments

II. Widerruf eines Ehegattentestaments

13. Widerruf einer letztwilligen Verfügung

I. Widerruf eines Einzeltestaments

Der Erblasser kann ein Testament gemäß § 2253 BGB insgesamt oder auch nur in Teilen jederzeit widerrufen:

- Dies geschieht im Regelfall durch die Errichtung eines neuen Testamentes (§ 2254 BGB).
- Möglich ist auch ein Widerruf doch Vernichtung des Testaments (§ 2255 BGB).
- Bei notariellen (nicht also bei handschriftlichen) Testamenten gilt die Rücknahme aus der amtlichen Verwahrung (§ 2256 BGB) als Widerruf.
- Gemäß § 2257 BGB ist sogar der Widerruf des Widerrufs möglich mit der Folge, dass das ursprüngliche Testament wieder gilt.
- Jedes Testament – unabhängig davon, ob es in notarieller oder privatschriftlicher Form errichtet wurde – kann durch ein neues (notarielles oder privatschriftliches) Testament widerrufen werden.
- Gemäß § 2058 BGB wird ein früheres Testament durch ein später errichtetes Testament aufgehoben, aber nur dann, wenn spätere Testamente mit dem früheren inhaltlich in Widerspruch stehen.

Widerruf durch ein neues Testament:

EXPERTENTIPP BEI VORHANDENSEIN ÄLTERER TESTAMENTE:
Um den vollständigen Willen des Testierenden ermitteln zu können, müssen nach dem Erbfall beim Nachlassgericht nicht nur das letzte Testament, sondern auch alle früheren Verfügungen von Todes wegen abgeliefert werden.

Herr Müller hat in seinem Testament aus dem Jahre 1990 seinen Sohn und seine Tochter als Miterben eingesetzt. Im Jahr 2000 errichtet Herr Müller ein Testament, wonach sein Sohn Alleinerbe sein soll. Die Alleinerbeneinsetzung des Sohnes steht im Widerspruch zu früheren Miterbeneinsetzung der Tochter, die damit gemäß § 2058 BGB widerrufen ist.

Der Testierende sollte bereits im Eingangswortlaut klarstellen, dass er etwaige frühere Testamente hiermit widerruft.

Mustertext „Widerruf früherer Testamente":
Hiermit widerrufe ich sämtliche von mir früher errichteten Testamente.

II. Widerruf eines Ehegattentestaments

In einem Ehegattentestament können gemäß § 2270 BGB sogenannte „WECHSELBEZÜGLICHE" Verfügungen getroffen werden. Der einseitige Widerruf einer derartigen wechselbezüglichen Verfügung zu LEBZEITEN beider Ehegatten kann nur durch notariell beurkundete Erklärung erfolgen und muss dem anderen Ehegatten zugehen (§ 2271 Abs. 1 S. 1 BGB in Verbindung mit § 2296 Abs. 2 BGB). Der EINSEITIGE Widerruf einer wechselbezüglichen Verfügung ist also ungültig, wenn der andere Ehepartner davon nichts (in der vorgeschriebenen Form) erfährt.

EXPERTENTIPP ZUR BESTIMMUNG DER WECHSELBEZÜGLICHKEIT:
Im Ehegattentestament sollte ausdrücklich festgelegt werden, ob die Verfügungen WECHSELBEZÜGLICH und damit bindend sind oder nicht.

Zusammenfassung:
Ein neues Testament hebt ein früheres auf, soweit die Verfügungen widersprüchlich sind. Ein Testament kann auch durch Vernichtung oder Zerstörung widerrufen werden. Bei notariell verwahrten Testamenten gilt die Rücknahme aus der amtlichen Verwahrung als Widerruf. Der einseitige Widerruf eines Ehegattentestaments ist nur durch eine notariell beurkundete Erklärung möglich und muss dem anderen Ehegatten zugehen, vergleichbar einer Kündigung eines Vertrages.

14

Anfechtung einer letztwilligen Verfügung

In bestimmten Fällen kann ein wirksam errichtetes Testament durch Anfechtung beseitigt werden. Eine Anfechtung kann aber nur dann wirksam erfolgen, wenn die gesetzlich bestimmten Voraussetzungen erfüllt sind. Hierzu gehören die rechtzeitige und formgerechte Ausübung des Rechts sowie das Vorliegen eines Anfechtungsgrunds.

I. Anfechtungsgründe

II. Formalien der Anfechtung

III. Anfechtung eines Erbvertrages

IV. Anfechtung eines Ehegattentestaments

14. Anfechtung einer letztwilligen Verfügung

Der juristische Laie denkt oft, dass ein Testament, das nicht seinen wirtschaftlichen Vorstellungen entspricht, ohne weiteres durch Anfechtung beseitigt werden kann. Der Großteil dieser „Anfechtungen" geht aber ins Leere, da der Gesetzgeber und die Rechtsprechung ENG DEFINIERTE VORAUSSETZUNGEN für eine wirksame Anfechtung aufgestellt haben:

– Zunächst muss einer der Anfechtungsgründe der §§ 2078, 2079 BGB vorliegen.
– Weiter muss die Anfechtung formgerecht erklärt werden.
– Die Anfechtung ist zudem fristgebunden.

I. Anfechtungsgründe

Die Anfechtung eines Testamentes oder Erbvertrages ist nur in folgenden Fällen zulässig:

– Anfechtung wegen Erklärungsirrtums (§ 2078 Abs. 1, 2. Alt. BGB),
– Anfechtung wegen Inhaltsirrtums (§ 2078 Abs. 1, 1. Alt. BGB),
– Anfechtung wegen Motivirrtums (§ 2078 Abs. 2, 1. Alt. BGB),
– Anfechtung wegen widerrechtlicher Drohung (§ 2078 Abs. 2, 2. Alt. BGB),
– Anfechtung wegen Übergehen eines Pflichtteilsberechtigten (§ 2079 BGB).

EXPERTENTIPP BEI ANFECHTUNG:
Der juristische Laie kann normalerweise nicht beurteilen, ob ein Testament angefochten werden muss oder durch Auslegung der letztwilligen Verfügung dem letzten Willen Geltung verschafft werden kann. Hierzu ist die Beratung durch einen Erbrechtsexperten zwingend erforderlich.

1. Erklärungsirrtum

Eine letztwillige Verfügung kann gemäß § 2078 Abs. 1, 2. Alt. BGB angefochten werden, wenn der Erblasser eine ERKLÄRUNG dieses Inhalts überhaupt nicht abgeben wollte.

Beispiel bei einem „verschriebenen" Testament:

Der Erblasser schreibt in seinem Testament „Meine Tochter erhält vermächtnisweise einen Geldbetrag von 10.000 EUR." Er hat sich dabei verschrieben und wollte der Tochter eigentlich nur einen Betrag von 1.000 EUR zuwenden.

2. Inhaltsirrtum

Eine letztwillige Verfügung kann gemäß § 2078 Abs. 1, 1. Alt. BGB angefochten werden, wenn der Erblasser über den INHALT seiner Erklärung im Irrtum war. Dies ist etwa dann der Fall, wenn der Erblasser mit einem von ihm im Testament gebrauchten Rechtsbegriff oder Fremdwort eine falsche Bedeutung verbindet. Wenn sich aber ermitteln lässt, in welchem

Sinne er das betreffende Wort aufgefasst hat, kann dieser Fehler durch Auslegung der letztwilligen Verfügung ausgeräumt werden, so dass eine Anfechtung nicht mehr erforderlich ist.

Beispiel einer Auslegung:
Der Erblasser setzt in seinem Testament den Sohn als Erben und sein Enkelkind als „Nacherben" ein. Tatsächlich wollte der Erblasser aber, dass sein Enkelkind nur dann Erbe wird, wenn der Sohn vorverstorben ist; der Enkel sollte also nur Ersatzerbe für den Sohn sein. Im Regelfall wird aber auch hier eine Anfechtung nicht erforderlich sein, da dem wirklichen Willen des Erblassers durch Auslegung Geltung verschafft werden kann.

3. Motivirrtum
Eine letztwillige Verfügung kann gemäß § 2078 Abs. 2, 1. Alt. BGB angefochten werden, wenn der Erblasser bei der Testamentserrichtung von unrichtigen Vorstellungen ausgegangen ist oder sich seine damaligen ERWARTUNGEN später als falsch erwiesen haben. Diese UMSTÄNDE müssen aber für den Erblasser wesentlich bestimmend für den Inhalt seines Testamentes gewesen sein. Daran würde es zum Beispiel fehlen, wenn er auch bei Kenntnis der Sachlage dieselbe letztwillige Verfügung errichtet hätte.

Falsche Vorstellung des Erblassers:
Ein Motivirrtum liegt etwa vor, wenn der Erblasser bei der Testaments-errichtung nicht wusste, dass der eingesetzte Erbe einer Sekte angehört und den Nachlass hierfür verschleudern wird. Gleiches gilt, wenn der Erblasser bei Testamentserrichtung der Auffassung war, dass die beiden testamentarisch bedachten Personen miteinander verheiratet seien.

4. Drohung
Eine letztwillige Verfügung kann gemäß § 2078 Abs. 2, 2. Alt. BGB angefochten werden, wenn der Erblasser zu dieser Verfügung wider-rechtlich durch DROHUNG bestimmt worden ist.

Beispiel einer Drohung:
Die Lebensgefährtin sagt zum Erblasser, sie werde sich sofort umbringen, wenn sie nicht zur Alleinerbin eingesetzt werde.

5. Übergehen eines Pflichtteilsberechtigten

Eine letztwillige Verfügung kann gemäß § 2079 BGB angefochten werden, wenn der Erblasser einen zum Zeitpunkt des Erbfalls vorhandenen PFLICHTTEILSBERECHTIGTEN (zum Beispiel ein Kind, den Ehegatten oder die Eltern) ÜBERGANGEN hat und

– die Existenz dieses Pflichtteilsberechtigten bei Testamentserrichtung nicht bekannt war

oder

– der Pflichtteilsberechtigte erst nach Testamentserrichtung geboren oder pflichtteilsberechtigt geworden ist.

Übergehen eines Pflichtteilsberechtigten:
Witwer Müller hat im Jahr 1990 seine beiden Töchter testamentarisch zu Miterben eingesetzt. Im Jahr 2000 heiratet er wieder; aus dieser Ehe geht auch ein gemeinsamer Sohn hervor. Nach dem Ableben von Herrn Müller könnten seine Witwe und das Kind aus zweiter Ehe lediglich Pflichtteilsansprüche geltend machen, da die beiden Kinder aus erster Ehe testamentarische Erben wurden. Gemäß § 2079 BGB können aber die Witwe und der Sohn das im Jahr 1990 errichtete Testament binnen Jahresfrist gegenüber dem Nachlassgericht anfechten. Es gilt dann gesetzliche Erbfolge, nach der die Witwe die Hälfte und die drei Kinder von Herrn Müller je ein Sechstel des Nachlasses erhalten.

Eine Anfechtung ist aber gemäß § 2079 S. 2 BGB dann ausgeschlossen, wenn anzunehmen ist, dass der Erblasser auch bei Kenntnis von der Existenz der pflichtteilsberechtigten Person seine letztwillige Verfügung unverändert getroffen hätte.

Keine Anfechtung trotz Übergehens:
Nach Errichtung des Testaments wird ein weiteres Kind des Erblassers geboren. Der Testierende lässt dieses Testament nachweislich bewusst (also nicht etwa, weil er die letztwillige Verfügung vergessen hätte) unverändert weiter bestehen. In diesem Fall ist die Anfechtung des später geborenen Kindes in der Regel ausgeschlossen, weil anzunehmen ist, dass der Testierende seine letztwillige Verfügung auch bei Kenntnis der Geburt des späteren Kindes nicht anders errichtet hätte.

II. Formalien der Anfechtung

1. Anfechtungsberechtigte Person

Bei einer Anfechtung gemäß § 2079 BGB ist der (übergangene) Pflichtteilsberechtigte anfechtungsberechtigt (§ 2080 Abs. 3 BGB).

Bei einer Anfechtung nach § 2078 BGB ist derjenige anfechtungsberechtigt, dem der Wegfall der letztwilligen Verfügung unmittelbar
zustattenkommen würde (§ 2080 Abs. 1 BGB). Dies kann zum Beispiel der
gesetzliche Erbe bei wirksamer Anfechtung des einzigen Testaments des
Erblassers sein. Hat der Erblasser aber zwei Testamente errichtet, würde
die Anfechtung des späteren Testaments dem im früheren Testament
eingesetzten Erben zustattenkommen.

2. Form der Anfechtung

Adressat der Anfechtungserklärung ist das Nachlassgericht (§ 2081 Abs. 1
BGB), nicht also die testamentarischen oder gesetzlichen Erben des
Erblassers. Lediglich bei Vermächtnissen und Teilungsanordnungen hat
die Anfechtung direkt gegenüber den bedachten Personen zu erfolgen
(§ 143 Abs. 4 S. 1 BGB).

Eine notarielle Beglaubigung der Anfechtungserklärung ist nicht
erforderlich; es reicht eine schriftlich oder mündlich zu Protokoll des
Nachlassgerichts gegebene Erklärung.

3. Anfechtungsfrist

Die Anfechtung kann nur binnen einer Frist von einem Jahr erfolgen
(§ 2082 Abs. 1 BGB). Innerhalb dieser Frist muss die Anfechtungserklärung beim örtlich zuständigen Nachlassgericht eingehen.

Die Frist beginnt mit dem Zeitpunkt, in welchem der Anfechtungsberechtigte vom Anfechtungsgrund (also vom Erbfall, Testament, Irrtum)
Kenntnis erlangt (§ 2082 Abs. 2 S. 1 BGB). Auf den Zeitpunkt der Testamentseröffnung kommt es (anders als zum Beispiel bei einer Ausschlagung gemäß § 1944 Abs. 2 S. 1 BGB) nicht an. Bloße Vermutungen
genügen nicht; erforderlich ist eine zuverlässige Kenntnis vom
Anfechtungsgrund.

III. Anfechtung eines Erbvertrages

Beim Erbvertrag ist der Erblasser an seine vertragsmäßigen Verfügungen gebunden, sofern er kein Rücktrittsrecht oder einen Änderungsvorbehalt im Erbvertrag vereinbart hat. Liegt nun zu Lebzeiten des Erblassers ein Anfechtungsgrund vor, kann der Erblasser gemäß § 2281 Abs. 1 BGB seine erbvertragsmäßigen Verfügungen selbst anfechten.

Ein Einzeltestament kann der Erblasser dagegen jederzeit durch ein neues Testament widerrufen. Eine Anfechtung hat für ihn deshalb keine Bedeutung. Die Anfechtungsgründe der §§ 2078, 2079 BGB kommen deshalb gemäß § 2080 Abs. 1 BGB denjenigen Personen zustatten, die aus der Anfechtung einer letztwilligen Verfügung einen unmittelbaren rechtlichen Vorteil haben.

Die Anfechtungserklärung muss vom Erblasser persönlich (nicht also durch einen Vertreter) erfolgen und notariell beurkundet sein (§ 2282 Abs. 3 BGB). Die Anfechtungserklärung muss dem Erbvertragspartner beziehungsweise – wenn dieser schon verstorben ist – dem für diesen Erbfall zuständigen Nachlassgericht zugehen (§ 2281 Abs. 2 BGB).

Die Anfechtungsfrist beträgt ein Jahr und beginnt mit dem Zeitpunkt, in dem der Erblasser vom Anfechtungsgrund Kenntnis erlangt (§ 2283 BGB). Hat der Erblasser noch zu Lebzeiten den anfechtbaren Erbvertrag (zum Beispiel durch schlüssiges Handeln) bestätigt, also seinen früheren Irrtum erkannt und trotzdem am Erbvertrag festgehalten, ist eine spätere Anfechtung ausgeschlossen (§ 2284 BGB).

Gemäß §§ 2285, 2080 Abs. 1 BGB können nach dem Tod des Erblassers diejenigen Personen den Erbvertrag anfechten, denen der Wegfall des Erbvertrages einen rechtlichen Vorteil bringen würde. Voraussetzung für das Anfechtungsrecht dieser dritten Personen ist allerdings, dass der Erblasser zu Lebzeiten sein eigenes Anfechtungsrecht nicht durch Bestätigung (§ 2284 BGB) oder Fristablauf (§ 2283 BGB) schon verloren hatte.

Beispiel einer Anfechtung:

Nach dem Tod seiner ersten Ehefrau heiratet der erbvertraglich gebundene Erblasser am 1.5.2006 wieder. Mit dem Tag der Heirat wurde die zweite Ehefrau pflichtteilsberechtigte Person (vgl. § 2303 Abs. 2 BGB). Der Erblasser hätte somit den Erbvertrag binnen Jahresfrist (§ 2283 BGB) anfechten können. Tut er dies nicht innerhalb dieser Frist oder hat er sogar (durch ausdrückliches oder schlüssiges Handeln) zu erkennen gegeben, dass er am Erbvertrag festhalten will (sogenannte Bestätigung gemäß § 2284 BGB), so kann die zweite Ehefrau nach dem Tod des Erblassers den Erbvertrag nicht mehr anfechten.

IV. Anfechtung eines Ehegattentestaments

Die freie Widerruflichkeit eines Testamentes ist bei einem Ehegattentestament eingeschränkt: Gemäß § 2271 Abs. 2 BGB erlischt das Recht zum Widerruf von wechselbezüglichen Verfügungen mit dem Tod des ersten Ehegatten. Der länger lebende Ehegatte ist damit an diese wechselbezüglichen Verfügungen gebunden, es sei denn, im gemeinschaftlichen Testament wurde ein sogenannter Abänderungsvorbehalt aufgenommen.

Da sich in den Bestimmungen des Ehegattentestamentes keine Regelungen zur Anfechtung finden, wendet die Rechtsprechung (BGH, FamRZ 1970, 79) die Anfechtungsregelungen des Erbvertrages (§§ 2281 ff. BGB in Verbindung mit §§ 2078, 2079 BGB) entsprechend aufbindend gewordene wechselbezügliche Verfügungen in gemeinschaftlichen Testamenten an.

Das gemeinschaftliche Testament kann entsprechend § 2285 BGB aber nur dann angefochten werden, wenn das Anfechtungsrecht des Erblassers zur Zeit des Erbfalls noch bestand, das heißt weder durch Fristversäumung (§ 2283 BGB) noch durch Bestätigung (§ 2284 BGB) erloschen ist.

Eine – für die Praxis besonders wichtige – Anfechtungsmöglichkeit besteht somit für den zweiten Ehepartner oder Kinder aus der zweiten Ehe.

Beispiel einer Anfechtung:
Das Ehepaar Müller hat sich im Jahr 1990 wechselseitig zu Alleinerben
und nach dem Tod des Längerlebenden die beiden Töchter testamentarisch zu Miterben eingesetzt. Nach dem Tod seiner Frau im Jahr 1993
heiratet Witwer Müller am 1.2.1995 wieder. Er erleidet am 10.10.1995
einen tödlichen Verkehrsunfall.

Entsprechend §§ 2281, 2079 BGB kann die Witwe das im Jahr 1990
errichtete Testament anfechten: Die zweite Heirat am 1.2.1995 stellt
einen Anfechtungsgrund iSd § 2078 BGB dar. Der Erblasser hätte zu
seinen Lebzeiten binnen Jahresfrist ab Wiederheirat (§ 2283 BGB), also
bis zum 31.1.1996 das Ehegattentestament noch selbst anfechten können.
Nach seinem Tod kann seine Witwe anfechten. Es gilt dann gesetzliche
Erbfolge, nach der die Witwe die Hälfte und die zwei Kinder von Herrn
Müller je ein Viertel des Nachlasses erhalten.

Variante:
Hätte Herr Müller noch zu Lebzeiten bestätigt, dass trotz der 2. Heirat
das Ehegattentestament weiter gelten soll, oder wäre Herr Müller nach
dem 31.1.1996 verstorben, wäre eine Anfechtung der Witwe
ausgeschlossen.

Zusammenfassung:
Die Anfechtung einer letztwilligen Verfügung erfordert einen gesetzlichen Anfechtungsgrund und die Einhaltung bestimmter Formalien.
Der Anfechtungsberechtigte muss die gesetzliche Form und Frist wahren.
Ein Erbvertrag kann angefochten werden, wenn die gesetzlichen Bedingungen erfüllt sind. Ein Ehegattentestament kann nach dem Tod
des Erstversterbenden nicht widerrufen werden.

15

Exkurs: Die Vollmacht über den Tod hinaus

Für die Regelung von Nachlassangelegenheiten ist ein Erbschein oder ein Testamentsvollstreckerzeugnis nötig. Eine Vollmacht über den Tod hinaus ermöglicht es dem Bevollmächtigten, auch nach dem Tod des Vollmachtgebers notwendige Verwaltungsmaßnahmen zu ergreifen.

I. Die „transmortale" Vollmacht

II. Form der Vollmacht

15. Exkurs: Die Vollmacht über den Tod hinaus

Zur Regelung von Nachlassangelegenheiten müssen die Erben im Regelfall beim Nachlassgericht einen ERBSCHEIN beantragen. Auch ein Testamentsvollstrecker muss sich durch ein gerichtliches TESTAMENTSVOLLSTRECKERZEUGNIS legitimieren, um für den Nachlass handeln zu können. Die Erteilung dieser Dokumente kann mehrere Monate in Anspruch nehmen. Hierdurch kann die Verwaltung des Nachlasses, insbesondere von Immobilien erheblich erschwert werden. Eine Vollmacht über den Tod hinaus stellt deshalb eine sinnvolle Ergänzung des Testaments dar.

I. Die „transmortale" Vollmacht

Diese Vollmacht gilt über den Tod des Vollmachtgebers hinaus. Der Bevollmächtigte kann also auch noch NACH DEM ERBFALL die erforderlichen Maßnahmen zur ordnungsgemäßen Verwaltung des Nachlasses treffen, bis der beantragte Erbschein oder das Testamentsvollstreckerzeugnis vom Nachlassgericht erteilt wird.

II. Form der Vollmacht

EXPERTENTIPP BEI VOLLMACHT:
Damit der Bevollmächtigte auch Grundstücksverfügungen, also eine VERÄUSSERUNG ODER BELASTUNG VON IMMOBILIEN, wirksam vornehmen kann, muss die Vollmacht notariell beglaubigt sein und sich die Vollmacht auch hierauf beziehen. Bei der Aufnahme eines sog. Verbraucherdarlehens muss die Vollmacht sogar vollständig vom Notar beurkundet werden.

Eine Vollmacht kann in der Form frei gestaltet werden, es gibt hierfür keine gesetzliche Regelung. Allerdings sollte sie zu Beweiszwecken immer schriftlich vorliegen. Es ist nicht unbedingt erforderlich, dass die Vollmacht handschriftlich abgefasst wird; ausreichend ist die UNTERZEICHNUNG einer maschinenschriftlichen Erklärung. Bevor man eine Vollmacht zu Papier bringt, sollte man bei der BANK anfragen, ob sie eine frei formulierte Vollmacht akzeptiert oder auf eigenen Formularen für eine Kontovollmacht besteht. Falls Letzteres der Fall ist, sollte man zumindest für die Kontovollmacht das geforderte FORMULAR verwenden, um späteren Ärger auszuschließen. Es ist sinnvoll, bei den persönlichen Papieren oder in der Geldbörse einen schriftlichen Hinweis auf die Existenz der Vorsorgevollmacht und den Hinterlegungsort zu verwahren. So ist gewährleistet, dass im Ernstfall die Vollmacht schnell gefunden wird.

Zusammenfassung:
Eine Vollmacht ermöglicht dem Bevollmächtigten die Verwaltung des Nachlasses, vor Erteilung des Erbscheins oder des Testamentsvollstreckerzeugnisses. Eine Vollmacht sollte aus Nachweisgründen schriftlich vorliegen. Ein Hinweis auf die Vollmacht und deren Aufbewahrungsort ist empfehlenswert. Zur Durchführung von Immobiliengeschäften ist eine notarielle Beglaubigung, teilweise sogar die Beurkundung der Vollmacht notwendig.

16

Streit der Miterben um die Nachlass-immobilie

In einer Erbengemeinschaft entsteht zwischen den Miterben häufig Streit. Miterben haben regelmäßig unterschiedliche Vorstellungen, wie mit der Immobilie zu verfahren ist, ob Renovierungen durchgeführt werden sollen, eine Hausverwaltung bestellt oder bei einem Verkauf ein Makler eingeschaltet wird.

I. Die Verwaltung des Nachlasses

II. Die Teilung des Nachlasses

16. Streit der Miterben um die Nachlassimmobilie

Meist wird der Verstorbene nicht von einem Alleinerben, sondern von zwei oder mehreren Erben beerbt. Bei einem guten familiären Einverständnis mag eine solche ERBENGEMEINSCHAFT zum Beispiel in der Fortführung eines Betriebes oder in der Verwaltung eines Mietgrundstücks über Jahrzehnte hinweg zum gegenseitigen Nutzen fortbestehen. Die Praxis aber zeigt, dass unter Miterben Streit vorprogrammiert ist. Der Grund liegt teilweise in der besonderen Struktur dieser Gemeinschaft. Die Erbengemeinschaft führt einerseits zu einer sehr engen Verbindung zwischen den Erben, da die gesamte Verwaltung des Nachlasses grundsätzlich von allen Erben gemeinsam zu erfolgen hat. Andererseits ist die Erbengemeinschaft darauf angelegt, auseinandergesetzt zu werden und daher nur eine vorübergehende Verbindung der Miterben.

I. Die Verwaltung des Nachlasses

Verwaltung und Geschäftsführung stehen im Grundsatz ALLEN Miterben zu. Ein Erbe möchte den Nachlass zusammenhalten, der andere so rasch wie möglich versilbern. Viele Miterben kümmern sich nicht um die Verwaltung des Nachlasses, einige versuchen querulatorisch die eigenen Vorstellungen den anderen Miterben aufzuzwingen. Erbengemeinschaften sind also in einem hohen Maße geeignet, UNFRIEDEN ZU STIFTEN.

1. Gemeinschaftliche Verwaltung des Nachlasses

Die Miterben haben den Nachlass bis zu dessen Teilung GEMEINSCHAFTLICH zu verwalten (§ 2038 Abs. 1 S. 1 BGB). Hat der Erblasser Testamentsvollstreckung angeordnet oder wurde ein Nachlassverwalter oder ein Nachlassinsolvenzverwalter eingesetzt, so sind die Miterben von der Verwaltung des Nachlasses ausgeschlossen.

EXPERTENTIPP ZUR VERGÜTUNG EINES MITERBEN:
Es empfiehlt sich dringend, eine (schriftliche) VERGÜTUNGSREGELUNG für den Fall zu treffen, dass einer der Miterben für die Erbengemeinschaft tätig wird, aufwendige Arbeiten zu erledigen hat und sicherstellen möchte, dass seine Tätigkeit entlohnt wird.

Die Erbengemeinschaft kann einer Person die Verwaltung des Nachlasses übertragen. Dies kann ein Erbe oder ein Außenstehender, wie zum Beispiel ein GRUNDSTÜCKSVERWALTER sein. Auf diese Weise kann die Gemeinschaft an einem Grundstück, das einen guten Ertrag abwirft, langjährig aufrechterhalten bleiben.

Miterben können – obwohl es häufig von juristischen Laien anders gesehen wird – im Regelfall KEIN ENTGELT für den Zeitaufwand und die Arbeit verlangen, die sie für die Verwaltung des Nachlasses aufwenden.

2. Nutzung des Nachlasses

Ein Miterbe darf einen Nachlassgegenstand nicht ausschließlich für
sich beanspruchen und nutzen. Zwar steht das Recht, die zum Nachlass
gehörenden Gegenstände zu nutzen, jedem Miterben zu; der Miterbe
darf dabei aber nicht das NUTZUNGSRECHT der anderen Miterben beeinträchtigen (§§ 2038 Abs. 2, 743 Abs. 2 BGB).

3. Einnahmen aus dem Nachlass

EINNAHMEN , die aus dem Nachlass erzielt werden (wie Miet- oder
Zinserträge) sind gemäß § 2038 Abs. 2 S. 2 BGB erst bei der endgültigen
Teilung des Nachlasses zu verteilen. Einen Anspruch auf Vorschuss-
zahlung haben Miterben nur dann, wenn sie dies einstimmig (nicht nur
mit Stimmenmehrheit) beschlossen haben. Nur wenn der Erblasser die
Teilung des Nachlasses auf LÄNGERE ZEIT ALS EIN JAHR ausgeschlossen
hat, kann jeder Miterbe zum Jahresende die Teilung des Reinertrages
verlangen (§ 2038 Abs. 2 S. 3 BGB). Dies gilt jedoch nicht, wenn sich
die Teilung des Nachlasses lediglich tatsächlich über ein Jahr hinaus
verzögert hat, sondern nur dann, wenn die Teilung vom Erblasser auf
längere Zeit als ein Jahr ausgeschlossen wurde.

4. Beschlussfassung der Miterben

Die Frage, ob Miterben einstimmig oder auch mit Stimmenmehrheit
beschließen können, hängt von der Art der Verwaltungsmaßnahme ab:

– „Außerordentliche" Verwaltungsmaßnahmen , die für den Nachlass
  eine erhebliche wirtschaftliche Bedeutung haben (zum Beispiel die
  Veräußerung eines Grundstücks) bedürfen der Einstimmigkeit der
  Miterben (§ 2038 Abs. 1 S. 1 BGB).

Beispiele außerordentlicher Verwaltung:

AUSSERORDENTLICHE Maßnahmen sind etwa eine Klage auf Aufhebung
eines Mietverhältnisses, sowie auf Räumung und Herausgabe einer
Wohnung, die Erteilung der Löschungsbewilligung für eine Grundbuch-
eintragung und die Zustimmung zur Berichtigung des Grundbuchs. Auch
die Veräußerung des einzigen Nachlassgrundstücks ist regelmäßig eine
außerordentliche Maßnahme, wenn nicht Besonderheiten des Einzelfalls
eine ordnungsgemäße Verwaltung begründen, etwa weil das Grundstück
außer an einen bestimmten Interessenten nahezu unveräußerlich ist.

Anders verhält sich das bei „Maßnahmen der ordnungsgemäßen Verwaltung". Hier genügt Stimmenmehrheit. Maßnahmen, die aus der Sicht
eines vernünftigen und wirtschaftlich denkenden Betrachters dem
Nachlassgegenstand gerecht werden und im Interesse aller Miterben

---

**EXPERTENTIPP BEI
NUTZUNG EINES NACHLASS-
GEGENSTANDS DURCH
MITERBEN:**
Ein Miterbe, der eine zum
Nachlass gehörende
IMMOBILIE (zum Beispiel
Wohnung) eigenmächtig in
Besitz nimmt und allein nutzt,
ist unverzüglich von den an-
deren Miterben aufzufordern,
den Mitbesitz einzuräumen
oder aber eine NUTZUNGS-
ENTSCHÄDIGUNG zu
zahlen.

„nach billigem Ermessen" liegen; alles, was die Nachlassgegenstände nicht stark verändert und das Vermögen, das einem Miterben zusteht, nicht gefährdet und nicht mindert – all das kann mit Stimmenmehrheit beschlossen werden (§§ 2039 Abs. 2, 745 BGB). Bei der Berechnung der Stimmenmehrheit wird die Größe, der den einzelnen Miterben zustehenden Erbteile berücksichtigt. Es wird also nicht nach Köpfen abgestimmt. Bei der Verwaltung des Erbes können sich dabei erhebliche Schwierigkeiten ergeben: Ein Witwer, dem nach der gesetzlichen Erbfolge die Hälfte des Nachlasses zusteht, und seine beiden Kinder, die zusammen die andere Hälfte erhalten, sind schnell handlungsunfähig, wenn der Vater auf seiner Meinung beharrt und die Kinder seinen Maßnahmen widersprechen.

Beispiele „normaler" Verwaltungstätigkeit:

Maßnahmen, die mit EINFACHER MEHRHEIT beschlossen werden können, sind etwa Baumaßnahmen auf einem Grundstück, Einziehung von Forderungen, Kapitalanlage bis zur Teilung des Nachlasses, Begleichung von Nachlassschulden, Auszahlung von Pflichtteilsansprüchen, Reparaturen und Instandhaltungsmaßnahmen, soweit sie aus Nachlassmitteln beglichen werden können, Vermietung und Verpachtung von Nachlassgegenständen. Der Beschluss, eine Nachlassimmobilie zum Beispiel unter Einschaltung eines Maklers freihändig zu verkaufen, bedarf dagegen der Einstimmigkeit, da es sich hierbei um eine Verfügung handelt, mit der das Eigentum aus dem Nachlass ausgeschieden wird (§ 2040 BGB).

Jeder Miterbe ist den anderen gegenüber verpflichtet, bei „ordnungsgemäßen Verwaltungsmaßnahmen" der Erbengemeinschaft MITZUWIRKEN (§ 2038 Abs. 1 S. 2 BGB). Weigert sich ein Miterbe, seine Zustimmung zu erteilen, kann jeder andere Miterbe mit Aussicht auf Erfolg beim Gericht Klage einreichen. Entsteht den anderen Miterben durch die Weigerung ein SCHADEN, so können diese Ersatz verlangen.

–   Notwendige Verwaltungsmaßnahmen . All das, was notwendig ist, um den Nachlass insgesamt oder einzelne Teile zu erhalten (etwa dringende Reparaturarbeiten an einem Haus, die nicht aufgeschoben werden können, bis die anderen Miterben zustimmen, Abwehrmaßnahmen gegen Eingriff in den Nachlass) kann von jedem einzelnen Miterben ohne Mitwirkung der anderen vorgenommen werden (§ 2038 Abs. 1 S. 2, 2. Halbs. BGB).

Notverwaltungsmaßnahmen:

NOTVERWALTUNGSMASSNAHMEN sind etwa eine dringende Dachreparatur
nach einem Sturm, um eindringende Feuchtigkeit zu verhindern, der
Verkauf verderblicher Sachen oder Abwehrmaßnahmen gegen einen
rechtswidrigen Eingriff in den Nachlass.

Expertentipp zur Abgrenzung der Maßnahmen:

Oft ist die GRENZE zwischen einer ordnungsgemäßen Nachlassverwaltung, welche eine Stimmenmehrheit erfordert, und einer Not-
verwaltungsmaßnahme, die jeder Erbe allein vornehmen darf, nicht
eindeutig. Stellt sich im Nachhinein heraus, dass keine Notverwaltungs-
maßnahme vorlag und ein Miterbe deshalb nicht allein handeln durfte,
muss der handelnde Miterbe möglicherweise nicht nur die Kosten der
Maßnahme selber tragen, sondern darüber hinaus eventuell den Miterben SCHADENSERSATZ leisten. Deshalb sollte ein Miterbe immer
versuchen, einen MEHRHEITSBESCHLUSS zu erzielen oder – wenn dies
aus zeitlichen Gründen nicht möglich erscheint – eilige Maßnahmen
zumindest mit möglichst vielen anderen Miterben abzustimmen.

– Durchsetzung von Nachlassforderungen. Von den Verwaltungsmaßnahmen zu unterscheiden ist die Geltendmachung und Durchsetzung
  einer zum Nachlass gehörenden Forderung durch einzelne Miterben.
  § 2039 Abs. 1 S. 1 BGB berechtigt jeden Miterben solche Forderungen
  allein im eigenen Namen durchzusetzen und notfalls gerichtlich geltend zu machen, sowie die Zwangsvollstreckung zu betreiben.
  Der Miterbe kann jedoch nicht eine Leistung an sich allein verlangen,
  sondern nur eine Leistung an alle Miterben. Der Nachlassschuldner
  kann sich von seiner Schuld dadurch befreien, dass er die geforderte
  Leistung gegenüber allen Miterben gemeinschaftlich erbringt, sie
  hinterlegt oder sie einem gerichtlich bestellten Verwahrer abliefert.

5. Verfügungen über den Nachlass

Unter einer „Verfügung" versteht man die Übertragung, die Belastung,
die inhaltliche Änderung oder die Aufhebung eines bereits bestehenden
Rechts. Betreffen solche Verfügungen Nachlassgegenstände, können sie
nur von allen Miterben gemeinschaftlich erfolgen (§ 2040 BGB). Aus diesem Grunde müssen beispielsweise bei der Übereignung eines Nachlassgrundstücks ebenso wie bei der Bestellung eines Nießbrauchs an einem
solchen Grundstück alle Erben gemeinschaftlich handeln. Ein bloß
mehrheitliches Handeln reicht nicht aus.

Von der tatsächlichen Verfügung über einen Nachlassgegenstand zu unterscheiden sind Beschlüsse der Miterben über die Vornahme von Verfügungen. Diese Beschlüsse unterliegen den Regelungen der Verwaltung des Nachlasses, so dass stets zu unterscheiden ist, ob es sich um eine Maßnahme einer ordnungsgemäßen Verwaltung, eine außerordentliche Verwaltungsmaßnahme oder um eine notwendige Verwaltungsmaßnahme handelt. Wollen die Miterben beispielsweise eine von vielen Nachlassimmobilien veräußern, so kann es sich um eine ordnungsgemäße Verwaltungsmaßnahme handeln, die mit einfacher Mehrheit beschlossen werden kann. Die Umsetzung eines solchen Beschlusses durch die Übereignung des Grundstücks muss durch alle Miterben erfolgen, da es sich um eine Verfügung im Sinne des § 2040 BGB handelt. Wirken einzelne Miterben an der mehrheitlich beschlossenen Übereignung nicht mit, können sie auf der Grundlage des Mehrheitsbeschlusses auf eine Mitwirkung verklagt werden.

Expertentipp bei Kündigung eines Mietverhältnisses:
Von dem Grundsatz, dass Verfügungen gemäß § 2040 BGB ein gemeinschaftliches Handeln aller Erben verlangen und damit nicht wie ordnungsgemäße Verwaltungsmaßnahmen mehrheitlich beschlossen und umgesetzt werden können (§§ 2038 Abs. 2, 745 BGB), hat der Bundesgerichtshof für den Fall der KÜNDIGUNG EINES MIETVERHÄLTNISSES eine Ausnahme zugelassen (BGH, ZEV 2010, 36). Nach dieser Rechtsprechung kann trotz des Umstandes, dass es sich bei der Kündigung eines bestehenden Rechts um eine Verfügung handelt, ein mehrheitliches Handeln genügen.

6. Auskunftsansprüche des Miterben
Einzelne Miterben verfügen häufig wegen besonderer Sachnähe zum Nachlassvermögen über ein „Monopolwissen", während andere als Folge eines Informationsdefizits den Nachlass weder effektiv verwalten noch zügig zur Teilung bringen können. Sie sind deshalb auf klare Auskünfte angewiesen. Nach einer Grundsatzentscheidung des Bundesgerichtshofs (NJW-RR 1989, 450) begründet die Miterbenstellung als solche aber KEINE GENERELLE AUSKUNFTSPFLICHT der anderen Miterben. Der Miterbe muss vielmehr aufgrund verschiedener Einzelvorschriften oder aufgrund Richterrechts AUSKUNFTSANSPRÜCHE durchsetzen.

- Zunächst kann der Miterbe dieselben Auskunftsansprüche geltend machen, die auch einem Alleinerben zustehen.
- Zu beachten ist, dass diese Auskunftsansprüche im Regelfall der Erbengemeinschaft insgesamt zustehen, gemäß § 2039 BGB aber auch von jedem einzelnen Miterben durchgesetzt werden können.

Die Auskunft selbst muss dann aber gegenüber allen Miterben erteilt werden.

- Ein Miterbe, der noch vom Erblasser mit der Verwaltung beauftragt und bevollmächtigt wurde, ist gegenüber der Erbengemeinschaft zur Auskunft und Rechenschaft verpflichtet (§ 666 BGB).
- Gleiches gilt für diejenigen Miterben, die nach dem Erbfall „Notverwaltungsmaßnahmen" (§ 2038 Abs. 1 BGB) getroffen haben. Bei einer dauerhaften Verwaltung gemeinsamer Grundstücke durch einen Miterben (§ 745 BGB) kann durch schlüssige Vereinbarung unter den Miterben Auftragsrecht zur Anwendung kommen und sich damit eine Auskunftspflicht aus § 666 BGB ergeben.
- Nach § 2057 BGB sind Miterben untereinander zur Auskunft über alle Zuwendungen verpflichtet, die nach den Vorschriften der §§ 2050–2053 BGB ausgleichungspflichtig sein könnten. Geschuldet ist dabei eine zeitlich und gegenständlich unbeschränkte „Totalaufklärung", wobei aber nicht jede „Kleinigkeit" anzugeben ist.
- Miterben sind im Regelfall nicht verpflichtet, bei der Errichtung eines Inventars (§ 2003 BGB) mitzuwirken. In besonders gelagerten Einzelfällen kann sich aber eine derartige Verpflichtung ergeben. Die Auskunftpflicht eines Miterben bei einer amtlichen Inventaraufnahme ist zwar nicht erzwingbar, der Erbe verwirkt jedoch unter Umständen sein Recht zur Haftungsbeschränkung (§ 2005 Abs. 1 S. 2 BGB).
- Der Bundesgerichtshof hat aus § 242 BGB (Treu und Glauben) einen Auskunfts- und Wertermittlungsanspruch des pflichtteilsberechtigten Erben gegen den vom Erblasser beschenkten Miterben abgeleitet.

Muster „Auskunftsersuchen eines Miterben gegenüber einer Bank":
An die Bank............

Ehemaliger Kontoinhaber:............

Kontonummer:............

Sehr geehrte Damen und Herren,

hiermit teile ich ihnen mit, dass ich ein Sohn des am............ in............ verstorbenen Erblassers............ bin. Der Erblasser war Kunde Ihres Hauses. Er hat kein Testament hinterlassen und ist beerbt worden durch seine drei Kinder, somit durch meine beiden Geschwister und durch mich zu je einem Drittel. Eine Ausfertigung des Erbscheins des zuständigen Nachlassgerichts füge ich bei.

Derzeit wird überlegt, ob die Erbengemeinschaft einen Miterben zum Bevollmächtigten bestimmt. Hierüber ist jedoch noch nicht entschieden, so dass der Nachlass derzeit gemeinsam verwaltet wird.

Ich bitte um eine Aufstellung sämtlicher Vermögenswerte, die der Erblasser in Ihrem Hause hielt, sowie um die Benennung etwaiger Verbindlichkeiten. Die Miterben haben keine Einwände dagegen, dass die Auskunft erteilt wird. Auch die Miterben sind an den Auskünften interessiert, weshalb ich Sie bitte, die erbetenen Auskünfte an alle Erben zu erteilen. Für die entstehenden Kosten komme ich auf.

(Unterschrift)

II. Die Teilung des Nachlasses

JEDER Miterbe kann JEDERZEIT die Auseinandersetzung des Nachlasses verlangen (§ 2042 Abs. 1 BGB). Nicht selten entsteht hierbei Streit unter den Miterben, mit der Folge, dass Familienvermögen sinnlos zerschlagen wird.

1. Teilungsverfahren

Die Miterben können frei entscheiden, wie sie die Auseinandersetzung durchführen und dies in einem AUSEINANDERSETZUNGSVERTRAG fest- legen. In einem solchen Vertrag können die Erben den Zeitpunkt der Teilung, den Umfang der Teilung und die Art und Weise der Teilung untereinander regeln. Sind sich alle Miterben einig, besteht beispiels- weise die Möglichkeit, dass einer oder mehrere Erben gegen eine Abfindungszahlung aus der Erbengemeinschaft ausscheiden. Die Erben können auch vereinbaren, dass eine Person aus ihrem Kreis bestimmte Nachlassgegenstände unter Anrechnung auf ihren Erbteil zu einem bestimmten Wert übernimmt. Häufig sind noch AUSGLEICHSZAHLUNGEN an die übrigen Erben zu leisten. Sind solche Ausgleichszahlungen nicht gewollt oder nicht möglich, können nicht teilbare Nachlassgegenstände – beispielsweise zum Nachlass gehörende Immobilien – an Dritte verkauft werden und der Kaufpreis dann verteilt werden.

Einigen die Erben sich nicht einvernehmlich auf die Art und Weise der Teilung, hat diese ausschließlich nach den folgenden gesetzlichen Vorgaben zu erfolgen:

- Eine Teilung kann von einem Miterben erst verlangt werden, wenn eine sogenannte Teilungsreife vorliegt. Diese ist gegeben, wenn es möglich ist den gesamten Nachlass zu teilen. Eine Teilung nur eines Teils des Nachlasses oder auch nur die Verteilung einzelner Gegenstände des Nachlasses unter den Miterben kann von einem Erben nicht verlangt werden. Eine solche Teilerbauseinandersetzung ist nur möglich, wenn alle Miterben damit einverstanden sind.
- Vor der Auseinandersetzung der Erbengemeinschaft sind zunächst alle Nachlassverbindlichkeiten zu begleichen, somit Schulden des Erblassers, Kosten der Bestattung, Pflichtteilsansprüche und sonstige Ansprüche gegen den Nachlass. Für Verbindlichkeiten, die noch nicht fällig sind, sind die entsprechenden Mittel zurückzustellen (§ 2046 Abs. 1 BGB).
- Anschließend sind Vermächtnisse des Erblassers zu erfüllen.
- Erst wenn alle Verbindlichkeiten und alle Vermächtnisse erfüllt sind, kann der Nachlass geteilt werden. Hierbei sind zunächst die Teilungsanordnungen des Erblassers zu beachten.
- Mit den übrigen nicht durch eine Teilungsanordnung zugewiesenen Gegenständen ist wie folgt zu verfahren: In gleichartige Teile teilbare Gegenstände – wie beispielsweise Geld und Wertpapiere – können auf die Miterben entsprechend deren Erbquote verteilt werden. Nicht in gleichartige Teile teilbare Gegenstände sind, wenn die Erben sich nicht anderweitig einigen, durch Verkauf oder Versteigerung in Geld umzuwandeln. Insoweit ist zu beachten, dass kein Erbe die Übertragung eines unteilbaren Nachlassgegenstandes auf sich selbst verlangen kann. Dadurch wird im Ergebnis eine unteilbare Sache in teilbares Geld verwandelt.

Expertentipp zur Teilungsversteigerung:
Die Praxis zeigt, dass bei einer TEILUNGSVERSTEIGERUNG im Regelfall ein deutlich niedrigerer Erlös als bei einem freien Verkauf erzielt wird. Da bei einer Versteigerung jeder Erbe selbst oder über eine dritte Person mitbieten kann, ist der Antrag auf eine Teilungsversteigerung gerade für solvente Miterben ein beliebtes Mittel an das Grundstück zu kommen. Bei Gericht kann zwar beantragt werden, dass das Zwangsversteigerungsverfahren für die Dauer von sechs Monaten einzustellen ist. Dieser Antrag wird aber nur dann erfolgreich sein, wenn konkrete Pläne für eine bessere Verwertung des Grundstücks vorgelegt werden.

Zur Bestimmung des Anteilswertes der einzelnen Miterben an dem für die Teilung zur Verfügung stehenden Nachlass sind gegebenenfalls Vorempfänge und Pflegeleistungen auszugleichen.

Die endgültige Teilung geschieht regelmäßig auf der Grundlage eines sogenannten Teilungsplans . Entspricht dieser den Teilungsanordnungen des Erblassers, den dargestellten Teilungsgrundlagen und den gesetzlichen Teilungsregeln, kann sich eine Pflicht der Miterben ergeben, dem Plan zuzustimmen und entsprechend dem Auseinandersetzungsplan den Nachlass zu teilen.

2. Ausgleichung von Vorempfängen

Werden mehrere Abkömmlinge des Erblassers gesetzliche Erben, können sich aus den §§ 2050–2057a BGB bei der Aufteilung des Nachlasses Ausgleichungspflichten ergeben. Gleiches gilt für den Fall der gewillkürten Erbfolge, sofern der Erblasser seine Abkömmlinge auf das eingesetzt hat, was sie als gesetzliche Erben erhalten würden (§ 2052 BGB). Das Gesetz unterscheidet VIER ARTEN VON VOREMPFÄNGEN:

–   Ausstattungen sind solche Leistungen, die der Erblasser seinem Abkömmling im Hinblick auf dessen Heirat oder zur Begründung beziehungsweise Erhaltung einer selbständigen Lebensstellung zuwendet (§ 1624 BGB). Hierzu gehört beispielsweise die Schenkung einer Immobilie anlässlich der Heirat oder die Zahlung eins Geldbetrages zur Grundeinrichtung eines Architekturbüros.
–   Zuschüsse sind solche Leistungen, die zur Unterstützung des Einkommens oder der Berufsausbildung gegeben wurden. Zuschüsse sind jedoch nur dann ausgleichungspflichtig, wenn sie das für die Familienverhältnisse übliche Maß überschritten haben. Es muss sich also um eine außerordentliche Leistung des Verstorbenen gehandelt haben.
–   Aufwendungen für die Vorbildung zu einem Beruf sind ebenfalls nur auszugleichen, wenn sie unter Berücksichtigung der Vermögensverhältnisse des Erblassers als übermäßig zu bewerten sind.
–   Sonstige Zuwendungen, somit alle Leistungen, die nicht unter die drei zuvor dargestellten zweckgebundenen Zuwendungen fallen, sind nur auszugleichen, wenn der Erblasser die Ausgleichung spätestens bei der Zuwendung – zumindest stillschweigend – angeordnet hat. Hintergrund dieser Regelung ist, dass der Empfänger wissen und entscheiden können soll, ob er die Zuwendung annimmt, obgleich sie ihm später auf seinen Erbteil angerechnet wird.

Expertentipp zur Gleichbehandlung:
Im Rahmen der Pflichtteilsreform wurde diskutiert, ob es möglich sein
soll, dass der Erblasser auch NACHTRÄGLICH im Rahmen einer letztwilligen Verfügung eine Ausgleichung früherer Zuwendungen anordnen
kann. Der Gesetzgeber hat diese Überlegungen im Gesetz zur Änderung
des Erb- und Verjährungsrechts, das zum 1.10.2010 in Kraft getreten ist,
nicht umgesetzt. Das Vertrauen des Zuwendungsempfängers darauf, dass
nicht nachträglich noch Auswirkungen der Zuwendung auf den späteren
Erbteil entstehen, ist nach dem Willen des Gesetzgebers zu schützen.
Gleichwohl bestehen für den Erblasser Möglichkeiten einen Ausgleich
für die erfolgte Zuwendung zu schaffen. So kann er beispielsweise die
Abkömmlinge, die keine Zuwendungen erhalten haben, mit VORAUSVER-
MÄCHTNISSEN in Höhe des Wertes der Zuwendung bedenken und so seine
Kinder nachträglich doch noch „gleichbehandeln".

– Berechnung der Ausgleichung: Die Ausgleichung verschafft keinen
   Zahlungsanspruch, sondern verschiebt nur die Teilungsquote nach
   § 2047 Abs. 1 BGB. Dazu werden die anrechnungspflichtigen Vorempfänge dem Nachlass hinzugerechnet. Dieser Ausgleichungsnach-
   lass wird dann auf die Abkömmlinge entsprechend der Erbquoten
   verteilt. Vom Anteil des einzelnen Miterben werden dann Vorempfänge, die er erhalten hat, abgezogen (§ 2055 BGB).

Berechnungsbeispiel bei Vorempfängen:
Der Nachlass des verwitweten Erblassers beläuft sich auf 300.000 EUR.
Sohn Alfred hat zur Gründung eines Handwerksbetriebes vom Erblasser
100.000 EUR erhalten; Tochter Beate bekam zur Hochzeit 50.000 EUR;
Sohn Claus ist bisher leer ausgegangen. Da der Erblasser kein Testament
hinterlassen hat, werden seine drei Kinder Miterben zu je ⅓. Im Rahmen
der Nachlassteilung sind die Vorempfänge wie folgt zu berücksichtigen:

Die beiden Zuwendungen an Alfred und Beate von zusammen
150.000 EUR werden zunächst dem Nachlass von 300.000 EUR hinzugerechnet. Dies ergibt einen Ausgangsnachlass von 450.000 EUR. Hiervon
steht jedem Miterben ⅓, also 150.000 EUR zu. Alfred muss sich hiervon
seinen Empfang von 100.000 EUR abziehen lassen; er kann also nur noch
die restlichen 50.000 EUR aus dem Nachlass beanspruchen. Beate stehen
nach Abzug des Vorempfangs von 50.000 EUR noch 100.000 EUR aus dem
Nachlass zu. Claus, der zu Lebzeiten nichts erhalten hat, muss sich keinen
Abzug gefallen lassen und erhält seinen vollen Erbanteil von
150.000 EUR.

EXPERTENTIPP BEI
VOREMPFÄNGEN:
Hat ein Abkömmling durch
Vorempfänge mehr erhalten,
als ihm nach vorstehender
Berechnung zustehen würde,
braucht er gemäß § 2056
Satz 1 BGB den MEHR-
EMPFANG nicht in den
Nachlass zurückzuzahlen.

Berücksichtigung von Pflegeleistungen: Gemäß § 2057a BGB können Abkömmlinge verlangen, dass Leistungen, die sie über einen längeren Zeitraum hinweg im Haushalt des Erblassers erbracht haben, beim Erbfall im Rahmen der Nachlassteilung unter Miterben ausgeglichen werden.

Im Gesetzgebungsverfahren zur Änderung des Erb- und Verjährungsrechts wurde diskutiert, ob künftig bei allen gesetzlichen Erben eine Ausgleichung möglich sein soll. Der Gesetzgeber hat diese Überlegung aber nicht umgesetzt, da die Erweiterung des Kreises der Ausgleichungsberechtigten zu einer Vielzahl von Folgeproblemen und Abgrenzungsfragen geführt hätte. Damit ist die Ausgleichung von Pflegeleistungen ebenso wie die Ausgleichung von Vorempfängen nur unter Abkömmlingen des Erblassers durchzuführen.

In der Praxis schwierig ist die Bewertung von erbrachten Pflegeleistungen. Eine Möglichkeit bietet der Vergleich zu den Pflegesätzen des Sozialgesetzbuches.

Expertentipp bei Pflegeleistungen:

Bei GEWILLKÜRTER Erbfolge, die nicht den gesetzlichen Erbquoten entspricht, besteht keine gesetzliche Ausgleichungspflicht gemäß § 2057b BGB. Der Erblasser sollte deshalb in seiner letztwilligen Verfügung anordnen, dass der Pflegende ein GELDVERMÄCHTNIS abhängig vom Umfang der erbrachten Pflegeleistungen erhält. Durch ein derartiges Vermächtnis können Personen, die nicht zum Kreis der gesetzlichen Erben gehören (etwa Schwiegerkinder, nichteheliche Lebensgefährten) für erbrachte Pflegeleistungen honoriert werden.

3. Gerichtliche Durchsetzung der Nachlassteilung

Können die Miterben sich über die Auseinandersetzung und Teilung des Nachlasses nicht einigen, bleibt oft nur der Rechtsweg. Jeder Miterbe kann Klage in einem streitigen Verfahren vor dem Zivilgericht (nicht vor dem Nachlassgericht) auf Teilung des Nachlasses erheben. Mit einer solchen Klage hat er einen Auseinandersetzungsplan vorzulegen und die nicht mitwirkenden Miterben auf Zustimmung zu dem von ihm vorgelegten Auseinandersetzungsplan zu verklagen. Voraussetzung für den Erfolg einer solchen Klage ist, dass der Auseinandersetzungsplan vollständig ist. Dies ist er nur, wenn er alle noch ungeteilten Nachlassgegenstände erfasst. Voraussetzung ist weiter, dass der Plan die gesetzlichen Teilungsregeln vollständig beachtet.

Neben einem solchen streitigen Verfahren kann jeder Miterbe vor dem Nachlassgericht beantragen, dass dieses vermittelnd tätig wird. Für das Vermittlungsverfahren des Nachlassgerichtes gelten die Regelungen der freiwilligen Gerichtsbarkeit (§§ 363 ff. Gesetz über das Verfahren in Familiensachen und in Angelegenheiten der freiwilligen Gerichtsbarkeit). Der Antrag eines Miterben setzt jedoch voraus, dass kein zu einer Auseinandersetzung berechtigter Testamentsvollstrecker vorhanden ist und weder eine Nachlassverwaltung noch eine Nachlassinsolvenz eingeleitet worden sind. Liegen diese Voraussetzungen vor, hat das Nachlassgericht auf entsprechenden Antrag eine Auseinandersetzung zu vermitteln. Eine für alle Erben verbindliche Entscheidung kann das Nachlassgericht jedoch nicht gegen den Willen auch nur eines Miterben treffen. Widerspricht auch nur einer der Miterben der vorgeschlagenen Auseinandersetzung, scheitert das Vermittlungsverfahren.

4. Maßnahmen zur Streitvermeidung

Dem Testierenden stehen verschiedene GESTALTUNGSMITTEL zur Verfügung, mit denen das Konfliktpotenzial einer Erbengemeinschaft anlässlich der Nachlassteilung entschärft werden kann.

– Ausschluss der Auseinandersetzung. Der Erblasser kann die Auseinandersetzung für den Nachlass insgesamt oder über einzelne Nachlassgegenstände ausschließen (§ 2044 Abs. 1 BGB). Diese Anordnung des Erblassers wird aber spätestens 30 Jahre nach Eintritt des Erbfalls unwirksam (§ 2044 Abs. 2 BGB). Sind sich die Miterben einig, können sie sich gemeinschaftlich über einen Teilungsausschluss des Erblassers hinwegsetzen. Will der Erblasser dies verhindern, muss er eine Testamentsvollstreckung anordnen.

Mustertext „Auseinandersetzungsausschluss":
Die Auseinandersetzung bzgl. des Anwesens Hauptstr. Nr. .... in München schließe ich aus, solange einer der beiden Miterben dort Miteigentümer des Anwesens ist und so lange einer von ihnen der Auseinandersetzung dieses Anwesens widerspricht.

Auch die MITERBEN können die Auseinandersetzung auf eine bestimmte Zeit oder auf Dauer ausschließen. Hierfür bedarf es einer EINSTIMMIGEN Regelung. Liegt diese vor, kann ein einzelner Miterbe die Teilung nur aus wichtigem Grund verlangen. Darüber hinaus ist die Teilung gesetzlich ausgeschlossen, wenn die Erbteile wegen der erwarteten Geburt eines Miterben oder einer ausstehenden Entscheidung über die Annahme als Kind noch unbestimmt sind (§ 2043 BGB).

EXPERTENTIPP ZUR TESTAMENTSVOLL-STRECKUNG BEI AUSEINANDERSETZUNGS-VERBOT:
Will der Erblasser verhindern, dass sich die Miterben gemeinsam über ein von ihm bestimmtes Teilungsverbot hinwegsetzen, muss er eine TESTAMENTSVOLL-STRECKUNG anordnen. Der Testamentsvollstrecker ist, anders als die Miterben untereinander, verpflichtet, den Willen des Erblassers und damit ein vom Erblasser bestimmtes Teilungsverbot umzusetzen.

- Teilungsanordnungen. Ein Miterbe kann nicht verlangen, dass nur einzelne Gegenstände des Nachlasses unter den Miterben aufgeteilt werden. Eine derartige Teilauseinandersetzung ist nur dann möglich, wenn alle Miterben damit einverstanden sind. Der Erblasser kann aber im Testament Teilungsanordnungen treffen, das heißt er nimmt – nach dem er zunächst die Erben und deren Erbquoten festgelegt hat – eine gegenständliche Verteilung von Nachlasswerten vor (§ 2048 BGB). Dies führt aber nicht dazu, dass der einzelne Erbe automatisch Alleineigentümer dieser bestimmten Gegenstände wird; die einer Person zuerkannten Gegenstände bleiben vielmehr zunächst beim gemeinschaftlichen Eigentum. Die Teilungsanordnung des Erblassers ist somit erst bei der Auseinandersetzung des Nachlasses von den Miterben beziehungsweise vom Testamentsvollstrecker zu beachten.
- Anordnung einer Testamentsvollstreckung. Eine Testamentsvollstreckung kann sich für die Verwaltung und Teilung des Nachlasses streitschlichtend auswirken. Als Testamentsvollstrecker sollte der Erblasser nur eine vertrauenswürdige, fachlich kompetente Person auswählen und deren Rechte und Pflichten eindeutig festlegen.
- Anordnung eines Schiedsverfahrens. Um Streitigkeiten über die Nachlassauseinandersetzung schon im Ansatz zu ersticken, kann der Erblasser auch ein Schiedsverfahren anordnen. Ein solches Verfahren ist im Vergleich zu Prozessen vor staatlichen Gerichten meist deutlich schneller beendet. Oft haben Schiedssprüche auch eine höhere Akzeptanz als gerichtliche Urteile.

Mustertext „Schiedsklausel zur Nachlassteilung":
Können sich die Miterben bis vier Monate nach meinem Tod nicht einvernehmlich über die Nachlassauseinandersetzung einigen, hat das zuständige Nachlassgericht ein Schiedsgericht zu bestimmen. Dem Schiedsspruch des Schiedsrichters haben sich alle Miterben zu unterwerfen. Sollte ein Miterbe dies – egal zu welchem Zeitpunkt – ablehnen, verliert er seine Miterbenstellung. Sein Miterbenanteil fällt dann – entgegen einer eventuellen anders lautenden gesetzlichen Auslegungsregel oder Bestimmung – dem anderen Miterben zu.

Zusammenfassung:
Zur Teilung des Nachlasses muss ein möglichst schriftlicher Auseinandersetzungsvertrag geschlossen werden. Häufig sind untereinander Ausgleichszahlungen zu entrichten. Sind solche Ausgleichszahlungen nicht gewollt oder nicht möglich, können nicht teilbare Nachlassgegenstände an Dritte verkauft werden und der Kaufpreis dann aufgeteilt werden. Der Erblasser kann Streitigkeiten, etwa durch die Anordnung eines Testamentsvollstreckers, vorab verhindern.

17

Die Pflichtteilshaftung des Immobilienerben

Der Pflichtteil ist ausschließlich ein Geldanspruch vergleichbar einem Abfindungsanspruch. Er bedeutet keine Teilhabe am Nachlass, insbesondere an einzelnen Nachlassgegenständen. Bei Immobilien im Nachlass kann dies zu Liquiditätsengpässen führen, wodurch zum Beispiel das geerbte Haus verkauft werden müsste, um den Pflichtteil auszahlen zu können.

17. Die Pflichtteilshaftung des Immobilienerben

Im Gegensatz zum Erbteil besteht der Pflichtteil nur in Form eines reinen Geldanspruchs. Der Pflichtteilsberechtigte kann nicht verlangen, dass er als Pflichtteil bestimmte Nachlassgegenstände erhält. Umgekehrt können auch die Erben nicht verlangen, dass ein Pflichtteilsberechtigter anstelle von Geld einen bestimmten Nachlassgegenstand übernimmt. Besteht der Nachlass überwiegend aus IMMOBILIEN, kann die Erfüllung der Pflichtteilsansprüche beim Erben zu erheblichen LIQUIDITÄTSPROBLEMEN.

I. Der Pflichtteilsanspruch

- Der Pflichtteil sichert den nahen Angehörigen des Verstorbenen eine finanzielle Mindestbeteiligung am Nachlass für den Fall, dass der Erblasser sie durch Verfügung von Todes wegen von der gesetzlichen Erbfolge ausgeschlossen hat.
- Der Pflichtteil besteht in der Hälfte des Wertes des gesetzlichen Erbteils (§ 2303 Abs. 1 S. 2 BGB). Im Gegensatz zum (gesetzlichen oder testamentarischen) Erbteil wird der Pflichtteil aber nur in Form von Geld beglichen. Der Pflichtteilsberechtigte hat keinen Anspruch auf bestimmte Nachlassgegenstände. Umgekehrt können auch die Erben nicht fordern, dass ein Pflichtteilsberechtigter anstelle von Geld einen Gegenstand aus dem Nachlass übernimmt, was aber in der Praxis bei einer Einigung zwischen Erben und Pflichtteilsberechtigten durchaus üblich ist.
- Das Gesetz unterscheidet zwei Arten des Pflichtteilsanspruchs: Zum einen den sogenannten ordentlichen Pflichtteilsanspruch (§§ 2303, 2305 BGB), der aus dem Wert des zum Zeitpunkt des Erbfalls vorhandenen Nachlass berechnet wird. Zum anderen den sogenannten Pflichtteilsergänzungsanspruch, der aus bestimmten Schenkungen des Erblassers (§ 2325 BGB) ermittelt wird.

1. Entstehung des Pflichtteilsrechts

Ein Pflichtteilsanspruch setzt voraus, dass einer oder mehrere der in § 2303 BGB abschließend genannten Angehörigen durch Testament oder Erbvertrag von der gesetzlichen Erbfolge ausgeschlossen worden sind.

- Die Ausschlagung der Erbschaft führt in der Regel auch zum Verlust des Pflichtteilsrechts. Hiervon gibt es aber zwei Ausnahmen:
  - Ein in einem Testament oder Erbvertrag bedachte PFLICHTTEILSBERECHTIGTE Person kann unter Umständen den Pflichtteilsanspruch auch dadurch herstellen, dass er die ERBSCHAFT AUS-

SCHLÄGT und den Pflichtteil verlangt (§ 2306 BGB). Dies kann für ihn von Vorteil sein, wenn er bestimmte Belastungen oder Einschränkungen, die der Erblasser angeordnet hat – etwa eine Testamentsvollstreckung, eine Vor- und Nacherbschaft oder ein Vermächtnis – nicht gegen sich gelten lassen möchte.

- Der beschränkte oder belastete Erbe – unabhängig von der Höhe seines Erbteils – hat ein WAHLRECHT: Er kann entweder den Erbteil mit allen Belastungen und Beschwerungen annehmen oder den Erbteil ausschlagen und dennoch den Pflichtteil verlangen.
- Eine Besonderheit besteht für den überlebenden EHEGATTEN, wenn die Eheleute in Zugewinngemeinschaft gelebt haben: Der überlebende Ehegatte kann das, was ihm der verstorbene Ehepartner durch Testament oder Erbvertrag zugewendet hat, gemäß § 1371 Abs. 3 BGB ausschlagen und dann ehelichen Zugewinnausgleich und den Pflichtteil verlangen.

– Gehört der Vermächtnisnehmer zum Kreis der Pflichtteilsberechtigten (§ 2303 BGB), so kann er das Vermächtnis ausschlagen und seinen Pflichtteil gemäß § 2307 Abs. 1 S. 1 BGB verlangen. Schlägt er nicht aus, muss er sich den Wert des Vermächtnisses auf seinen Pflichtteilsanspruch anrechnen lassen (§ 2307 Abs. 1 S. 2 BGB).

– Möchte sich der Erbe Klarheit darüber schaffen, ob er den Vermächtnisgegenstand aus dem Nachlass heraus an den Vermächtnisnehmer zu leisten hat oder ihn endgültig behalten darf, kann er gemäß § 2307 Abs. 2 S. 1 BGB dem Bedachten eine Frist zur Erklärung über die Annahme des Vermächtnisses setzen. Mit Ablauf der Frist gilt dann das Vermächtnis als ausgeschlagen. Diese Möglichkeit der Fristsetzung hat der Beschwerte nur, wenn es sich beim Vermächtnisnehmer um eine pflichtteilsberechtigte Person im Sinne des § 2303 BGB handelt.

2. Pflichtteilsberechtigte Personen

Pflichtteilsberechtigt sind gemäß § 2303 BGB nur

- die Nachkommen des Erblassers (Kinder, Enkel, Urenkel),
- seine Eltern und
- sein Ehegatte.
- Die Eltern sind nur dann pflichtteilsberechtigt, wenn der Erblasser kinderlos verstirbt.
- Enkelkinder des Erblassers sind ausnahmsweise dann pflichtteilsberechtigt, wenn der Elternteil, der vom Erblasser abstammt, vorverstorben ist.

EXPERTENTIPP ZU DEM KREIS DER PFLICHTTEILSBERECHTIGTEN:
Geschiedene Ehegatten, Partner ohne Trauschein und Geschwister des Erblassers haben kein Pflichtteilsrecht.

Durch das 2. Gesetz zur erbrechtlichen Gleichstellung NICHTEHELICHER KINDER vom 24.2.2011 werden nichteheliche und eheliche Kinder erbrechtlich grundsätzlich GLEICHBEHANDELT. Dies gilt unabhängig vom Tage der Geburt, jedoch nur für Erbfälle ab dem 29.5. 2009. Bei vor diesem Zeitraum eingetretenen Erbfällen ist wie folgt zu DIFFERENZIEREN:

- Nichteheliche Kinder, die nach dem 1.7.1949 geboren sind, sind im gleichen Umfang erbberechtigt wie eheliche Kinder. Voraussetzung dieser Erbberechtigung ist jedoch, dass die Vaterschaft des Erblassers feststeht.
- Nichteheliche Kinder, die vor dem 1.7.1949 geboren sind, sind grundsätzlich nur am Nachlass ihrer Mutter erbberechtigt. Ein Erbrecht nach ihrem nichtehelichen Vater besteht nicht. Etwas anderes gilt nur dann, wenn der Vater des Kindes am 3.10.1990 seinen gewöhnlichen Aufenthalt im Gebiet der ehemaligen Deutschen Demokratischen Republik hatte. Dann ist auch das vor dem 1.7.1949 geborene nichteheliche Kind am Nachlass des Vaters erbberechtigt.

Die vorangehende Differenzierung nach den Geburtsdaten und den Daten des Todestages hat einen historischen Grund. So kannte die Bundesrepublik Deutschland eine Gleichstellung nichtehelicher und ehelicher Kinder nur für Personen, die nach dem 1.7.1949 geboren wurden. Dagegen sah die ehemalige Deutsche Demokratische Republik eine Gleichstellung auch für vor dem 1.7.1949 geborene Kinder vor. Dies führte zu einer UNTERSCHIEDLICHEN ERBRECHTLICHEN BEHANDLUNG dahingehend, dass eine Erbberechtigung vorlag, wenn der Vater zum Zeitpunkt des Tages der deutschen Wiedervereinigung am 3.10.1990 seinen gewöhnlichen Aufenthalt in dem Gebiet der ehemaligen Deutschen Demokratischen Republik hatte, während ein solches Erbrecht entfiel, wenn diese nicht der Fall war.

Mit der Entscheidung des Europäischen Gerichtshofs für Menschenrechte vom 28.5.2009 (ZEV 2009, 510) wurde die UNGLEICHBEHANDLUNG EHELICHER UND NICHTEHELICHER KINDER, die vor dem 1.7.1949 geboren sind, für rechtswidrig erklärt. Die heutige Gesetzeslage ist eine Reaktion auf diese Entscheidung. Sie stellt nunmehr grundsätzlich nichteheliche Kinder den ehelichen Kindern völlig gleich. Nur für Erbfälle, die vor Erlass der Entscheidung des Europäischen Gerichtshofes für Menschenrechte eingetreten sind – somit für Erbfälle bis zum 28.5.2009 – soll aus Bestandsschutzgründen keine Rückwirkung der heutigen Gesetzeslage erfolgen.

Der Pflichtteilsanspruch geht VERLOREN,

- falls der Berechtigte auf seinen Pflicht- oder Erbteil notariell verzichtet hat (§ 2348 BGB),
- falls der Pflichtteilsberechtigte nach dem Erbfall im Rahmen einer Anfechtungsklage für erbunwürdig erklärt wurde (§ 2339 BGB),
- falls der Erblasser in einer letztwilligen Verfügung den Pflichtteil entzogen hat (§ 2333 bis § 2337 BGB),
- und im Regelfall bei Ausschlagung der Erbschaft.

3. Pflichtteilsschuldner

- Der Pflichtteilsanspruch (§ 2303 Abs. 1 BGB) richtet sich gegen den Erben. Miterben schulden den Pflichtteil als Gesamtschuldner (§§ 421 ff. BGB). Es steht damit im Belieben des Pflichtteilsberechtigten, von jedem Miterben den Pflichtteil zu 100 % oder nur zum Teil zu verlangen. Unter den Miterben regelt sich dann der Ausgleich nach dem Verhältnis ihrer Erbteile. Gegen den Vermächtnisnehmer oder den Testamentsvollstrecker kann der Pflichtteilsanspruch nicht geltend gemacht werden.
- Schuldner des Pflichtteilsergänzungsanspruches (§ 2325 BGB) sind zunächst die Erben. Vom Beschenkten kann der Pflichtteilsberechtigte die Herausgabe des Geschenkes nach § 2329 BGB nur dann verlangen, wenn der Erbe selbst zur Ergänzung des Pflichtteiles nicht verpflichtet ist, etwa weil kein ausreichender oder nur ein verschuldeter Nachlass vorhanden ist.

Expertentipp bei Testamentsvollstreckung:

Ist ein TESTAMENTSVOLLSTRECKER zur Nachlassabwicklung oder zur Nachlassverwaltung berufen, besteht bei Pflichtteilsberechtigten oft die Fehlvorstellung, dass dieser auch für die „Regulierung" ihres Pflichtteilsanspruchs zuständig sei. Dem steht § 2213 Abs. 1 S. 3 BGB entgegen. Nach dieser Norm ist ein Pflichtteilsanspruch nur gegenüber den Erben geltend zu machen, auch wenn dem Testamentsvollstrecker die Verwaltung des ganzen Nachlasses zusteht. Der Gesetzgeber wollte nicht, dass über Pflichtteilsansprüche entschieden wird, ohne dass der betroffene Erbe mitwirkt. Der Pflichtteilsberechtigte sollte bei der gerichtlichen Durchsetzung seines Zahlungsanspruchs jedoch sowohl den Erben als auch den Testamentsvollstrecker verklagen, da er neben einem Leistungsurteil gegen den Erben auch einen Duldungstitel gegen den Testamentsvollstrecker benötigt, wenn er in den Nachlass vollstrecken möchte (§ 748 Abs. 3 ZPO). Beide Verfahren können, müssen aber nicht zwingend miteinander verbunden werden. Eine Rechtskrafterstreckung findet zwischen den Verfahren nicht statt.

4. Pflichtteilsquote

Die Pflichtteilsquote eines enterbten Ehegatten oder eines enterbten Abkömmlings ist abhängig vom ehelichen GÜTERSTAND (Zugewinngemeinschaft, Gütertrennung oder Gütergemeinschaft) und den beim Erbfall vorhandenen VERWANDTEN (Kinder, Eltern, Geschwister) des Erblassers.

– Die Pflichtteilsquote des völlig enterbten Ehegatten im Rahmen der Zugewinngemeinschaft bestimmt sich im gesetzlichen Güterstand, also bei der Zugewinngemeinschaft gemäß § 1371 Abs. 3 BGB nach dem nicht erhöhten gesetzlichen Erbteil. Dieser sogenannte „kleine" Pflichtteil beträgt

neben Erben der 1. Ordnung	$\frac{1}{8}$
neben Erben der 2. Ordnung und neben Großeltern	$\frac{1}{4}$
neben sonstigen Verwandten	$\frac{1}{2}$

– Daneben kann der enterbte Ehegatte gemäß § 1371 Abs. 2 BGB den nach §§ 1372 bis 1390 BGB berechneten Zugewinnausgleich geltend machen, falls der Erblasser einen höheren Zugewinn erzielt hat als der überlebende Ehegatte. Dieser Zugewinnausgleichsanspruch (§ 1378 BGB) ist eine Nachlassverbindlichkeit und deshalb vor Berechnung des Pflichtteilsanspruchs vom Nachlasswert in Abzug zu bringen.
– Ist der überlebende Ehegatte nicht völlig enterbt, sondern hat er einen Erbteil und/oder ein Vermächtnis erhalten, steht ihm der sogenannte „große" Pflichtteil zu, der gemäß § 1371 Abs. 1 BGB aus dem um ¼ erhöhten gesetzlichen Erbteil ermittelt wird (§ 2303 Abs. 2 S. 2 BGB). Diese „große" Pflichtteilsquote beträgt

neben Erben der 1. Ordnung	$\frac{1}{4}$
neben Erben der 2. Ordnung und neben Großeltern	$\frac{3}{8}$
neben sonstigen Verwandten	$\frac{1}{2}$

– Schlägt der überlebende Ehegatte sowohl den testamentarischen Erbteil als auch ein etwaiges daneben angeordnetes Vermächtnis aus, kann er gemäß § 1371 Abs. 3 BGB – wie im Falle einer Enterbung – neben dem „kleinen" Pflichtteil einen Zugewinnausgleichsanspruch geltend machen. Dieses Ausschlagungsrecht steht dem überlebenden Ehegatten auch bei gesetzlicher Erbfolge zu.

Expertentipp zur Ausschlagungsfrist:
Die Ausschlagung eines Erbteils muss vom überlebenden Ehegatten binnen einer AUSSCHLAGUNGSFRIST von nur sechs Wochen gegenüber dem Nachlassgericht erklärt werden (§§ 1944, 1945 BGB). Der überlebende Ehegatte hat also nach Eintritt des Erbfalls nur sehr wenig Zeit, zu prüfen, welche Handlungsalternative (Ausschlagung oder Annahme des Erbteils) er wählt. Er kann hierzu auf die Beratung durch einen Fachanwalt für Erbrecht keinesfalls verzichten, da nicht nur die Berechnung der Pflichtteilsquoten, sondern auch die Ermittlung des Zugewinnausgleichsanspruchs rechtlich äußerst kompliziert ist und einen gewissen Zeitaufwand erfordert.

Schlägt der überlebende Ehegatte zwar den testamentarischen Erbteil aus, nimmt aber ein daneben angeordnetes Vermächtnis an, kann er – wenn der Wert des Vermächtnisses den Wert des Pflichtteils nicht erreicht – neben dem Vermächtnis einen PFLICHTTEILSRESTANSPRUCH gemäß § 2307 Abs. 1 S. 2 BGB geltend machen, für dessen Berechnung die „große" Pflichtteilsquote maßgeblich ist.

Beispiel einer Berechnung zur Ausschlagung:
Der verwitwete Herr Meier hinterlässt einen Sohn und eine Tochter. Sein Nachlass besteht im Wesentlichen aus einem Einfamilienhaus im Wert von 750.000 EUR und einer Eigentumswohnung im Wert von 250.000 EUR. In seinem Testament, in dem er beide Kinder als Erben zu ½ einsetzt, hat Herr Meier das Haus seiner Tochter und die Eigentumswohnung seinem Sohn mittels eines Vorausvermächtnisses zugewandt.

Bei einem Gesamtnachlass von 1 Mio. EUR würde der gesetzliche Erbteil (also, wenn Herr Maier nicht testiert hätte) für jedes der beiden Kinder 500.000 EUR betragen. Der Pflichtteil für jedes Kind beträgt die Hälfte hiervon, also 250.000 EUR. Obwohl der Sohn gegenüber der Tochter im Testament deutlich zurückgesetzt ist, kann er keine weiteren Ansprüche geltend machen, da der Wert der Eigentumswohnung genau dem Wert seines Pflichtteils entspricht. Die Ausschlagung des Erbes und des Vermächtnisses sind wirtschaftlich ohne Bedeutung, wenn auch rechtlich möglich. Lediglich in dem Fall, in dem der Sohn den Erhalt von Geld bevorzugt, ist eine solche Ausschlagung empfehlenswert.

Variante:
Hätte das Einfamilienhaus einen Wert von 800.000 EUR und die Eigentumswohnung einen Wert von 200.000 EUR, so könnte der Sohn neben der Eigentumswohnung als „Aufstockung" einen Pflichtteilsrestanspruch von 50.000 EUR fordern (§ 2305 BGB).

– Bei der Gütergemeinschaft beträgt die Pflichtteilsquote des enterbten Ehegatten (wie beim „kleinen" Pflichtteil in der Zugewinngemeinschaft)

neben Erben der 1. Ordnung	$1/8$
neben Erben der 2. Ordnung und neben Großeltern	$1/4$
neben sonstigen Verwandten	$1/2$

– Zu beachten ist dabei, dass dem längerlebenden Ehegatten neben seinem Erbteil der ihm bereits vor dem Erbfall zustehende Anteil am Gesamtgut (§ 1416 BGB) verbleibt.
– Im Güterstand der Gütertrennung ist nach § 1931 Abs. 4 BGB der überlebende Ehegatte neben einem oder zwei Kindern zu gleichen Teilen gesetzlicher Erbe, ansonsten zu ¼. Sein Pflichtteilsanspruch beträgt somit

bei einem Kind	$1/4$
bei zwei Kindern	$1/6$
bei drei oder mehr Kindern	$1/8$
neben Erben der 2. Ordnung und neben Großeltern	$1/4$
neben sonstigen Verwandten	$1/2$

EXPERTENTIPP BEI GÜTERGEMEINSCHAFT UND GÜTERTRENNUNG:
Eine Ausschlagung des Erbteils führt bei den Güterständen der Gütertrennung und der Gütergemeinschaft – anders als bei der Zugewinngemeinschaft – zum völligen VERLUST DES PFLICHTTEILSRECHTS, es sei denn, sie erfolgt im Rahmen des § 2306 BGB.

ÜBERSICHT „PFLICHTTEILSQUOTEN VON EHEGATTEN UND KINDERN"

GÜTERSTAND	PFLICHTTEIL DES EHE-GATTEN NEBEN ABKÖMMLINGEN	PFLICHTTEIL JE KIND, FALLS ERBLASSER VERHEIRATET WAR		
		ANZAHL DER HINTER-LASSENEN KINDER		
		1	2	3
ZUGEWINN-GEMEINSCHAFT (ERBRECHTLICHE LÖSUNG)	$1/4$ (großer Pflichtteil)	$1/4$	$1/8$	$1/12$
ZUGEWINN-GEMEINSCHAFT (GÜTERRECHT-LICHE LÖSUNG)	$1/8$ (kleiner Pflichtteil)	$3/8$	$3/16$	$1/8$

GÜTERSTAND	PFLICHTTEIL DES EHE-GATTEN NEBEN ABKÖMMLINGEN			PFLICHTTEIL JE KIND, FALLS ERBLASSER VERHEIRATET WAR		
				ANZAHL DER HINTER-LASSENEN KINDER		
				1	**2**	**3**
GÜTER-TRENNUNG	1 Kind: $\frac{1}{4}$	2 Kinder: $\frac{1}{6}$	3 und mehr Kinder: $\frac{1}{8}$	$\frac{1}{4}$	$\frac{1}{6}$	$\frac{1}{8}$
GÜTERGEMEIN-SCHAFT	$\frac{1}{8}$			$\frac{3}{8}$	$\frac{3}{16}$	$\frac{1}{8}$

– Die Eltern des Erblassers nur dann pflichtteilsberechtigt sind, wenn keine Abkömmlinge des Erblassers vorhanden sind.
  • Verstirbt der kinderlose Erblasser ledig und leben seine BEIDEN Eltern noch, würde die gesetzliche Erbquote des Vaters und der Mutter je ½ und damit die Pflichtteilsquote im Falle der Enterbung je ¼ betragen.
  • Lebte der kinderlose Erblasser im Erbfall im Güterstand der ZUGEWINNGEMEINSCHAFT würde die gesetzliche Erbquote der Witwe gemäß § 1931 Abs. 1, Abs. 3 ¾ betragen. Das vierte Viertel entfällt hälftig auf die beiden Eltern, beträgt also jeweils ⅛. Die Pflichtteilsquote hieraus ist damit 1/16 für jeden Elternteil.
  • Lebte der kinderlose Erblasser dagegen im Güterstand der GÜTERTRENNUNG oder der GÜTERGEMEINSCHAFT, erhalten seine beiden längerlebenden Eltern einen Pflichtteil von je ⅛.
  • Ist EIN Elternteil vorverstorben, verdoppelt sich dadurch die Pflichtteilsquote des längerlebenden Elternteils.

5. Pflichtteilsrelevanter Nachlass
Die Höhe des Pflichtteilsanspruchs richtet sich nach dem Bestand und dem Wert des Nachlasses zum Zeitpunkt des Erbfalles. NACHTRÄGLICHE Wertsteigerungen oder -minderungen bleiben gemäß § 2311 Abs. 1 BGB außer Betracht.

NACHLASSAKTIVA:

Für die Berechnung müssen zunächst alle Vermögenswerte, die zum Nachlass gehören, BEWERTET werden (§ 2311 Abs. 2 S. 2 BGB):

– Immobilien: Grundstücke werden mit dem Verkehrswert angesetzt (also mit dem auf dem freien Markt erzielbaren Geldwert). Der steuerliche Wert ist ohne Bedeutung für die Pflichtteilsberechnung.
  • Für das selbst genutzte Einfamilienhaus oder die selbst genutzte Eigentumswohnung wird für die Wertermittlung nach dem SACHWERTVERFAHREN vorgegangen, das sich an den Herstellungskosten orientiert. Es muss also gefragt werden, was es heute kosten würde, dieses Haus oder diese Wohnung zu bauen. Danach ist dann das Alter des Hauses oder der Eigentumswohnung wertmindernd zu berücksichtigen.
  • Ein Mietshaus, das als Vermögensanlage zum Nachlass gehört, wird nach dem ERTRAGSWERTVERFAHREN bewertet, das auf die erzielte Rendite (die eingehenden Mieten) abstellt.
  • Bei unbebauten Grundstücken wird der Wert durch Vergleich der Kaufpreise für benachbarte Grundstücke ermittelt (BODENRICHTWERT).

EXPERTENTIPP ZUR WERTERMITTLUNG:
Häufig wird es notwendig sein, den Wert der Nachlassimmobilien durch Schätzung zu ermitteln. Dafür werden in aller Regel SACHVERSTÄNDIGEN-GUTACHTEN eingeholt, die in ihren Ergebnissen durchaus unterschiedlich ausfallen können. Die Kosten hierfür fallen zwar dem Nachlass zur Last (§ 2314 Abs. 2 BGB), mindern aber als Nachlassverbindlichkeiten den Nachlasswert. So trägt der Pflichtteilsberechtigte die Sachverständigenkosten entsprechend seiner Erbquote mit.

– Wertpapiere: Diese werden mit dem Kurswert am Todestag des Erblassers angesetzt.
– Gesellschaftsanteile: Diese sind grundsätzlich, soweit der Gesellschaftsvertrag nichts anderes vorsieht, mit ihrem vollen tatsächlichen Wert zu berücksichtigen, also mit dem Wert, den ein Außenstehender normalerweise als Kaufpreis zahlen würde.
– Handelsgeschäft oder Praxis: Gehört ein Handelsgeschäft oder eine Praxis zum Nachlass, so ist der innere Wert, der sogenannte „goodwill" maßgebend.
– Lebensversicherungen : Diese sind nur dann dem Nachlass zuzurechnen, wenn seine Erben bezugsberechtigt sind. Sie gehören nicht in den Nachlass, wenn der Versicherte einen Dritten als Bezugsberechtigten benannt hat. Möglicherweise können aber Pflichtteilsergänzungsansprüche bestehen. Wurde dem Dritten ein widerrufliches Bezugsrecht schenkweise zugewendet, ist grundsätzlich der Rückkaufwert zum Todeszeitpunkt maßgeblich. Im Einzelfall kann auch ein objektiv belegter, höherer Veräußerungswert zugrunde gelegt werden, wenn der Erblasser die Ansprüche aus der Lebensversicherung zu einem höheren Preis an einen gewerblichen Ankäufer hätte verkaufen können.

NACHLASSPASSIVA:

- Vom Aktivnachlass sind für die Berechnung des Pflichtteils sämtliche
  Schulden des Verstorbenen sowie die Kosten, die anlässlich des
  Erbfalls entstehen, in Abzug zu bringen. Nicht abzugsfähig sind
  dagegen Pflichtteils- und Vermächtnisansprüche, Kosten der Testamentseröffnung, Kosten des Erbscheins, Grabpflegekosten, die
  Kosten der Erbschaftsteuererklärung sowie die Erbschaftsteuer.
- Ein Vermächtnis muss der Erbe grundsätzlich bis zur völligen Ausschöpfung des Nachlasses erfüllen. Hierbei ist zu beachten, dass bei
  der Berechnung des pflichtteilsrelevanten Nachlasses das Vermächtnis nicht vom Nachlasswert abgezogen werden darf. Über § 2318
  Abs. 1 BGB kann es zu einer Kürzung des Vermächtnisses kommen.

Beispiel einer pflichtteilsbedingten Vermächtniskürzung:
Witwer W hat sein einziges Kind K enterbt und seine Lebensgefährtin L
als Alleinerbin eingesetzt. Freund F soll ein Geldvermächtnis von
10.000 EUR erhalten. Erblasser W hinterlässt einen Nachlass im Wert
von 30.000 EUR.

Das enterbte Kind K kann gemäß § 2303 BGB von der Alleinerbin L einen
Pflichtteil von 15.000 EUR (= Pflichtteilsquote ½ aus 30.000 EUR) fordern.
§ 2318 Abs. 1 BGB schafft hierfür einen gewissen Ausgleich: Die Pflichtteilsforderung von K (= 15.000 EUR) muss im Innenverhältnis zwischen
der Alleinerbin L (der nach Vermächtniserfüllung vom Nachlass noch
20.000 EUR verbleiben) und dem Vermächtnisnehmer F (der 10.000 EUR
erhält) im Verhältnis von 20.000 zu 10.000 (= zwei zu eins) getragen
werden. Vermächtnisnehmer F muss somit ein Drittel der Pflichtteilsforderung von K, also 5.000 EUR, im Innenverhältnis übernehmen. Alleinerbin L kann deshalb den Vermächtnisanspruch von F um diesen Betrag
kürzen, so dass dieser statt 10.000 EUR nur 5.000 EUR erhält.

Im Ergebnis wird der Nachlass unter den Dreien also wie folgt aufgeteilt:
Das enterbte Kind K erhält einen ungekürzten Pflichtteil von 15.000 EUR.
Der Vermächtnisnehmer F erhält ein gemäß § 2318 Abs. 1 BGB gekürztes
Vermächtnis von 5.000 EUR. Der Alleinerbin L verbleibt nach Erfüllung
dieser Ansprüche ein Restnachlass von 10.000 EUR.

- Bei der Feststellung des Wertes des Nachlasses werden aufschiebend
  bedingte oder ungewisse, unsichere Rechte und Verbindlichkeiten
  zunächst nicht in Ansatz gebracht (§ 2313 BGB). Tritt die Bedingung
  später doch ein, hat eine Nachberechnung des Pflichtteilsergänzungsanspruches zu erfolgen (§ 2313 Abs. 1 S. 2 BGB).

Beispiel einer ungewissen Forderung:
Der Erblasser hinterlässt ein Vermögen von 500.000 EUR und hat für seinen Sohn eine Bürgschaft von 100.000 EUR übernommen. Ob und in welcher Höhe die kreditgebende Bank diese Bürgschaft in Anspruch nehmen wird, ist zum Zeitpunkt des Erbfalls noch völlig offen. Diese Bürgschaft ist deshalb eine zweifelhafte Verbindlichkeit gemäß § 2313 BGB. Im Rahmen einer Pflichtteilsberechnung würde diese Verbindlichkeit deshalb nicht in Abzug gebracht werden. Wird der Erbe des verstorbenen Erblassers später doch ganz oder teilweise aus der Bürgschaft in Anspruch genommen, muss der Pflichtteil gemäß § 2313 Abs. 1 S. 3 BGB nachberechnet und vom Pflichtteilsberechtigten ausgeglichen werden.

II. Der Pflichtteilsrestanspruch

Ist einem Pflichtteilsberechtigten ein Erbteil hinterlassen, der geringer ist als die Hälfte des gesetzlichen Erbteils, kann der Pflichtteilsberechtigte von den übrigen Miterben gemäß § 2305 BGB als Pflichtteil die DIFFE-RENZ zwischen seinem ERBTEIL und dem vollen Wert seines PFLICHTTEILS fordern.

Beispiel zur Berechnung des Pflichtteilsrestanspruchs:
Der Erblasser hinterlässt eine Lebensgefährtin, mit welcher er mehrere Jahre in einer nichtehelichen Lebensgemeinschaft gelebt hat, sowie eine Tochter aus einer geschiedenen Ehe. Testamentarisch hat er die Lebensgefährtin zur Erbin mit einem Erbteil von drei Viertel eingesetzt und die Tochter mit einem Erbteil von lediglich ein Viertel.

Der Pflichtteil der Tochter würde ein Halb betragen, da sie als einziges Kind des Erblassers gesetzlich Alleinerbin werden würde. Der ihr hinterlassene Erbteil in Höhe von einem Viertel liegt damit unter der Hälfte des gesetzlichen Erbteils. Die Tochter kann aus diesem Grunde neben ihrem Erbe von der Miterbin einen Zusatzpflichtteil verlangen. Dieser ermittelt sich aus der Differenz zwischen ihrem Erbteil von einem Viertel und ihrer Pflichtteilsquote von ein Halb. Sie kann somit von der Lebensgefährtin eine Geldzahlung in Höhe des Wertes von einem Viertel des Nachlasses verlangen.

Der von § 2305 BGB verwendete Begriff „ZUSATZPFLICHTTEIL" ist missverständlich, da der Pflichtteilsberechtigte nicht zusätzlich etwas erhält, sondern nur die Differenz zwischen Erb- und Pflichtteil.

III. Der Pflichtteilsergänzungsanspruch

1. Pflichtteil bei Schenkungen des Erblassers

- Der Gesetzgeber hat zum Schutz des Pflichtteilsberechtigten angeordnet, dass bestimmte Schenkungen vor dem Tod des Erblassers bei der Pflichtteilsberechnung im Rahmen eines sogenannten Pflichtteilsergänzungsanspruchs (§ 2325 BGB) zu berücksichtigen sind. Hierdurch soll verhindert werden, dass der Erblasser zu Lebzeiten kleinere oder größere Teile seines Vermögens verschenkt, dadurch den pflichtteilsrelevanten Nachlass reduziert und so den Pflichtteil entwertet.
- Der Pflichtteilsergänzungsanspruch steht nicht nur demjenigen zu, der durch Verfügung von Todes wegen enterbt ist; vielmehr sind auch die gesetzlichen Erben pflichtteilsergänzungsberechtigt (vgl. § 2326 BGB).
- Gemischte Schenkungen, also Zuwendungen des Erblassers, für die er vom Beschenkten Gegenleistungen erhält, sind nur in Höhe des unentgeltlichen Anteils der Pflichtteilsergänzung unterworfen.
- Die Lebensversicherungssumme kann bei der Berechnung des Pflichtteilsanspruchs (§ 2303 BGB) nur berücksichtigt werden, wenn sie Bestandteil des Nachlasses ist. Fehlt es an der (wirksamen) Benennung eines Bezugsberechtigten oder wurde diese vor dem Erbfall widerrufen, fällt die Versicherungssumme in den pflichtteilsrelevanten Nachlass.
- Im Sonderfall der „kreditsichernden" Lebensversicherung gehört nach dem Bundesgerichtshof (NJW 1996, 2230) trotz Benennung eines Bezugsberechtigten der Anspruch auf die Versicherungssumme in Höhe der gesicherten Schuld zum Nachlass des Versicherungsnehmers und muss wie die gesicherte Schuld bei der Pflichtteilsberechnung gemäß § 2311 BGB berücksichtigt werden. Der zur Befriedigung des Gläubigers nicht benötigte Teil der Versicherungsleistung geht (am Nachlass vorbei) auf den Bezugsberechtigten über.
- Fällt die Versicherungssumme nicht in den Nachlass, kann der Erbe des Versicherungsnehmers zumindest gemäß § 2325 BGB zur Pflichtteilsergänzung verpflichtet sein; der Bezugsberechtigte selbst haftet gemäß § 2329 BGB nur subsidiär. Diese Normen setzen im Valutaverhältnis eine Schenkung des Erblassers an den Bezugsberechtigten voraus.

EXPERTENTIPP ZUR VERMEIDUNG DER PFLICHTTEILSERGÄNZUNG: Wer verhindern möchte, dass eine Schenkung nach seinem Tod zu Pflichtteilsergänzungsansprüchen führt, ist gut beraten, nichts zu schenken, sondern ein Rechtsgeschäft mit Leistung UND GEGENLEISTUNG abzuschließen.

- Im Anwendungsbereich des § 2325 BGB war bei KAPITALLEBENSVER-SICHERUNGEN auf den Todesfall umstritten, ob als Berechnungs-grundlage für die Pflichtteilsergänzung die ausbezahlte Ver-sicherungssumme, die vom Erblasser entrichteten Prämien oder der Rückkaufswert anzusetzen sind. Mit zwei Urteilen vom 28.4.2010 hat der Bundesgerichtshof (ZEV 2010, 302) diese Rechtsfrage ent-schieden: Es kommt allein auf den Wert an, den der Erblasser aus den Rechten seiner Lebensversicherung in der letzten juristischen Sekunde seines Lebens nach objektiven Kriterien für sein Vermögen hätte umsetzen können. Bei der Berechnung ist deshalb in aller Regel auf den Rückkaufswert abzustellen. Je nach Lage des Einzelfalls ist auch ein objektiv belegter höherer Veräußerungswert heranzuziehen. Insbesondere, wenn der Erblasser die Ansprüche aus der Lebensver-sicherung zu einem höheren Preis an einen gewerblichen Ankäufer hätte verkaufen können. Dabei ist der objektive Marktwert aufgrund abstrakter und genereller Maßstäbe unter Zugrundelegung der konkreten Vertragsdaten des betreffenden Versicherungsvertrags festzustellen. Die schwindende persönliche Lebenserwartung des Erblassers darf bei der Wertermittlung allerdings ebenso wenig in die Bewertung einfließen, wie das erst nachträglich erworbene Wissen, dass der Erblasser zu einem bestimmten Zeitpunkt tatsächlich ver-storben ist.
- Pflicht- und Anstandsschenkungen iSd § 2330 BGB begründen kei-nen Pflichtteilsergänzungsanspruch. Zu den Anstandsschenkungen zählen kleinere Zuwendungen zu bestimmten Anlässen (Geburtstag, Weihnachten, Hochzeit). Pflichtschenkungen können dagegen auch einen erheblichen Wert haben, müssen aber sittlich geboten sein oder von einem lebzeitigen Eigeninteresse gedeckt sein.

Beispiele nicht zu berücksichtigender Schenkungen:
So können Zuwendungen zur Versorgung eines nichtehelichen Lebens-partners oder für unbezahlte langjährige Dienste im Haushalt oder für Pflege und Versorgung eine Pflichtschenkung sein. Zuwendungen an den Ehegatten können der Pflichtteilsergänzung dann nicht unterliegen, wenn sie der Unterhalts- oder Alterssicherung dienten oder eine Ver-gütung für langjährige Dienste des Ehepartners darstellen sollten.

2. Zeitliche Begrenzung der ergänzungspflichtigen Schenkungen

ABSCHMELZUNGSMODELL:
Gemäß § 2325 Abs. 3 BGB wird eine Schenkung nur im ersten Jahr vor dem Erbfall zu 100 % berücksichtigt. Für jedes weitere Jahr vor dem Erbfall wird der Wertansatz um 10 % reduziert. Das bedeutet, dass mit

jedem vollendeten Jahr nach der Schenkung ¹⁄₁₀ des Wertes der Schenkung für die Berechnung des Pflichtteilsergänzungsanspruches entfällt. Dieses sogenannte „ABSCHMELZUNGSMODELL" wurde durch die Erb- und Pflichtteilsreform zum 1.1.2010 eingeführt. Für Todesfälle vor dem 1.1.2010 gilt hingegen ein „Alles- oder Nichts- Prinzip", nach welchem alle Schenkungen in den letzten zehn Jahren vor dem Tod des Erblassers zu 100 % berücksichtig wurden. Schenkungen, die länger als zehn Jahre vor dem Tod zurücklagen, bleiben unberücksichtigt.

ABSCHMELZUNG DER PFLICHTTEILSERGÄNZUNG GEMÄSS § 2325 ABS. 3 BGB	
LEISTUNG DES SCHENKUNGSGEGEN- STANDES ERFOLGT ...	BERÜCKSICHTIGUNG DES SCHENKUNGSWERTES MIT ...
im 1. Jahr vor dem Erbfall	100 %
im 2. Jahr vor dem Erbfall	90 %
im 3. Jahr vor dem Erbfall	80 %
im 4. Jahr vor dem Erbfall	70 %
im 5. Jahr vor dem Erbfall	60 %
im 6. Jahr vor dem Erbfall	50 %
im 7. Jahr vor dem Erbfall	40 %
im 8. Jahr vor dem Erbfall	30 %
im 9. Jahr vor dem Erbfall	20 %
im 10. Jahr vor dem Erbfall	10 %
im 11. Jahr vor dem Erbfall oder früher	0 %

EHEGATTENSCHENKUNG:

Zu beachten ist, dass es bei Schenkungen des Erblassers an seinen EHE-GATTEN auf die Begrenzung durch die Zehnjahresfrist des § 2325 Abs. 3 BGB gar nicht ankommt: Der Gesetzgeber ordnet nämlich an, dass sämtliche Schenkungen WÄHREND DER EHEZEIT, mögen diese auch Jahrzehnte zurückliegen, im Rahmen des Pflichtteilsrechts ergänzungspflichtig sind.

Beispiel einer ehebedingten Schenkung:

Herr Müller hat nach seiner Scheidung wieder geheiratet (ohne Ehevertrag). Aus der ersten Ehe stammen zwei Kinder; seine zweite Ehe blieb kinderlos. 12 Jahre vor seinem Ableben schenkte er seiner zweiten Ehefrau ein Einfamilienhaus im Wert von 800.000 EUR und setzt sie in seinem Testament zur Alleinerbin ein. Sein Vermögen beträgt zum Zeitpunkt des Erbfalls noch 200.000 EUR.

Die enterbten Kinder aus erster Ehe hätten bei gesetzlicher Erbfolge
(also, wenn Herr Müller ohne Testament verstorben wäre) je ein Viertel
des Nachlasses erhalten. Bei einer Pflichtteilsquote von jeweils einem
Achtel können die beiden Kinder von der alleinerbenden Witwe zunächst
einen Pflichtteilsanspruch (§ 2303 BGB) in Höhe von 25.000 EUR (= ⅛ aus
200.000 EUR) fordern. Daneben können die beiden Kinder einen Pflichtteilsergänzungsanspruch (§ 2325 BGB) in Höhe von jeweils 100.000 EUR
(= ⅛ aus 800.000 EUR Schenkungswert) geltend machen. Die 10-Jahres-
frist steht dem nicht entgegen, da die Schenkung an die Ehefrau des
Erblassers erfolgte. Durch die Pflichtteilsreform, die zum 1.1.2010 in
Kraft trat, ändert sich an dieser Rechtslage nichts.

3. Schenkung unter Nutzungsvorbehalt

Der Bundesgerichtshof (NJW 1987, 122) hat in der Vergangenheit die
Zehnjahresfrist des § 2325 Abs. 3 BGB bei Schenkungen des Erblassers
dahingehend erweitert, dass auch Zuwendungen, die nicht endgültig aus
dem wirtschaftlichen Verfügungsbereich des Erblassers ausgegliedert
wurden und bei denen kein sogenannter „Genussverzicht" vorliegt, dem
Pflichtteilsergänzungsanspruch unterliegen.

Dies ist nach der Rechtsprechung zum Beispiel bei einem VORBEHALTS-
NIESSBRAUCH der Fall, da der Erblasser den verschenkten Gegenstand
aufgrund des Nießbrauchsrechts weiter nutzen kann. Demnach führt
zum Beispiel die Schenkung einer Immobilie unter Nießbrauchsvorbehalt 25 Jahre vor Eintritt des Erbfalls noch zur Pflichtteilsergänzungshaftung.

Die Einräumung eines UMFASSENDEN WOHNUNGSRECHTS an der gesamten Immobilie ist dem Nießbrauch gleichzustellen. Die 10-Jahresfrist
beginnt also erst zu laufen, wenn das Wohnungsrecht erlischt oder
der Berechtigte davon keinen Gebrauch mehr macht. Auch wenn das
Wohnungsrecht nur einen geringen Teil der Immobilie umfasst, läuft in
der Regel die Abschmelzung an.

Die Frage, ob RÜCKFALL- ODER WIDERRUFSKLAUSELN in einem Übergabevertrag den Fristbeginn hemmen, ist höchstrichterlich noch nicht
abschließend geklärt.

Expertentipp zur Abschmelzung:

Nutzungs- und Mitspracherechte des Schenkers können die 10-Jahres-
Frist des § 2325 Abs. 3 BGB erheblich verlängern. Deshalb gilt: „Wer zu
viel beschwert, schenkt verkehrt". Die Pflichtteilsreform hat an dieser
Rechtslage nichts geändert. Oft kann es zur Reduzierung des Pflichtteils

sinnvoller sein, den betreffenden Gegenstand (beispielsweise Immobilien, Unternehmen, Gesellschaftsanteile) nicht unter Vorbehalt eines Nießbrauchs zu verschenken, sondern ihn gegen eine RENTE zu veräußern.

4. Bewertung der Zuwendung

Bei der BEWERTUNG der vom Erblasser verschenkten Gegenstände ist zwischen verbrauchbaren Sachen, wozu auch Geld und Wertpapiere gehören, und nicht verbrauchbaren Sachen, wie beispielsweise Grundstücke, Mobiliar und Schmuckgegenstände zu UNTERSCHEIDEN:

– Verbrauchbare Sachen sind mit dem Wert zum Zeitpunkt der Schenkung anzusetzen (§ 2325 Abs. 2 S. 1 BGB).
– Nicht verbrauchbare Sachen werden gemäß § 2325 Abs. 2 S. 2 BGB mit dem Wert zum Zeitpunkt des Erbfalls angesetzt oder, wenn der Wert zum Zeitpunkt der Schenkung niedriger war, mit diesem Wert. Bei nicht verbrauchbaren Sachen ist somit immer der Wert zum Zeitpunkt des Todes mit dem Wert zum Zeitpunkt der Schenkung zu vergleichen und der sich hieraus ergebende, niedrigere Wert der Pflichtteilsberechnung zugrunde zu legen (sogenanntes Niederstwertprinzip).

Expertentipp bei Vorbehalt von Nutzungsrechten:

Eine Besonderheit ist bei der Bewertung von Gegenständen zu beachten, an denen sich der Schenker NUTZUNGSRECHTE beispielsweise einen Nießbrauch vorbehalten hat. Nach ständiger Rechtsprechung des Bundesgerichtshofs (BGH, NJW-RR 2006, 877) wird im Falle einer Immobilienschenkung unter Nießbrauchsvorbehalt der stichtagsbezogene Vergleich der Werte zum Schenkungszeitpunkt und zum Todeszeitpunkt zunächst ohne Berücksichtigung des Nießbrauchs durchgeführt. Der Grundstückswert wird unabhängig vom vorbehaltenen Nießbrauch zu beiden Zeitpunkten bestimmt. Ergibt sich nach dem NIEDERSTWERTPRINZIP die Maßgeblichkeit des Wertes zum Zeitpunkt des Todes, verbleibt es bei dem ermittelten Grundstückswert ohne Berücksichtigung des Nießbrauchs. Dieser wird nicht mehr abgezogen, da er durch den Tod des Berechtigten erloschen ist. Ergibt die Bewertung hingegen einen niedrigeren Wert des Grundstücks zum Zeitpunkt der Schenkung, ist der Nießbrauch von dem Wert abzuziehen, da er – anders als zum Todeszeitpunkt – zum Zeitpunkt der Schenkung noch bestand. In letzterem Fall ist aber der Wert auf den Todeszeitpunkt zu indizieren.

5. Schuldner des Pflichtteilsergänzungsanspruchs

Schuldner des Pflichtteilsergänzungsanspruches sind zunächst die
ERBEN. Vom BESCHENKTEN kann der Pflichtteilsberechtigte die Herausgabe des Geschenkes nach § 2329 BGB nur dann verlangen, wenn der Erbe
selbst zur Ergänzung des Pflichtteiles nicht verpflichtet ist, etwa weil
kein ausreichender oder nur ein verschuldeter Nachlass vorhanden ist.

Beispiel einer Haftung des Beschenkten:

Herr Müller hatte durch Testament seine Ehefrau als Alleinerbin bestimmt und seinen einzigen Sohn auf den Pflichtteil gesetzt. Seinem
Freund F hat er acht Jahre vor seinem Ableben eine Ferienwohnung im
Wert von 200.000 EUR geschenkt (Eine Abschmelzung wird aus Vereinfachungsgründen nicht berücksichtigt). Aufgrund riskanter Börsen-
spekulationen verstirbt Herr Müller völlig verarmt.
Die Schenkung der Ferienwohnung innerhalb der letzten zehn Lebens-
jahre des Erblassers führt zu einem Pflichtteilsergänzungsanspruch
(§ 2325 BGB) des enterbten Sohnes in Höhe von 50.000 EUR (= ¼ Pflichtteilsquote aus einem Schenkungswert von 200.000 EUR). Dieser Anspruch richtet sich zunächst gegen die alleinerbende Witwe, die sich aber
darauf berufen kann, dass der Nachlass für die Erfüllung dieses Pflichtteilsergänzungsanspruches nicht ausreichend ist. Damit der enterbte
Sohn nicht leer ausgeht, ordnet § 2329 BGB für diesen Fall an, dass der
Freund F die Zwangsvollstreckung in die Ferienwohnung in Höhe von
25.000 EUR dulden muss. Die Herausgabe der Ferienwohnung kann F
abwenden, wenn er dem enterbten Sohn den Pflichtteilsergänzungs-
betrag von 50.000 EUR ausbezahlt.

6. Anrechnung lebzeitiger Zuwendungen auf den Pflichtteil

Hat der Erblasser bei der Zuwendung eine Anrechnung auf den Pflichtteil
(§ 2303 BGB) angeordnet, so ergibt sich aus § 2315 BGB eine Reduzierung
des Pflichtteilsanspruchs. Sogenannte Ausstattungen im Sinne des § 1624
BGB (zum Beispiel Aussteuer) können den Pflichtteilsanspruch gemäß
§ 2316 BGB kürzen. Eine zeitliche Begrenzung (beispielsweise zehn Jahre)
gibt es bei anrechnungspflichtigen Zuwendungen nicht.

Beispiel einer Pflichtteilsanrechnung:

Herr Müller, verwitwet, hat einen Sohn und eine Tochter und hinterlässt
bei seinem Tod ein Vermögen von 600.000 EUR. Dem Sohn hat er bereits
zu Lebzeiten eine Eigentumswohnung im Wert von 200.000 EUR mit der
Bestimmung geschenkt, dass er sich diese Zuwendung auf seinen Pflichtteil anrechnen lassen muss. Seine Tochter setzt er testamentarisch zur
Alleinerbin ein.

Bei der Berechnung des Pflichtteils des benachteiligten Sohnes muss gemäß § 2315 Abs. 2 BGB wie folgt vorgegangen werden: Dem Nachlasswert von 600.000 EUR muss zunächst der Wert der lebzeitigen Zuwendung von 200.000 EUR hinzugerechnet werden, ergibt also einen erhöhten Nachlass von 800.000 EUR. Ohne Testament hätte der gesetzliche Erbteil der beiden Kinder jeweils 400.000 EUR betragen; der Pflichtteil des Sohnes beträgt die Hälfte hiervon, also 200.000 EUR. Hierauf muss sich der Sohn die lebzeitige Zuwendung von 200.000 EUR anrechnen lassen. Er erhält also im Ergebnis keinen Pflichtteil mehr.

EXPERTENTIPP ZUR ANRECHNUNG:
Die Anrechnungsanordnung muss dem Pflichtteilsberechtigten spätestens zum ZEITPUNKT DER ZUWENDUNG mitgeteilt werden. Er soll dadurch in die Lage versetzt werden, selbst zu entscheiden, ob er die Zuwendung annimmt oder ablehnt.

– Bei Zuwendungen an einen Minderjährigen , die lediglich rechtlich vorteilhaft sind, können in diesem Zusammenhang auch Anrechnungsbestimmungen getroffen werden, ohne dass ein Ergänzungspfleger bestellt werden müsste.

– Gem. § 2057a BGB, der über § 2316 BGB auch Auswirkungen im Pflichtteilsrecht hat, können Abkömmlinge verlangen, dass ihre Leistungen, die sie über einen längeren Zeitraum hinweg im Haushalt des Erblassers erbracht haben, beim Erbfall im Rahmen der Nachlassteilung unter Miterben ausgeglichen werden. Im Gesetzgebungsverfahren zur Pflichtteilsreform wurde diskutiert, ob künftig bei allen gesetzlichen Erben eine Ausgleichung möglich sein soll. Der Gesetzgeber hat diese Überlegung aber nicht umgesetzt, da die Erweiterung des Kreises der Ausgleichungsberechtigten zu einer Vielzahl von Folgeproblemen und Abgrenzungsfragen führe.

– Anders als beim Pflichtteilsanspruch, auf den sich der Pflichtteilsberechtigte erhaltene Eigengeschenke nur anrechnen lassen muss, wenn der Erblasser dies spätestens bei der Schenkung bestimmt hat, sind beim Pflichtteilsergänzungsanspruch Eigengeschenke , die der Ergänzungsberechtigte erhalten hat, immer anzurechnen (§ 2327 Abs. 1 S. 1 BGB). Die Anrechnung erfolgt auch dann, wenn der Erblasser sie nicht angeordnet hat. Eine zeitliche Begrenzung (beispielsweise auf zehn Jahre) gibt es bei diesen Zuwendungen nicht. Im Ergebnis muss sich der Pflichtteilberechtigte somit auf einen Pflichtteilsergänzungsanspruch alle jemals erhaltenen Eigengeschenke anrechnen lassen. Sind Eigengeschenke zu berücksichtigen, erfolgt die Berechnung des Pflichtteilsergänzungsanspruchs wie die Berechnung eines Pflichtteilsanspruchs im Falle anrechnungspflichtiger Zuwendungen. Der Unterschied der Anrechnung von lebzeitigen Zuwendungen auf den Pflichtteilsanspruch und den Pflichtteilsergänzungsanspruch liegt nicht in der Berechnung, sondern darin, ob bei der Zuwendung die Anrechnung auf den Pflichtteil bestimmt wurde oder nicht.

EXPERTENTIPP BEI ERHALTENEN EIGENGESCHENKEN DES PFLICHTTEILSBERECHTIGTEN:
Wegen der unterschiedlichen Behandlung von Eigengeschenken auf den Pflichtteilsanspruch und auf den Pflichtteilsergänzungsanspruch empfiehlt es sich, diese beiden Ansprüche stets GESONDERT ZU BERECHNEN und sie nicht in „einer" Pflichtteilsforderung zu vermengen.

IV. Die Durchsetzung der Pflichtteilsrechte

1. Fälligkeit und Verjährung der Pflichtteilsrechte

– Der Pflichtteilsanspruch ist sofort mit dem Tod des Erblassers fällig. Er ist von diesem Moment an vererblich und übertragbar (§ 2317 Abs. 2 BGB). Auch kann die Zahlung des Pflichtteils, sowie eine zuvor zu erteilende Auskunft vom Pflichtteilsberechtigten sofort verlangt werden. Insbesondere muss der Pflichtteilsberechtigte keine Teilung des Nachlasses unter Miterben abwarten. Kommt der Erbe mit der Erteilung der Auskunft oder der Zahlung des Pflichtteils in Verzug, kann der Pflichtteilsberechtigte Verzugszinsen nach §§ 286, 288 BGB verlangen.

EXPERTENTIPP ZUR VERJÄHRUNG:
Um die Verjährung zu hemmen, muss der Pflichtteilsberechtigte rechtzeitig vor Ablauf der Verjährungsfrist entweder bei Gericht KLAGE einreichen oder eine rechtsverbindliche Erklärung des Erben verlangen, in der dieser den Bestand des Pflichtteilsanspruches ANERKENNT. Die bloße Aufforderung zur Zahlung oder zur Anerkennung des Pflichtteilsanspruches reicht nicht aus.

– Der Pflichtteilsanspruch verjährt gemäß § 195 BGB in drei Jahren. Diese Frist beginnt mit dem Schluss des Kalenderjahres, in welchem der Pflichtteilsanspruch entstanden ist und der Pflichtteilsberechtigte von dem Anspruch begründenden Umständen und von der Person des Schuldners Kenntnis erlangt hat oder ohne grobe Fahrlässigkeit hätte erlangen müssen (§ 199 Abs. 1 BGB). Besondere Vorsicht ist bei dem Pflichtteilsergänzungsanspruch gegen den Beschenkten gemäß § 2329 BGB geboten. Dieser verjährt unabhängig von einer Kenntnis oder einem Kennen müssen in drei Jahren, gerechnet vom Erbfall an (§ 2332 Abs. 1 BGB).

– Besteht das Vermögen des Erblassers im Wesentlichen aus einer Immobilie oder einem Unternehmen, kann der Erbe gezwungen sein, diese Nachlasswerte zu zerschlagen, um den Pflichtteil auszahlen zu können. Nur wenn die sofortige Erfüllung des Pflichtteilsanspruchs wegen der Art der Nachlassgegenstände eine unbillige Härte begründen würde, kann der Erbe ausnahmsweise eine Stundung des Pflichtteils verlangen (§ 2331a BGB).

2. Auskunfts- und Wertermittlungsanspruch des Pflichtteilsberechtigten

Pflichtteilsberechtigte Personen haben selten einen genauen Überblick über die Vermögensverhältnisse des Erblassers. Der Gesetzgeber stellt deshalb dem Pflichtteilsberechtigten verschiedene INFORMATIONSMÖGLICHKEITEN zur Verfügung. Die KOSTEN dieser Informationsmöglichkeiten fallen jeweils dem Nachlass zur Last (§ 2314 Abs. 2 BGB).

– Der Erbe hat auf Verlangen des Pflichtteilsberechtigten ein Nachlassverzeichnis zu erteilen (§ 2314 Abs. 1 S. 1 BGB).

  • Der Auskunftsanspruch des Pflichtteilsberechtigten (§ 2314 Abs. 1
    S. 1 BGB) erstreckt sich auf die beim Erbfall tatsächlich vor-
    handenen NACHLASSGEGENSTÄNDE und NACHLASSVERBINDLICH-
    KEITEN. Hierbei sind die Nachlassgegenstände nach Anzahl, Art
    und wertbildenden Faktoren zu bezeichnen. Den Wert selbst hat
    der Erbe hingegen nicht anzugeben, da hierfür der selbständige
    Wertermittlungsanspruch gemäß § 2314 Abs. 1 S. 2 BGB zur
    Verfügung steht.

  • Nach der Rechtsprechung (BGH, NJW 1975, 258) kann der Pflicht-
    teilsberechtigte in der Regel nicht die Vorlage von BELEGEN
    (wie zum Beispiel Konto- oder Depotauszüge, Quittungen, Ge-
    schäftsbücher) verlangen. Nur wenn ein Unternehmen (oder
    eine Beteiligung daran) zum Nachlass gehört, muss der Erbe
    Bilanzen beziehungsweise eine Gewinn- und Verlustrechnung
    samt den zugrunde liegenden Geschäftsbüchern und Belegen
    für einen Zeitraum von drei bis fünf Jahren vorlegen. Bei Grund-
    stücksschenkungen kann die Vorlage der Notarverträge verlangt
    werden, damit der Pflichtteilsberechtigte feststellen kann, ob sich
    der Erblasser Gegenleistungen (zum Beispiel Nießbrauchsrechte)
    vorbehalten hat.

  • Auf Verlangen muss der Erbe dem Pflichtteilsberechtigten gemäß
    § 2314 BGB Auskunft über die SCHENKUNGEN DES ERBLASSERS
    erteilen.

  • Der BESCHENKTE ist neben dem Erben dann gemäß § 242 BGB aus-
    kunftspflichtig, wenn der Erbe trotz aller Bemühungen keine um-
    fassende Auskunft zu den Schenkungen des Erblassers geben kann.

– Auf Wunsch des Pflichtteilsberechtigten muss der Erbe dieses Nachlassverzeichnis durch einen Notar aufnehmen lassen (§ 2314 Abs. 1
  S. 3 BGB). Der Notar hat bei der Erstellung des Nachlassverzeichnisses den Nachlassbestand selbst zu ermitteln. Es liegt deshalb
  kein ordnungsgemäßes notarielles Nachlassverzeichnis vor, wenn er
  lediglich Erklärungen des Erben oder ein schon vorhandenes privates
  Verzeichnis beurkundet, ohne eigene Nachforschungen anzustellen
  (OLG Celle, DNotZ 2003, 62).

– Der Pflichtteilsberechtigte kann weiter verlangen, dass er bei der
  Aufnahme des Nachlassverzeichnisses hinzugezogen wird (§ 2314
  Abs. 1 S. 2 BGB).

– Der Erbe muss auf Wunsch des Pflichtteilsberechtigten den Wert
  einzelner Nachlassgegenständige durch ein Sachverständigengutachten ermitteln (§ 2314 Abs. 1 S. 2 BGB).

EXPERTENTIPP FÜR DIE AUSKUNFT:
Besteht die Vermutung, dass der Erbe den pflichtteilsrelevanten Nachlass möglicherweise nicht vollständig mitteilt, sollte der Pflichtteilsberechtigte die Aufnahme eines notariellen Nachlassverzeichnisses bei persönlicher Anwesenheit verlangen. Hierzu kann er seinen anwaltlichen Berater hinzuziehen.

– Soweit begründete Zweifel an der Vollständigkeit der erteilten Auskunft bestehen, gewährt § 259 Abs. 2 BGB einen Anspruch auf Abgabe einer eidesstattlichen Versicherung (§ 261 BGB). Begründete Zweifel liegen dann vor, wenn der Erbe versucht hat, die Auskunftserteilung nachhaltig zu verhindern oder das Nachlassverzeichnis mehrfach berichtigt hat. In der Praxis hat sich allerdings gezeigt, dass der Anspruch auf Abgabe einer eidesstattlichen Versicherung ein „stumpfes Schwert" darstellt. Allzu große Erwartungen sollte deshalb der Pflichtteilsberechtigte in die Abgabe der eidesstattlichen Versicherung nicht setzen.

Muster „Auskunfts- und Wertermittlungsverlangen":
Sehr geehrte Frau ...,

wie Ihnen sicher bekannt ist, bin ich der Sohn aus erster Ehe des am ... verstorbenen .... Ich hatte über viele Jahre keinen Kontakt mehr zu meinem Vater, da dieser vor Jahren unsere Familie verlassen hat. Einige Jahre später hat er Sie geheiratet. Mein Vater hat mich enterbt und Sie durch Verfügung von Todes wegen als Alleinerbin eingesetzt. Als enterbtes Kind bin ich gemäß § 2303 BGB pflichtteilsberechtigt. Zur Durchsetzung meiner Rechte als Pflichtteilsberechtigter habe ich gemäß § 2314 BGB einen Auskunftsanspruch, sowie einen Wertermittlungsanspruch gegen Sie als Erbin über die Höhe, den Umfang und den Wert des Nachlasses. Ich mache aus diesem Grunde hiermit gegen Sie folgende Ansprüche geltend:

– Sie sind als Erbin verpflichtet, mir ein Nachlassverzeichnis vorzulegen, welches den Bestand und den Umfang des Nachlasses ausweist. Maßgeblich für Ihre Wertangaben ist gemäß § 2311 BGB immer der Todeszeitpunkt.
– Darüber hinaus sind Sie als Erbin gemäß § 2325 BGB verpflichtet, alle vom Erblasser zu Lebzeiten getätigten Schenkungen in das Nachlassverzeichnis aufzunehmen. Nach ständiger Rechtsprechung besteht eine Auskunftspflicht auch für Schenkungen, die länger als zehn Jahre vor dem Erbfall zurückliegen. Dies gilt insbesondere bei Schenkungen unter Vorbehalt eines Nießbrauchs oder eines sonstigen Nutzungsrechts, wie beispielweise unter Vorbehalt eines Wohnrechts. Die Auskunftspflicht besteht auch bei sogenannten gemischten Schenkungen, somit bei Zuwendungen, bei denen der Wert der Gegenleistung möglicherweise nicht dem Wert der Zuwendung des Erblassers entspricht. Zudem sind Sie gemäß § 2325 Abs. 3 BGB verpflichtet, sämtliche Schenkungen mitzuteilen, die der Erblasser

an seinen Ehegatten während der Ehezeit getätigt hat, mögen diese
auch Jahrzehnte zurückliegen. Eine Begrenzung auf zehn Jahre gilt in
diesem Fall nicht.

– Des Weiteren sind Sie verpflichtet alle vom Erblasser als Ver-
sicherungsnehmer unterhaltenen Lebensversicherungen anzugeben.
Diesbezüglich bitte ich um genaue Benennung der Versicherungsgesellschaft, des Versicherungsnehmers, des widerruflich oder
unwiderruflich bestimmten Bezugsberechtigten, sowie der Leistung
der Versicherung und des Rückkaufwertes der Versicherung zum
Todeszeitpunkt.

– Neben allen Aktiva sind auch die Nachlassverbindlichkeiten anzugeben. Hierunter fallen nicht nur die Schulden des Erblassers,
sondern auch die durch den Erbfall selbst entstandenen Kosten.

– Darüber hinaus sind Sie als Erbin verpflichtet, den ehelichen Güterstand bekannt zu geben, in dem der Erblasser zum Zeitpunkt des
Erbfalls gelebt hat.

– Sofern Sie nicht selbst in der Lage sind, die geforderten Informationen zu erteilen, sind Sie verpflichtet, sich diese bei Dritten, beispielsweise bei Kreditinstituten, Versicherungen, beschenkten Personen
oder auch bei vom Erblasser beauftragten Rechtsanwälten und
Notaren zu besorgen.

– Gemäß § 2314 Abs. 1 BGB sind Sie auch verpflichtet, den Wert einzelner Nachlassgegenstände (beispielsweise Immobilien, Schmuck,
Antiquitäten, Fahrzeuge) durch einen unabhängigen Sachverständigen schätzen zu lassen. Die Kosten hierfür fallen gemäß § 2314
Abs. 2 BGB dem Nachlass zur Last. Sie sind zunächst von Ihnen als
Erbin zu verauslagen. Sie werden hiermit aufgefordert, unverzüglich
ein Gutachten betreffend aller Nachlassimmobilien in Auftrag zu
geben und mir mitzuteilen, welcher Sachverständige mit der Wertermittlung beauftragt wurde. Die Wertermittlung sonstiger Gegenstände behalte ich mir vor und werde hierüber nach vollständig
erteilter Auskunft entscheiden.

Ich darf Sie bitten, mir die erbetenen Auskünfte zeitnah, spätestens aber
bis zum............ zu übermitteln.

Mit freundlichen Grüßen

(Unterschrift)

Expertentipp zur Informationsbeschaffung:

Der Pflichtteilsberechtigte sollte noch folgende INFORMATIONSMÖGLICH-
KEITEN nutzen:

- Er kann gemäß §§ 12, 12a GBO Einsicht in das Grundbuch nehmen
  und gemäß § 12 Abs. 2 GBO daraus beglaubigte oder unbeglaubigte
  Abschriften verlangen.
- Er erhält weiter gemäß § 9 HGB Einsicht in das Handelsregister zu
  den Eintragungsunterlagen hinsichtlich des Unternehmens.
- Sinnvoll ist auch eine Einsicht in die Nachlassakten zu nehmen, da der
  Erbe beim Nachlassgericht ein eigenes Nachlassverzeichnis einreichen muss.
- Stand der Erblasser unter Betreuung, sollte der Pflichtteilsberechtigte auch Einsicht in die Betreuungsakten beim Betreuungsgericht
  nehmen, da der Betreuer jährliche Vermögensverzeichnisse zu
  erstellen hat.

3. Gerichtliche Durchsetzung der Pflichtteilsrechte

Sollte sich der Erbe weigern, die vom Pflichtteilsberechtigten begehrten
Auskünfte zu erteilen, kann vor den Zivilgerichten (nicht also beim
Nachlassgericht) sogenannte STUFENKLAGE (§ 254 ZPO) gegen den Erben
eingereicht werden.

- In der ersten Stufe des Prozesses klagt er auf Auskunftserteilung
  durch Vorlage eines Bestandsverzeichnisses in privater oder notarieller Form. Auf dieser Stufe kann er auch die Einholung eines Wertgut-
  achtens zu einzelnen Nachlassgegenständen einklagen.
- Für die zweite Stufe des Prozesses kann der Pflichtteilsberechtigte
  vorsorglich einen Klageantrag dahingehend stellen, dass der Erbe die
  erteilten Auskünfte an Eides statt zu versichern hat, sofern diese
  unvollständig oder unrichtig sein sollten.
- Hat der Erbe dann im Laufe des Prozesses (gegebenenfalls unter
  Androhung von Zwangsmitteln) die begehrte Auskunft und Wertermittlung erteilt, wird in der dritten Stufe des Prozesses die konkrete Höhe des Pflichtteilsanspruches beziffert.

Expertentipp zur Stufenklage:

Zwischen der Einreichung einer Stufenklage und der Bezifferung des Zahlungsanspruches in der dritten Stufe können oft Jahre vergehen, wenn der Erbe sich weigert, seinen Verpflichtungen nachzukommen und erst durch Teilurteil hierzu verurteilt werden muss. Diese „Verzögerungstaktik" des Erben hat für den Pflichtteilsberechtigten aber deshalb keine wirtschaftlichen Nachteile, weil bereits ab Einreichung der Stufenklage der spätere Zahlungsanspruch zu verzinsen ist und die VERJÄHRUNG für alle Ansprüche unterbrochen ist.

Zusammenfassung:

Der Pflichtteilsanspruch sichert Kindern oder dem Ehepartner des Verstorbenen die Hälfte des gesetzlichen Erbteils als Geldbetrag. Geschiedene Ehegatten, Partner ohne Trauschein und Geschwister sind nicht pflichtteilsberechtigt. Der Anspruch kann durch notariellen Verzicht oder Erbunwürdigkeit entfallen. Der Pflichtteilsergänzungsanspruch berücksichtigt Schenkungen vor dem Tod des Erblassers.

18

Die Immobilie im Rahmen der Erbenhaftung

Nach dem Tod des Erblassers haften die Erben für seine Schulden. Diese bilden zusammen mit dem Vermögen den Nachlass. Es besteht jedoch die Möglichkeit, die Haftung auf die Erbmasse zu begrenzen.

I. Die Nachlassverbindlichkeiten

II. Die Beschränkung der Erbenhaftung

18. Die Immobilie im Rahmen der Erbenhaftung

EXPERTENTIPP WEGEN VERMUTETER INSOLVENZ:
Vor einer VORSCHNELLEN AUSSCHLAGUNG der Erbschaft wegen befürchteter Überschuldung des Nachlasses ist zu warnen, da der Gesetzgeber verschiedene Möglichkeiten zur Haftungsbegrenzung und damit zum Schutz des Privatvermögens zur Verfügung stellt. Anders als im Falle einer Ausschlagung, verliert der Erbe durch Nutzung solcher Haftungsbeschränkungen nicht die Chance auf einen werthaltigen Nachlass.

Mit dem Tod des Erblassers gehen seine Schulden nicht unter. Die Schulden bleiben bestehen und gehen als Teil des Nachlassvermögens auf den Erben über. Mit dem Erbfall VEREINIGEN SICH ZWEI BISHER GETRENNTE VERMÖGENSMASSEN, nämlich die Aktiva und Passiva des Erblassers mit den Nachlasswerten und Nachlassverbindlichkeiten des Erben. Der Erbe haftet also auch mit seinem Eigenvermögen.

Eine NACHLASSIMMOBILIE kann deshalb sowohl von Gläubigern des Erblassers als auch des Erben als Vollstreckungsobjekt in Anspruch genommen werden.

Allerdings verbleibt die Möglichkeit, die HAFTUNG für Nachlassschulden auf die Erbmasse ZU BESCHRÄNKEN.

I. Die Nachlassverbindlichkeiten

Der Erbe haftet gemäß § 1967 BGB für

- Erblasserschulden,
- Erbfallschulden und
- Nachlasserbenschulden.

1. Erblasserschulden

ERBLASSERSCHULDEN sind gemäß § 1967 Abs. 2 BGB die VOM VERSTORBENEN SELBST herrührenden vertraglichen oder gesetzlichen Schulden, die aber durch seinen Tod noch nicht erloschen sind. Hierzu zählen insbesondere:

- Schulden aus Verträgen, wie beispielsweise Kaufverträgen, Mietverträgen, Arbeitsverträgen und Darlehensverträgen,
- Prozesskosten,
- Unterhaltsverpflichtungen,
- Kredit- und Bürgschaftsverpflichtungen,
- Steuerschulden.

2. Erbfallschulden

ERBFALLSCHULDEN sind gemäß § 1967 Abs. 2 BGB Schulden, die AUS ANLASS DES ERBFALLS entstehen. Hierzu gehören insbesondere:

- Pflichtteilsansprüche,
- Vermächtnisse,
- Auflagen,
- Kosten der Testamentseröffnung,
- Kosten der Beerdigung (§ 1968 BGB) und
- der sogenannte Voraus betreffend Haushaltsgegenstände (§ 1932 BGB).

3. Nachlasserbenschulden

NACHLASSERBENSCHULDEN sind Verbindlichkeiten, die der Erbe aus Anlass des Erbfalls DURCH RECHTSGESCHÄFT eingegangen ist. Hierzu gehören insbesondere:

- Verbindlichkeiten wegen einer Verwaltung eines Nachlassgegenstandes,
- Schulden die aus der Fortführung eines zum Nachlass gehörenden Handelsunternehmens entstanden sind,
- Mietforderungen, die dadurch entstanden sind, dass der Erbe es vergessen oder unterlassen hat, die vom Verstorbenen bewohnte Mietwohnung rechtzeitig zu kündigen.

II. Die Beschränkung der Erbenhaftung

Der Erbe kann seine Haftung für Nachlassverbindlichkeiten auf den Nachlass begrenzen und damit sein eigenes Vermögen vor einem Zugriff der Nachlassgläubiger schützen.

1. Anfechtung der Erbschaftsannahme

In Ausnahmefällen kommt gemäß § 119 BGB eine ANFECHTUNG DER ERBSCHAFTSANNAHME in Betracht, wenn der Erbe sich über die Überschuldung des Nachlasses (etwa wegen zunächst unbekannter Steuerrückstände) geirrt hat. Die Anfechtungserklärung muss in beglaubigter Form innerhalb einer 6-Wochenfrist gegenüber dem Nachlassgericht erklärt werden (§§ 1954, 1955 BGB).

2. Schutz des Eigenvermögens des Erben

Der Erbe hat folgende Möglichkeiten, seine Haftung für Nachlassverbindlichkeiten auf den Nachlass zu begrenzen und damit sein EIGENVERMÖGEN
ZU SCHÜTZEN:

– 3-Monatseinrede,
– Errichtung eines Inventars,
– Aufgebotsverfahren,
– Nachlassverwaltung,
– Nachlassinsolvenzverfahren,
– Einrede der Dürftigkeit.

3. Drei-Monats-Einrede

– Der Erbe ist gemäß § 2014 BGB berechtigt, die Begleichung von
  Nachlassverbindlichkeiten innerhalb der ersten drei Monate nach
  Erbschaftsannahme zu verweigern. Innerhalb dieser Schonfrist kann
  er den Nachlass sichten und entscheiden, ob er seine persönliche
  Haftung beschränken soll, also Nachlassverwaltung oder die Er-
  öffnung des Nachlassinsolvenzverfahrens beantragen soll.
– Da der Lauf der Drei-Monats-Einrede bereits mit Annahme der
  Erbschaft beginnt, hat sie in Prozessen, in denen der Erbe selbst von
  einem Nachlassgläubiger verklagt wird, keine praktische Bedeutung.
  Der Nachlassgläubiger kann nämlich den Erben erst ab Annahme der
  Erbschaft verklagen. Bis zur Klagezustellung und Urteilsverkündung
  sind regelmäßig die drei Monate schon verstrichen.
– Anders ist es, wenn die Zwangsvollstreckung gegen den Erblasser vor
  dem Erbfall schon begonnen hatte und gegen den Erben unmittelbar
  nach Erbschaftsannahme fortgesetzt wird. In diesen Fällen kann sich
  der Erbe mit der Erhebung der Drei-Monats-Einrede „Luft
  verschaffen".

4. Inventarerrichtung

– Gemäß § 1993 BGB kann der Erbe freiwillig ein Nachlassverzeichnis
  („Inventar") beim Nachlassgericht einreichen. Bei der Errichtung ist
  gemäß § 2002 BGB eine amtliche Mitwirkung (zum Beispiel die
  Aufnahme durch einen Notar) erforderlich.
– Auch ein Nachlassgläubiger kann – ohne zeitliche Begrenzung – beim
  Nachlassgericht den Antrag stellen, dass dem Erben eine Frist zur
  Errichtung eines Inventars gesetzt wird (§ 1994 BGB). In der Praxis
  kommt das sehr selten vor.

- Für den Erben ist die Inventarerrichtung allerdings kein sinnvolles
  Mittel zur Haftungsbeschränkung; dies kann er nur durch ein Aufgebotsverfahren, die Nachlassverwaltung oder das Nachlassinsolvenzverfahren
  erreichen. Die Errichtung eines Inventars kann für den Erben sogar
  nachteilhaft sein: Er verliert die Möglichkeit eine Haftungsbeschränkung
  herbeizuführen, falls er – trotz einer Fristsetzung durch das Nachlassgericht – das Inventar nicht rechtzeitig errichtet (§ 1994 Abs. 1 S. 2 BGB)
  oder bewusst unrichtige Angaben macht (§ 2005 Abs. 1 S. 1 BGB).

Expertentipp zum Nachlassverzeichnis:
Nicht verwechselt werden darf das „AMTLICHE" Inventar im Sinne von
§ 1993 BGB mit dem „NORMALEN" Nachlassverzeichnis, das zur Berechnung
der Erbscheinerteilungskosten beim Nachlassgericht eingereicht werden
muss oder dem Nachlassverzeichnis, das der Erbe auf Verlangen des
Pflichtteilsberechtigten gemäß § 2314 BGB (beides ohne amtliche Mitwirkung) zu erstellen hat. Diese „nicht-amtlichen" Verzeichnisse lösen
nicht die Wirkungen einer „Inventaruntreue" (§ 2005 Abs. 1 S. 1 BGB) aus.

5. Aufgebotsverfahren

- Die Nachlassgläubiger werden sich zumeist schon im Eigeninteresse
  beim Erben melden, sobald sie vom Erbfall erfahren. Zur Klärung der
  Verhältnisse stellt das Gesetz (§§ 1970 ff. BGB) dem Erben das
  Aufgebotsverfahren zur Verfügung, in dem die Gläubiger vom Gericht
  zur Anmeldung ihrer Forderung aufgefordert werden.
- Das Aufgebotsverfahren soll dem Erben eine zuverlässige Übersicht
  über die Verschuldung des Nachlasses geben. Auf dieser Grundlage
  kann er sich dann entscheiden, ob er eine amtliche Nachlass-
  liquidation durch Nachlassverwaltung oder Nachlassinsolvenzver-
  fahren beantragt oder den Nachlass in Selbstverwaltung behält und
  ein Inventar nach den §§ 2001, 2002 BGB errichtet.
- Der Erbe kann gemäß § 1970 BGB innerhalb eines Jahres nach
  Erbschaftsannahme beim Nachlassgericht beantragen, dass alle
  Gläubiger zur Anmeldung ihrer Forderungen aufgefordert werden.
  Diese müssen dann innerhalb einer bestimmten Frist alle offenen
  Nachlassverbindlichkeiten anmelden.
- Wurde das Aufgebotsverfahren beantragt und vom Gericht zugelassen,
  ist der Erbe bis zur Beendigung des Verfahrens berechtigt, die Be-
  gleichung von Nachlassverbindlichkeiten zu verweigern (§ 1973 BGB).
- Sind im Aufgebotsverfahren Nachlassgläubiger durch Urteil aus-
  geschlossen oder nicht berücksichtigt worden, kann der Erbe die
  sogenannte Erschöpfungseinrede erheben (§ 1973 BGB), sofern vom
  Nachlass nichts mehr übrig ist.

Muster „Antrag auf Durchführung eines Aufgebotsverfahrens":
Amtsgericht............

Postfach............

Antrag auf Aufgebot der Nachlassgläubiger

Nachlasssache............, verst. am............

Ich beantrage, die Nachlassgläubiger im Wege des Aufgebotsverfahrens
zur Anmeldung ihrer Forderungen aufzufordern und den Erlass eines
Ausschließungsbeschlusses.

Dem Antrag liegt folgender Sachverhalt zu Grunde:

Der Erblasser............, geboren am............, ist am............ an seinem letzten
Wohnsitz in............ verstorben.

Er ist beerbt worden von den Miterben............ zu ½ sowie............ zu ½.
Eine Kopie des Erbscheins des Amtsgerichts............ vom............,
Az............, lege ich bei. Ergänzend verweise ich auf die Nachlassakte des
Amtsgerichts............ mit dem Az............ Keiner der Erben haftet für
Nachlassverbindlichkeiten unbeschränkt.

Ich überreiche in der Anlage ein Verzeichnis der bekannten Nachlassgläubiger mit Angabe ihres Wohnortes.

Das Aufgebotsverfahren ist erforderlich, da den Miterben die möglichen
Nachlassverbindlichkeiten nicht vollständig bekannt sind.

(Unterschrift)

6. Nachlassverwaltung

– Die Nachlassverwaltung (§ 1975 BGB) ist für Fälle gedacht, in denen
  der Nachlass zwar nicht überschuldet erscheint, in denen aber der
  Erbe die Mühe der Abwicklung und die Gefahr einer Inanspruch-
  nahme seines eigenen Vermögens vermeiden will. Die Nachlassverwaltung dient aber auch dem Interesse eines Nachlassgläubigers, der
  eine Gefährdung der Anspruchsbefriedigung abwehren möchte.
– Durch die gerichtliche Anordnung einer Nachlassverwaltung werden
  rückwirkend bezogen auf den Erbfall das Eigenvermögen des Erben
  und das geerbte Vermögen wieder getrennt.

- Die Nachlassverwaltung wird dem Erben vom Gericht völlig entzogen und in die Hand des sogenannten Nachlassverwalters gelegt. Der Erbe verliert seine Verwaltungs- und Verfügungsbefugnis über den Nachlass.
- Nachlassgläubiger können etwaige Ansprüche grundsätzlich nur noch gegen den Nachlassverwalter geltend machen (§ 1984 Abs. 1 S. 3 BGB). Zwangsvollstreckungsmaßnahmen, die ein Nachlassgläubiger in das Eigenvermögen des Erben eingeleitet hat, sind auf dessen Antrag hinaufzuheben (§ 784 Abs. 1 ZPO).
- Die Nachlassverwaltung wird auf Antrag des Erben (§ 1981 Abs. 1 BGB) vom Nachlassgericht angeordnet, ohne dass dafür besondere Voraussetzungen gegeben sein müssten. Miterben können den Antrag allerdings nur gemeinschaftlich stellen (§ 2062 BGB); dies ist nur so lange zulässig als der Nachlass unter den Miterben noch nicht geteilt ist (das Nachlassinsolvenzverfahren kann dagegen auch von einem einzelnen Miterben beantragt werden).
- Ein Nachlassgläubiger kann die Verwaltung beantragen, wenn seine Befriedigung durch das Verhalten des Erben oder die Vermögenslage des Nachlasses gefährdet erscheint (§ 1981 Abs. 2 BGB).

7. Nachlassinsolvenzverfahren

- Bei überschuldetem Nachlass oder Zahlungsunfähigkeit des Nachlasses soll durch das Nachlassinsolvenzverfahren für eine gleichmäßige (anteilige) Befriedigung der Nachlassgläubiger gesorgt werden. Das Verfahren liegt also in erster Linie im Interesse der Gläubiger, dient aber, da es zur Haftungsbeschränkung führt, auch dem Interesse des Erben.
- Mit Eröffnung des Nachlassinsolvenzverfahrens wird die Verwaltung des Nachlasses dem Erben entzogen und auf den Nachlassinsolvenzverwalter übertragen.
- Bei Überschuldung oder Zahlungsunfähigkeit des Nachlasses, muss der Erbe unverzüglich die Eröffnung des Nachlassinsolvenzverfahrens beim Insolvenzgericht (§ 315 InsO) beantragen (§ 1980 BGB), andernfalls macht er sich schadensersatzpflichtig (§ 1980 Abs. 1 BGB). Die gleiche Verpflichtung trifft den Nachlassverwalter, der zuvor auf Antrag des Erben eingesetzt worden ist.
- Den Antrag auf Eröffnung des Nachlassinsolvenzverfahrens kann neben dem Alleinerben auch ein einzelner Miterbe stellen. Die Nachlassverwaltung kann dagegen nur von mehreren Miterben gemeinschaftlich beantragt werden. Antragsberechtigt sind weiter jeder Nachlassgläubiger und auch ein Testamentsvollstrecker.

EXPERTENTIPP BEI NACHLASSVERWALTUNG: Ein Nachteil für den Erben sind die Kosten einer Nachlassverwaltung. Deshalb kommt sie in der Praxis eher selten vor.

EXPERTENTIPP ZUM NACHLASSINSOLVENZ-VERFAHREN: Das Nachlassinsolvenzverfahren verursacht (wie auch die Nachlassverwaltung) relativ hohe Kosten: Die Gebühren und Auslagen des Gerichts sowie die Vergütung und Aufwendungen des Verwalters belaufen sich auf einige Tausend EUR. Ist im Nachlass nicht einmal so viel Vermögen vorhanden, liegt Dürftigkeit vor. Der Erbe kann dann die sogenannte DÜRFTIGKEITSEINREDE gemäß § 1990 BGB erheben (siehe dazu nachfolgend).

8. Dürftigkeitseinrede

- Wenn die Nachlassaktiva so gering sind, dass weder Nachlassverwaltung noch Nachlassinsolvenzverfahren zweckmäßig sind, weil nicht einmal die (relativ hohen) Kosten dieser Verfahren gedeckt wären, hat der Erbe das Recht, gemäß § 1990 BGB die Befriedigung der Nachlassgläubiger zu verweigern, soweit der Nachlass nicht ausreicht (sogenannte „Dürftigkeitseinrede").
- Die Dürftigkeit des Nachlasses hat der Erbe zu beweisen. Sie muss zum Zeitpunkt der Entscheidung eines Gerichts über die Klage eines Gläubigers vorliegen. Nicht notwendig ist also, dass der Nachlass schon beim Erbfall dürftig war.
- Meldet sich ein Nachlassgläubiger beim Erben, wird dieser zunächst auf die Dürftigkeit hinweisen und diese belegen. Hierzu kann er gerichtliche Beschlüsse vorlegen, aus denen sich die Ablehnung einer Nachlassverwaltung bzw. eines Nachlassinsolvenzverfahrens mangels Kostendeckung ergibt.
- Hat der Erbe keine solche Beschlüsse, wird er den Nachlassgläubigern ein privat erstelltes Nachlassverzeichnis zusenden. Klagt der Nachlassgläubiger gleichwohl gegen den Erben, wird dieser die Dürftigkeit im Prozess einwenden. Er ist nicht verpflichtet, hierzu eigens einen Insolvenzantrag zu stellen und abweisen zu lassen (KG, NJW-RR 2003, 941).

9. Einreden des Miterben

Der Miterbe hat grundsätzlich die gleichen Möglichkeiten wie der Alleinerbe, seine Haftung vorübergehend oder dauerhaft zu beschränken. Aufgrund der Tatsache, dass mehrere Miterben als Schuldner der Nachlassverbindlichkeiten vorhanden sind und den Nachlass verwalten, ergeben sich jedoch folgende BESONDERHEIT:

VOR der Nachlassteilung kann der Miterbe die Erfüllung der Nachlassverbindlichkeiten aus seinem eigenen, nicht aus dem Anteil am Nachlass bestehenden Vermögen verweigern (§ 2059 Abs. 1 S. 1 BGB).

Expertentipp bei Erbengemeinschaften:

Da ein Miterbe nach der Nachlassteilung gesamtschuldnerisch mit seinem eigenen Vermögen haftet, sollte ein Nachlass nur geteilt werden, wenn sicher KEINE NACHLASSVERBINDLICHKEITEN MEHR bestehen. Anderenfalls droht dem Miterben eine persönliche Haftung mit seinem sonstigen Vermögen, ohne dass er die Haftung wirksam beschränken kann. War beispielsweise der Nachlass werthaltig, so dass eine Nachlassinsolvenz nicht begründet wäre, kann der Miterbe nach der Teilung

weder eine Nachlassverwaltung, noch eine Nachlassinsolvenz beantragen. Stellen sich nachträgliche Verbindlichkeiten heraus, muss er
diese gesamtschuldnerisch haftend in vollem Umfang begleichen. Haben
die anderen Miterben dann ihrerseits kein weiteres Vermögen und das
bei der Teilung erhaltene Nachlassvermögen schon verbraucht, kann der
in Anspruch genommen Erbe bei diesen nicht mehr erfolgreich Regress
nehmen. Um dieses Risiko zu vermeiden, sollten Erbengemeinschaften
erst geteilt werden, wenn sicher alle Nachlassverbindlichkeiten beglichen
sind. Ist dies nicht sicher der Fall, sollte zwingend ein AUFGEBOTSVER-
FAHREN im Sinne der §§ 1970 ff. BGB beantragt werden. Nur so erreicht
der Miterbe nach der Teilung eine bloß anteilige Haftung statt einer
gesamtschuldnerischen Haftung (§ 2060 BGB).

Zusammenfassung:
Mit dem Tod des Erblassers gehen dessen Schulden auf die Erben über.
Dies umfasst die Erblasserschulden und die Erbfallschulden. Eine
Haftungsbeschränkung kann unter anderem durch die Anfechtung der
Erbschaftsannahme und die Beantragung einer Nachlassverwaltung oder
einer Nachlassinsolvenz erfolgen. Eine vorschnelle Ausschlagung eines
Erbes, weil der Nachlass unbekannt ist, ist mithin nicht angezeigt. Mit-
erben sollten aber die Teilung erst nach Begleichung aller Verbindlich-
keiten vornehmen.

19

Die Auslands-immobilie im Erbfall

Mit einer wachsenden Anzahl von deutschen Staatsbürgern, die Ferien-domizile und Geldanlagen im Ausland besitzen, wird die Frage der Anwendung deutscher oder ausländischer Erbrechtsordnungen immer relevanter.

19. Die Auslandsimmobilie im Erbfall

Über 7 Mio. ausländische Mitbürger leben in der Bundesrepublik. Mehr und mehr deutsche Staatsbürger besitzen ein Feriendomizil im Ausland, etwa in Spanien oder Florida. Auch Geldanlagen im Ausland erfreuen sich großer Beliebtheit. Kommt es dann zum Erbfall, stellt sich die schwierige Frage, ob die DEUTSCHE ODER EINE AUSLÄNDISCHE Erbrechtsordnung zur Anwendung kommt.

I. Der Erbfall mit Auslandsberührung

Auf vielfache Art und Weise kann ein Erbfall mit AUSLÄNDISCHEN ERBRECHTSORDNUNGEN in Berührung kommen.

- Zum einen besitzen immer mehr deutsche Staatsangehörige ein Feriendomizil oder eine sonstige Immobilie im Ausland. Dasselbe gilt für Geldanlagen.
- Außerdem kann ausländisches Recht zur Anwendung kommen, wenn ein ausländischer, in der Bundesrepublik Deutschland lebender Mitbürger, verstirbt.
- Auch deutsche Staatsangehörige, die ihren Wohnsitz im Ausland haben und versterben, hinterlassen Erben, die mit ausländischer Rechtsordnung zu tun haben können.
- War der Erblasser mit einem nicht-deutschen Ehepartner verheiratet, stellt sich zusätzlich die Frage nach der Schnittstelle zwischen ausländischem Familien- und Erbrecht.

EXPERTENTIPP BEI AUSLANDSBEZUG:
Es handelt sich bei einem Erbfall mit Auslandsberührung um eine der schwierigsten Materien des gesamten Erbrechts, da unter Umständen ausländische Rechtsordnungen anzuwenden sind. Das muss bereits bei der Nachlassplanung und Testamentsgestaltung berücksichtigt werden.

Bei Erbfällen mit Auslandsberührung ist zunächst zu fragen, ob auf die Regulierung des Gesamtnachlasses oder die Verteilung einzelner Nachlassgegenstände deutsches oder ausländisches Erbrecht anzuwenden ist. Hierbei ist zu unterscheiden, ob ausschließlich Staaten beteiligt sind, für welche die am 16.8.2012 in Kraft getretene EU-Erbrechtsverordnung gilt, oder ob (auch) sonstige Staaten beteiligt sind.

II. Geltung der EU-Erbrechtsverordnung

1. Geltungsbereich der EU-Erbrechtsverordnung

Räumlich gilt die EU-Erbrechtsverordnung für alle Mitgliedsstaaten der Europäischen Union mit Ausnahme der Länder Dänemark und Irland. Dies bedeutet, dass bei Todesfällen mit Drittstaaten die EU-Erbrechtsverordnung nicht unmittelbar zur Anwendung kommt. Zeitlich gilt die EU Erbrechtsverordnung für Todesfälle ab dem 17.8.2012.

Anders als es der Name vermuten lässt, findet sich in der EU-Erbrechtsverordnung kein einheitliches, europäisches Erbrecht. Das Erbrecht in Europa ist weiterhin nationales Recht der jeweiligen Staaten. Die EU-Erbrechtsverordnung regelt jedoch einheitlich, welches nationale Recht zur Anwendung kommt, welcher internationale Gerichtsstand gegeben ist sowie die Möglichkeit der Legitimation des Erben durch ein europäisches Nachlasszeugnis. Im Einzelnen sieht die EU-Erbrechtsreform folgendes vor:

– Maßgeblich für die Bestimmung des Erbstatuts ist der gewöhnliche Aufenthalt im Zeitpunkt des Todes.
– Der gewöhnliche Aufenthalt ist auch bestimmend für den Gerichtsstand.
– Es gibt ein Europäisches Nachlasszeugnis zur Legitimation, wobei ein deutscher Erbschein weiterhin möglich bleibt.
– Nationale Erbnachweise und gerichtliche Entscheidungen werden in den anderen Mitgliedsstaaten anerkannt, ohne dass es eines Anerkennungsverfahrens bedarf.
– Es ist die Wahl des Heimatrechts im Wege einer sogenannten Rechtswahl möglich.

Maßgeblich für das anzuwendende Recht sowie für den Gerichtsstand ist damit grundsätzlich der letzte gewöhnliche Aufenthalt des Erblassers. Dies ist der sogenannte „Daseinsmittelpunkt" einer Person. Wo dieser ist, ist anhand aller tatsächlichen Umstände des Einzelfalls zu ermitteln. Indizien hierfür sind zum Beispiel die körperliche Anwesenheit, die Dauer und die Regelmäßigkeit des Aufenthalts, familiäre und soziale Bindungen, die Integration in ein soziales Umfeld oder auch Sprachkenntnisse.

2. Rechtswahlklausel

Die EU-Erbrechtsverordnung hat nicht nur die Vorteile einer einheitlichen Bestimmung des anzuwendenden Rechts gebracht, sondern für die Praxis auch erhebliche Gefahren. So haben viele Menschen bei der Errichtung ihres Testamentes nicht bedacht, dass sie möglicherweise ihr Lebensende im sonnigen Süden Europas verbringen und aus diesem Grunde nach der EU-Erbrechtsverordnung nun das dortige Erbrecht zur Anwendung kommt. Derartigen Gefahren kann durch eine letztwillige Verfügung von Todes wegen begegnet werden. Denn wer im Ausland wohnt, kann in seiner letztwilligen Verfügung bestimmen, dass das Recht seiner Staatsangehörigkeit auf seinen gesamten Nachlass angewendet wird. Möglich ist hierbei jedoch nur die Wahl des jeweiligen Heimatrechts, somit die Wahl des Rechtes der Staatsbürgerschaft des Erblassers. Von dieser Möglichkeit sollte bei der Erstellung eines Testamentes Gebrauch gemacht werden. Nur so kann sichergestellt werden, dass unabhängig vom letzten gewöhnlichen Aufenthalt der betroffenen Person das Recht ihrer Staatsbürgerschaft zur Anwendung kommt.

„Wahl deutschen Erbrechts":
Für die Erbfolge in meinen gesamten Nachlass sowie für Fragen der Rechtswirksamkeit dieses Testaments wähle ich deutsches Erbrecht, unabhängig vom Ort meines gewöhnlichen Aufenthaltes zum Zeitpunkt meines Todes.

III. Staatsangehörigkeits- oder Wohnsitzprinzip

Sind Staaten betroffen, die nicht der Geltung der EU-Erbrechtsverordnung unterliegen, bestimmt sich das für den jeweiligen Erbfall geltende Recht nach den Regeln des Internationalen Privatrechts. Hierbei gilt es immer die anzuwendende Rechtsordnung aus Sicht der beteiligten Staaten zu bestimmen. Dabei wird nach dem Staatsangehörigkeits- oder dem Wohnsitzprinzip unterschieden.

Folgende Länder wenden zum Beispiel das STAATSANGEHÖRIGKEITS-PRINZIP an:

- Afghanistan
- Albanien
- Bolivien
- Deutschland

- Irak
- Iran
- Marokko
- Syrien
- Thailand
- Tunesien
- Türkei.

Beispiel „Thailand":
Ein Deutscher, ohne Immobilienvermögen, mit letztem Wohnsitz in Thailand wird nach deutschem Erbrecht beerbt. Auch aus thailändischer Sicht ist das deutsche Erbrecht anzuwenden.

Verschiedene Staaten regeln die Erbschaft nach dem WOHNSITZPRINZIP bzw. nach dem letzten gewöhnlichen Aufenthaltsort des Erblasers. Danach ist das Recht anwendbar, in dem der Erblasser seinen letzten Wohnsitzes oder gewöhnlichen Aufenthalt hatte. Bürger dieser Staaten, die zum Zeitpunkt des Erbfalls ihren Wohnsitz in Deutschland haben, werden in der Regel nach deutschem Erbrecht beerbt. Folgende Staaten wenden beispielweise das Wohnsitzprinzip an:

- Brasilien
- Dänemark
- Island
- Israel
- Norwegen
- Schweiz.

Beispiel „Dänemark":
Ein Däne mit Wohnsitz in Deutschland wird für sein gesamtes Vermögen in Deutschland und Dänemark nach deutschem Erbrecht beerbt.

Lebte ein deutscher Erblasser in einem Staat, das dem Wohnsitzprinzip folgt, wird die Abwicklung des Erbfalls deutlich komplizierter. Da Deutschland dem Staatsangehörigkeitsprinzip folgt, müssen deutsche Gerichte deutsches Erbrecht auf den Erbfall anwenden. Ganz anders wird das ausländische Gericht den Erbfall beurteilen, da nach dem Wohnsitz-prinzip das dortige Recht zur Anwendung kommt.

Auswirkungen des Wohnsitzprinzips:
Ein deutscher Witwer verstirbt mit letztem Wohnsitz in der Schweiz und hinterlässt ein Vermögen von 1 Mio. EUR. Die einzige Tochter, die er testamentarisch enterbt hatte, kann vor deutschen Gerichten, die wegen

des Staatsangehörigkeitsprinzips deutsches Erbrecht anwenden, ihren Pflichtteil in Höhe von 500.000 EUR erfolgreich durchsetzen. Hätte die enterbte Tochter dagegen vor Schweizer Gerichten geklagt, müsste nach dem dort geltenden Wohnsitzprinzip Schweizer Erbrecht angewendet werden. Der Pflichtteil der Tochter hätte dann 750.000 EUR betragen.

IV. Spaltung des Nachlasses

An sich unterliegt ausländischer Nachlass eines Deutschen wegen des Staatsangehörigkeitsprinzips dem deutschen Erbrecht. Einige Länder beanspruchen aber im Hinblick auf die dort belegenen Immobilien zwingend die Geltung des eigenen Erbrechts. Zu einer derartigen SPALTUNG DES NACHLASSES kann es in folgenden Staaten kommen:

–   Australien
–   Irland
–   Kanada
–   Monaco
–   Neuseeland
–   Südafrika
–   Thailand
–   Türkei
–   USA.

EXPERTENTIPP BEI IMMOBILIENVERMÖGEN IM AUSLAND:
Jeder Erblasser mit Auslandsimmobilien muss durch Errichtung einer letztwilligen Verfügung den Gefahren einer Nachlass-spaltung vorbeugen. Für unsere ausländischen Mitbürger bietet sich die interessante Möglichkeit, für in Deutschland belegene Immobilien DEUTSCHES ERBRECHT ZU WÄHLEN. Dem deutschen Erblasser ist es dagegen – jedenfalls was sein deutsches Vermögen anbelangt – verwehrt, eine ausländische Erbrechts-ordnung zu wählen.

„Thailand mit Immobilienvermögen":
Ein deutscher Unternehmer hat neben seinem Vermögen in Deutschland auch eine Ferienwohnung in Thailand. Im Erbfall unterliegt diese thailändische Immobilie zwingend dem thailändischen Erbrecht, während das sonstige Vermögen in Deutschland nach deutschem Erbrecht vererbt wird. Hat der Erblasser kein Testament errichtet, beurteilt sich die gesetzliche Erbfolge teilweise nach deutschem, teilweise nach thailändischem Erbrecht. Dies kann zu unterschiedlichen Erbquoten und damit zu verschieden zusammengesetzten Erbengemeinschaften führen.

Ganz erhebliche Auswirkungen hat eine derartige Nachlassspaltung dann, wenn zB der Staat in dem sich die Immobilie befindet, kein PFLICHT-TEILSRECHT kennt, wie in vielen Bundesstaaten der USA im Hinblick auf Abkömmlinge. Hinterlässt ein Deutscher neben unbedeutendem Nachlass in Deutschland besonders werthaltige Grundstücke in Florida, können enterbte Kinder nur an dem deutschen, nicht aber an dem amerikanischen Nachlass Pflichtteilsansprüche geltend machen. Durch den Erwerb von Immobilien in Ländern mit einer Nachlassspaltung, können sich für deutsche Erblasser interessante Gestaltungsstrategien zur Begrenzung von Pflichtteilsansprüchen ergeben.

V. Formfragen beim Erbfall mit Auslandsbezug

Letztwillige Verfügungen, die ein deutscher Erblasser formwirksam nach deutschem Erbrecht errichtet hat, können im Ausland unwirksam sein. Gerade für deutsche Ehegatten, die Vermögen im Ausland haben oder mit einem Ausländer verheiratet sind, ist erbrechtlich größte Vorsicht geboten. Gleiches gilt für Deutsche, die unter Geltung der heutigen EU-Erbrechtsverordnung ihren letzten gewöhnlichen Aufenthalt in einem anderen Mitgliedsstaat haben. Vornehmlich in romanischen Staaten (beispielsweise Italien und Spanien sowie in Frankreich) wird das GEMEINSCHAFTLICHE EHEGATTENTESTAMENT mit einer Bindung des überlebenden Ehegatten an die Schlusserbfolge nicht anerkannt. Probleme können sich aber auch im Hinblick auf die ehelichen Güterstände eines anderen Staates ergeben. Privatschriftliche Testamente erfordern in manchen ausländischen Staaten (wie beispielsweise Florida) die Anwesenheit von zwei Zeugen.

EXPERTENTIPP BEI DER TESTAMENTSGESTALTUNG: Hier schützt nur eine vorbeugende Beratung durch einen Erbrechtsexperten, zum Teil in Zusammenarbeit aus den betroffenen Staaten, vor unangenehmen Überraschungen beim deutschausländischen Erbfall.

VI. Der Erbschein im deutsch-ausländischen Erbfall

Nachlassgerichte sind zur Erteilung eines Erbscheins im Sinne des BGB nicht nur im Falle der Anwendung deutschen Erbrechts zuständig. Auch nach dem Tode eines Ausländers, dessen Erbfolge oft nicht dem deutschen Erbrecht unterliegt, hat das Nachlassgericht einen beantragten Erbschein zu erteilen, wenn der Erblasser in Deutschland seinen letzten Wohnsitz oder Aufenthalt hatte. Gleiches gilt, wenn er in Deutschland einen Nachlassgegenstand hinterlassen hat. Örtlich zuständig ist, wie bei deutschen Erblassern, das Nachlassgericht des letzten Wohnsitzes, ersatzweise das des letzten Aufenthaltes. Fehlt es an beidem, ist jedes Gericht örtlich zuständig, in dessen Bezirk sich Nachlassgegenstände befinden. Ist eine solche örtliche Zuständigkeit gegeben, ist das jeweilige Gericht auch international zuständig und erteilt einen Erbschein nicht nur über das in Deutschland belegene Vermögen des Erblassers, sondern über dessen gesamtes Weltvermögen. Dieses bestimmt dann auch den Wert, der den Gerichtsgebühren zugrunde gelegt wird.

"Europäisches Nachlasszeugnis":

Viele Staaten kennen keinen Erbschein zum Nachweis des Erbrechts. Hat der Erblasser auch im Ausland Vermögen hinterlassen, nutzt dem Erben der deutsche Erbschein für das ausländische Vermögen dann oft nichts. Innerhalb der Europäischen Union ist dieses Problem durch die EU-Erbrechtsverordnung gelöst worden. Nach dieser kann sich der Erbe durch ein Europäisches Nachlasszeugnis legitimieren. Dieses hat ähnliche Wirkungen wie ein Erbschein. Jedoch werden dem Erben immer nur beglaubigte Abschriften des Nachlasszeugnisses mit einer beschränkten Gültigkeitsdauer von sechs Monaten erteilt.

Zusammenfassung:

Bei Erbfällen mit Auslandsbezug kann es je nach Land zur Spaltung des Nachlasses kommen. Letztwillige Verfügungen müssen den jeweiligen deutschen und bzw. oder ausländischen Formvorschriften genügen. Das deutsche Nachlassgericht ist auch für ausländische Erbfälle zuständig, wenn der Erblasser in Deutschland lebte oder hier Vermögen hinterlässt.

20

Kosten und Gebühren

Liegt kein oder ein fehlerhaftes Testament vor, kann dies zu finanziellen Verlusten für die Angehörigen führen. Eine rechtzeitige, professionelle Nachlassplanung könnte diese Folge vermeiden. Dafür ist wichtig zu wissen, mit welchen Kosten im Erbfall zu rechnen ist.

20. Kosten und Gebühren

Kostenintensive und langwierige Erbstreitigkeiten sind in der Regel Folge davon, wenn juristische Laien „Küchentisch"-Testamente verfassen. Laut STIFTUNG WARENTEST sind 90 % aller privatschriftlichen Testamente fehlerhaft.

Aber auch diejenigen Erblasser, die aus unreflektierter Verdrängung, Aberglaube oder nach der Maxime „Nach mir die Sintflut" überhaupt keine letztwillige Verfügung errichtet haben, verschaffen ihren Hinterbliebenen oft genug ein gewaltiges Streitpotential, da die gesetzliche Erbfolge eben nur eine „08/15"-Lösung darstellt, die in vielen Familien Unfrieden, jahrelangen Streit und erhebliche Steuernachteile stiftet. Solche Sorglosigkeit fügt der eigenen Familie Schaden zu und verrät einen Mangel an Verantwortungsgefühl.

Angesichts der hohen Gegenstandswerte im Erbprozess müssen diese Versäumnisse des Erblassers nach dem Erbfall von den Angehörigen oft teuer bezahlt werden. Eine rechtzeitige und vor allem professionelle Nachlassplanung hätte dagegen nur einen Bruchteil dieser vermeidbaren Kosten erfordert.

An teuren Erbprozessen sind also nicht die Erben, sondern ist IN DER REGEL DER ERBLASSER SELBST SCHULD.

I. Die Notargebühren

Während ein Erblasser bei der Errichtung eines Einzeltestamentes frei entscheiden kann, ob er dieses notariell oder privatschriftlich unter Einsparung der Kosten des Notars errichtet, verlangt das Gesetz in vielen Fällen zwingend die Mitwirkung eines Notars. So bedürfen etwa ein ERBVERTRAG, ein PFLICHTTEILSVERZICHT oder ein ERBSCHAFTSKAUF der notariellen Beurkundung (§§ 2276, 2348, 2371 BGB). In solchen Fällen sind die Kosten eines Notars nicht zu vermeiden, seien es auch nur die im Verhältnis zu einer Beurkundung weitaus geringeren Kosten einer bloßen Beglaubigung. Bei letzterer, die zum Beispiel gemäß § 1945 Abs. 1 BGB für eine Erbausschlagung ausreicht, beschränkt sich die Tätigkeit des Notars auf die Beglaubigung der Echtheit der Unterschrift des Erklärenden (§ 129 BGB).

Ist eine notarielle Beurkundung vorgesehen, beinhalten die Gebühren für die notarielle Urkunde auch eine erforderliche BERATUNG sowie eine detaillierte Besprechung aller Einzelheiten, die für die letztwillige Verfügung oder den gewünschten VERTRAG von Bedeutung sind. Die Höhe der Notarkosten richtet sich nach dem Gebührensatz für die einzelne Amtshandlung des Notars und wird anhand einer Gebührentabelle nach dem „GESCHÄFTSWERT" errechnet. In Erbangelegenheiten entspricht der Geschäftswert in der Regel dem Wert des Nachlasses. Zusätzlich zu den Gebühren für die jeweilige Beurkundungs- oder Beglaubigungstätigkeit werden noch Kostenpauschalen (Schreibdienst, Kopien, Versand) erhoben sowie die gesetzliche MEHRWERTSTEUER.

Im Einzelnen fallen bei Notaren folgende GEBÜHRENSÄTZE an:

ÜBERSICHT: GEBÜHRENSÄTZE	
GEBÜHRENTATBESTAND	**GEBÜHRENSATZ**
Beglaubigung einer Unterschrift	0,2 Gebühr (maximal 70 EUR)
Beurkundung einer Generalvollmacht	1,0 Gebühr aus 50 % der Aktiva (maximal EUR 1.735)
Beurkundung eines Einzeltestamentes	1,0 Gebühr
Beurkundung eines Erbvertrages	2,0 Gebühr
Beurkundung eines gemeinschaftlichen Testamentes	2,0 Gebühr
Widerruf eines Testamentes	0,5 Gebühr
Aufhebung eines Erbvertrages durch den Erblasser	1,0 Gebühr
Beurkundung eines Erbverzichtes	2,0 Gebühr
Beurkundung eines Pflichtteilsverzichtes	2,0 Gebühr
Entgegennahme der eidesstattliche Versicherung (etwa beim Erbschein-antrag)	1,0 Gebühr

Eine volle Gebühr (¹⁄₁) für die Tätigkeit der Notare bestimmt sich nach folgender Tabelle:

ÜBERSICHT: VOLLE GEBÜHR FÜR DIE TÄTIGKEIT EINES NOTARS			
GESCHÄFTSWERT BIS......EUR	1/1 GEBÜHR BETRÄGT EUR	GESCHÄFTSWERT BIS...... EUR	1/1 GEBÜHR BETRÄGT EUR
5.000	45	440.000	835
19.000	99	500.000	935
35.000	135	600.000	1.095
50.000	165	700.000	1.255
110.000	273	800.000	1.415
155.000	354	900.000	1.575
200.000	435	1.000.000	1.735
260.000	535	1.500.000	2.535
320.000	635	2.000.000	3.335
350.000	685	2.500.000	4.135
410.000	785	3.000.000	4.935

II. Die Gebühren des Nachlassgerichts

Die Tätigkeit der Nachlassgerichte werden nach dem GNotKG abgerechnet. Anders als bei Notaren unterliegt die Abrechnung eines Nachlassgerichtes keiner Umsatzsteuer.

Expertentipp zum Erbschein:

Einige Erklärungen können sowohl unmittelbar vor dem NACHLASS-GERICHT, als auch vor einem NOTAR erklärt werden. So kann etwa die gemäß § 2356 Abs. 2 BGB für den Erbschein erforderliche eidesstattliche Versicherung entweder vor dem Nachlassgericht oder vor einem Notar erklärt werden. Durch die Abgabe vor Gericht erspart der Erbe sich die Umsatzsteuer. Andererseits ist es oft leichter und insgesamt „bequemer" die Erklärung vor einem Notar abzugeben, als einen Termin vor einem möglicherweise sehr überlasteten und häufig nur vormittags zur Verfügung stehende Nachlassgericht zu vereinbaren.

Die im Erbrecht am häufigsten vorkommenden TÄTIGKEITEN DES NACH-LASSGERICHTES und die hierfür anfallenden Gebühren sind in der folgenden Tabelle dargestellt:

ÜBERSICHT: GEBÜHREN FÜR TÄTIGKEITEN DES NACHLASSGERICHTES	
GEBÜHRENTATBESTAND	**GEBÜHRENSATZ**
Verwahrung einer Verfügung von Todes wegen und Mitteilung an das Zentrale Testamentsregister	Festgebühr: 75 EUR
Eröffnung einer Verfügung von Todes wegen	Festgebühr: 100 EUR
Sicherung des Nachlasses, einschl. der Nachlasspflegschaft	0,5 Gebühr
Ausschlagung der Erbschaft	0,5 Gebühr
Antrag auf Erteilung des Erbscheins	1,0 Gebühr
Entgegennahme der eidesstattlichen Versicherung	1,0 Gebühr
Einziehung oder Kraftloserklärung des Erbscheins	0,5 Gebühr, max. 400 EUR
Antrag auf Erteilung eines Testamentsvollstreckerzeugnis	1,0 Gebühr
Ernennung oder Entlassung des Testamentsvollstreckers	0,5 Gebühr

Eine volle Gebühr (¹⁄₁) für die Tätigkeit der Nachlassgerichte bestimmt – abhängig vom Streitwert – sich nach folgender Tabelle:

GESCHÄFTS-WERT BIS ...... EUR	1/1 GEBÜHR BETRÄGT EUR	GESCHÄFTS-WERT BIS ...... EUR	1/1 GEBÜHR BETRÄGT EUR ......
5.000	45	440.000	835
19.000	99	500.000	935
35.000	135	600.000	1.095
50.000	165	700.000	1.255
110.000	273	800.000	1.415
155.000	354	900.000	1.575
200.000	435	1.000.000	1.735
260.000	535	1.500.000	2.535

GESCHÄFTS- WERT BIS ...... EUR	1/1 GEBÜHR BETRÄGT EUR	GESCHÄFTS- WERT BIS ...... EUR	1/1 GEBÜHR BETRÄGT EUR ......
320.000	635	2.000.000	3.335
350.000	685	2.500.000	4.135
410.000	785	3.000.000	4.935

III. Kosten einer Grundbuchberichtigung nach dem Erbfall

Für die Eintragung eines Eigentümers oder Miteigentümers erhebt das Grundbuchamt grundsätzlich eine volle Gebühr. Wird der Eintragungs- antrag eines Erben jedoch INNERHALB VON ZWEI JAHREN nach dem Erbfall beim Grundbuchamt eingereicht, entfallen die sonst üblichen Gebühren für die Grundbuchberichtigung. Die Eintragung ist dann völlig kostenfrei.

IV. Gerichtskosten eines streitigen Gerichtsverfahrens

Von den NACHLASSGERICHTLICHEN Gebühren zu unterscheiden sind Kos- ten, die durch ein STREITIGES Gerichtsverfahren anfallen. Diese sind nicht in der Kostenordnung geregelt, sondern im GERICHTSKOSTENGESETZ. Danach fallen für ein zivilgerichtliches Verfahren in erster Instanz ein- schließlich des Erlasses eines Urteils drei Gebühren aus dem jeweiligen Wert des Rechtsstreits, dem sogenannten „STREITWERT" an. Kommt es nicht zu einem vom Gericht zu entscheidenden Urteil, etwa weil die Klage zurückgenommen wird, der Beklagte die Forderung anerkennt oder die Parteien einen Vergleich schließen, reduzieren sich die drei Gebühren für das Verfahren auf nur noch eine Gerichtsgebühr. In höheren Instanzen erhöhen sich die Gebühren. So fallen für ein Berufungsverfahren ein- schließlich eines vom Berufungsgericht zu begründenden Urteils vier Gebühren an.

Die nominelle HÖHE EINER GEBÜHR ist, abhängig vom Streitwert, in der folgenden Tabelle dargestellt:

GERICHTSKOSTEN			
STREITWERT BIS...... EUR	1/1 GEBÜHR BETRÄGT EUR......	STREITWERT BIS......EUR	1/1 GEBÜHR BETRÄGT EUR......
500	35	25.000	371
1.500	71	50.000	546
5.000	146	500.000	3.536
10.000	241	1.000.000	5.336

V. Die Vergütung des Rechtsanwalts

Die Vergütung des Rechtsanwalts ist im RECHTSANWALTSVERGÜTUNGS-GESETZ geregelt. Sie richtet sich nach dem Gegenstandswert und den gesetzlichen Gebührentatbeständen oder einer zwischen dem Anwalt und dem Mandanten vereinbarten Vergütung. Während die Gebühren des Notars und der Gerichte fest geregelt und nicht verhandelbar sind, kann die Vergütung eines Rechtsanwalts in einigen Fällen individuell vereinbart werden. Dies gilt beispielsweise bei der Vergütung für eine Beratung oder eine nur außergerichtliche Vertretung. In einer VEREINBARUNG ÜBER DIE GEBÜHREN kann abweichend von der gesetzlichen Vergütung entweder ein Pauschalhonorar oder ein Entgelt nach Zeitaufwand vereinbart werden.

Liegt keine anderweitige – schriftlich zu fassende und nur unter bestimmten Umständen zulässige – Vereinbarung zwischen dem Rechtsanwalt und dessen Mandanten über die Vergütung vor, richtet diese sich nach dem Rechtsanwaltsvergütungsgesetz. Dieses regelt die GEBÜHREN-TATBESTÄNDE und die Höhe der jeweiligen Gebühren. Letztere hängt wiederum vom sogenannten Gegenstandswert einerseits und dem Gebührensatz andererseits ab. Der GEGENSTANDSWERT orientiert sich am wirtschaftlichen Interesse des Mandanten, etwa seinem Anteil am Nachlass oder der Höhe seiner Pflichtteils- oder Vermächtnisforderung.

EXPERTENTIPP BEI DER BEAUFTRAGUNG EINES RECHTSANWALTS: Erbrechtliche Angelegenheiten haben oft einen hohen Gegenstandswert. Wenn sich die zu erhebenden Gebühren nach dem Gegenstandswert richten, verpflichtet die Bundesrechtsanwaltsordnung den Rechtsanwalt den Mandanten VOR Übernahme des Mandats darauf HINZUWEISEN. Im eigenen Interesse des Mandanten sollte jedoch auch dieser darauf achten, vor der endgültigen Beauftragung eines Rechtsanwalts mit diesem die Honorarfrage zu klären.

EXPERTENTIPP ZUM
ERSTBERATUNGSGESPRÄCH:
Für ein sogenanntes
„ERSTBERATUNGS-
GESPRÄCH", dass keine
schriftliche Ausarbeitung,
also insbesondere keine
Gutachten oder Entwürfe
beinhaltet, beträgt die
Gebühr maximal 190 EUR
zuzüglich Auslagen und
gesetzlicher Mehrwertsteuer.

– Für eine erbrechtliche Beratung soll der Rechtsanwalt gemäß § 34 Rechtsanwaltsvergütungsverordnung auf eine Gebührenvereinbarung hinwirken. Unterlässt er dies, kann er von einem Verbraucher maximal 250 EUR netto verlangen (§ 34 Abs. 1 S. 2 Rechtsanwaltsvergütungsverordnung).

– Wird der Anwalt nicht nur beratend tätig, sondern mit der Durchsetzung oder Abwehr einer Forderung (beispielsweise eines Pflichtteilsanspruchs) mandatiert, fällt für die außergerichtliche Tätigkeit eine Vergütung an, die zwischen einer 0,5 und einer 2,5 Gebühr aus dem jeweiligen Gegenstandswert liegt. Innerhalb dieses Rahmens von 0,5 und 2,5 bestimmt sich die Gebühr nach dem Umfang und der Schwierigkeit der anwaltlichen Tätigkeit, der Bedeutung der Angelegenheit für den Mandanten, dessen Einkommens- und Vermögensverhältnissen und dem Haftungsrisiko für den Anwalt. Eine Gebühr von mehr als 1,3 kann der Anwalt fordern, wenn die Tätigkeit umfangreich oder schwierig war.

– Für die Durchführung eines gerichtlichen Verfahrens einschließlich mündlicher Verhandlungen fallen in erster Instanz 2,5 Gebühren an und in zweiter Instanz 2,8 Gebühren.

– Wirkt der Rechtsanwalt an einer Einigung zwischen seinem Mandanten und der Gegenseite mit, erhält er zuzüglich zu den sonstigen Gebühren eine 1,5 Gebühr, wenn die Einigung bereits außergerichtlich erfolgt, ansonsten im Rahmen eines gerichtlichen Verfahrens eine 1,0 Gebühr.

Die nominelle Höhe einer jeweiligen Gebühr für die Tätigkeit des Rechtsanwalts ist in folgender Tabelle dargestellt, in welcher, abhängig vom Gegenstandswert immer der Betrag einer 1,0 GEBÜHR ausgewiesen ist.

GEBÜHREN FÜR DIE TÄTIGKEIT DES RECHTSANWALTS			
GEGENSTANDS-WERT BIS......EUR	1/1 GEBÜHR BETRÄGT EUR......	GEGENSTANDS-WERT BIS...... EUR	1/1 GEBÜHR BETRÄGT EUR......
500	49	140.000	1.843
2.000	166	185.000	2.125
4.000	278	260.000	2.483
5.000	334	440.000	3.275
8.000	502	500.000	3.539
13.000	666	600.000	3.869
22.000	822	700.000	4.199

GEBÜHREN FÜR DIE TÄTIGKEIT DES RECHTSANWALTS			
GEGENSTANDS-WERT BIS......EUR	1/1 GEBÜHR BETRÄGT EUR......	GEGENSTANDS-WERT BIS...... EUR	1/1 GEBÜHR BETRÄGT EUR......
35.000	1.036	800.000	4.529
50.000	1.279	900.000	4.859
95.000	1.561	1.000.000	5.189

Die vorangehenden Werte sind Nettowerte. Die Vergütung des Rechtsanwalts unterliegt der Umsatzsteuer. Aus diesem Grunde erhöhen sich die jeweiligen Gebühren nicht nur um Kostenerstattungen und/oder Kostenpauschalen (Schreibdienst, Kopien, Versand), sondern auch um die gesetzliche Umsatzsteuer.

Zusammenfassung:
Nicht eindeutige Testamente können zu langwierigen Rechtsstreitigkeiten führen. Kosten, die anfallen können, sind hauptsächlich die Gebühren für Notare, Gerichtskosten und Grundbuchberichtigungen. Auch ein Anwalt, der im Streitfall hinzugezogen wird, verlangt eine Vergütung. Allen Vergütungsregeln ist gemeinsam, dass sich die jeweilige Vergütung im Ergebnis nach dem Wert der Angelegenheit (Gegenstandswert/Streitwert) richtet, der in Erbsachen meist hoch ist. Durch eine professionelle Nachlassplanung können hohe Kosten und Streitigkeiten vermieden werden.

Stichwortverzeichnis